国家电网有限公司
STATE GRID
CORPORATION OF CHINA

U0880009

国家电网有限公司
技能人员专业培训教材

电费核算与账务

国家电网有限公司　组编

中国电力出版社
CHINA ELECTRIC POWER PRESS

图书在版编目（CIP）数据

电费核算与账务/国家电网有限公司组编. —北京：中国电力出版社，2020.4（2025.11重印）
国家电网有限公司技能人员专业培训教材
ISBN 978-7-5198-3635-1

Ⅰ. ①电… Ⅱ. ①国… Ⅲ. ①用电管理–费用–中国–技术培训–教材 Ⅳ. ①F426.61

中国版本图书馆 CIP 数据核字（2019）第 189592 号

出版发行：中国电力出版社
地　　址：北京市东城区北京站西街 19 号（邮政编码 100005）
网　　址：http://www.cepp.sgcc.com.cn
责任编辑：赵　鹏
责任校对：黄　蓓　马　宁
装帧设计：郝晓燕　赵姗姗
责任印制：钱兴根

印　　刷：北京世纪东方数印科技有限公司
版　　次：2020 年 4 月第一版
印　　次：2025 年 11 月北京第五次印刷
开　　本：710 毫米×980 毫米　16 开本
印　　张：21.5
字　　数：416 千字
印　　数：5801—6300 册
定　　价：65.00 元

本 书 编 委 会

主　　任　吕春泉

委　　员　董双武　张　龙　杨　勇　张凡华

王晓希　孙晓雯　李振凯

编写人员　万　萍　陈晓萌　高义源　庄金娣

苏　芳　袁和成　曹爱民　战　杰

贺永平

前　言

为贯彻落实国家终身职业技能培训要求，全面加强国家电网有限公司新时代高技能人才队伍建设工作，有效提升技能人员岗位能力培训工作的针对性、有效性和规范性，加快建设一支纪律严明、素质优良、技艺精湛的高技能人才队伍，为建设具有中国特色国际领先的能源互联网企业提供强有力人才支撑，国家电网有限公司人力资源部组织公司系统技术技能专家，在《国家电网公司生产技能人员职业能力培训专用教材》（2010 年版）基础上，结合新理论、新技术、新方法、新设备，采用模块化结构，修编完成覆盖输电、变电、配电、营销、调度等 50 余个专业的培训教材。

本套专业培训教材是以各岗位小类的岗位能力培训规范为指导，以国家、行业及公司发布的法律法规、规章制度、规程规范、技术标准等为依据，以岗位能力提升、贴近工作实际为目的，以模块化教材为特点，语言简练、通俗易懂，专业术语完整准确，适用于培训教学、员工自学、资源开发等，也可作为相关大专院校教学参考书。

本书为《电费核算与账务》分册，由万萍、陈晓萌、高义源、庄金娣、苏芳、袁和成、曹爱民、战杰、贺永平编写。在出版过程中，参与编写和审定的专家们以高度的责任感和严谨的作风，几易其稿，多次修订才最终定稿。在本套培训教材即将出版之际，谨向所有参与和支持本书籍出版的专家表示衷心的感谢！

由于编写人员水平有限，书中难免有错误和不足之处，敬请广大读者批评指正。

目　录

第三部分　售电统计分析

第一部分

电 费 核 算

第一章

电　费　核　算

模块 1　执行单一制电价客户电费计算（Z26E1001 Ⅰ）

【模块描述】本模块包含执行单一制电价客户电费的构成及计算方法等内容。通过概念描述、术语说明、电费构成分析、公式解释、要点归纳、计算示例，掌握执行单一制电价客户的电费构成分析及计算过程。

【模块内容】

一、执行单一制电价客户的电费构成

按照现行电价制度分类，所有客户分为执行单一制电价和两部制电价。

执行单一制电价客户是以电度电价结算电费的。电度电价包含目录电度电价和代征电价。目录电度电价是指不含代征电价的电度电价；代征电价是所有基金及附加单价的总和。对应的电费分别是目录电度电费和代征电费。

在受电容量大于等于 100kVA（kW）且需要执行功率因数考核的客户还包括功率因数调整电费。

1. 目录电度电费

目录电度电费是客户的结算有功电量与该结算有功电量所对应的目录电度电价单价的乘积。若客户执行分时电价，则目录电度电费应分为高峰目录电度电费、平段目录电度电费、低谷目录电度电费。分时电价按各省物价局文件执行。

2. 代征电费

代征电费是指按照国务院授权部门批准，随结算有功电量征收的基金及附加所对应的费用。

3. 功率因数调整电费

功率因数调整电费是根据客户本抄表周期内的实际功率因数及该客户所执行的功率因数标准，按功率因数调整电费表的调整系数对客户承担的目录电度电费进行相应调整的电费。

二、计量方式与变压器损耗的关系

1. 计量方式的分类

计量方式有高供高计、高供低计、低供低计三种方式。

2. 变压器损耗

变压器损耗是变压器输入功率与输出功率的差值，主要包括铜损、铁损两大部分。铜损是当电流通过线圈时在线圈内产生的损耗；铁损是在铁芯内的损耗，主要包括磁滞损耗和涡流损耗。

3. 计量方式与变压器损耗的关系

高供高计客户电能计量装置装设在变压器的高压侧，无须单独计算变压器损耗。

高供低计客户电能计量装置装设在变压器的低压侧，其损耗未在电能计量装置中记录。《供电营业规则》第七十四条规定："用电计量装置原则上应装在供电设施的产权分界处。如产权分界处不适宜装表的，对专线供电的高压用户，可在供电变压器出口装表计量；对公用线路供电的高压用户，可在用户受电装置的低压侧计量。当用电计量装置不安装在产权分界处时，线路与变压器损耗的有功与无功电量均须由产权所有者负担。在计算用户基本电费（按最大需量计收时）、电度电费及功率因数调整电费时，应将上述损耗电量计算在内。"

低供低计客户的变压器损耗是由供电企业承担的。

三、变压器损耗电量计算

从电费计算角度分析，变压器损耗电量计算包括两个环节：一个是根据变压器损耗计算标准和变压器参数计算出变压器损耗电量；另一个是针对不同的情况，对变压器损耗电量进行分摊。

1. 变压器损耗电量计算

变压器损耗按日计算，日用电不足 24h 的，按一天计算。

（1） 查表法。查表法是根据变压器型号、容量、电压、有功用电量直接查表得到有功损耗电量值和无功损耗电量值。

（2） 协议值。协议值是与客户签订协议，确定有功损耗电量值和无功损耗电量值。

（3） 公式法。公式法是根据变压器的额定容量、型号得到变压器的有功空载损耗、有功负载损耗、空载电流百分比、阻抗电压百分比、有功损耗系数、无功 K 值，再根据公式计算得到变压器有功损耗电量值和无功损耗电量值。

1）公式一。

总有功损耗电量=有功空载损耗×24×变压器运行天数+修正系数 K 值×（有功抄见电量^2 + 无功抄见电量^2 ）×有功负载损耗/（额定容量^2 ×24×变压器运行

天数）

总无功损耗电量=无功空载损耗×24×变压器运行天数+修正系数 K 值×（有功抄见电量^2+无功抄见电量^2）×无功负载损耗/（额定容量^2×24×变压器运行天数）

其中：

无功空载损耗=额定容量×空载电流百分比

无功负载损耗=额定容量×阻抗电压百分比

修正系数 K 值，根据运行班制按下列规则确定：

一班制 200h，二班制 400h，三班制 600h，对应的修正系数 K 值分别为 3.6、1.8、1.2；

一班制 240h，二班制 480h，三班制 720h，对应的修正系数 K 值分别为 3、1.5、1。

2）公式二。

总有功损耗电量=有功空载损耗功率×24×变压器运行天数+有功电量×有功损耗系数

总无功损耗电量=无功空载损耗功率×24×变压器运行天数+有功电量×有功损耗系数×无功 K 值

其中：有功损耗系数、无功 K 值均由网省公司自行确定。

在后面电费计算的模块中涉及变压器损耗电量计算都采用“公式二”的方法。

2. 变压器损耗电量的分摊

变压器损耗电量可以按有功损耗电量和无功损耗电量分别执行分摊，但定量的电量通常不参与损耗分摊。

（1）被转供户要求分摊变压器损耗时，若与被转供户有协议，则按协议值进行计算和分摊；若没有协议，则按被转供户的抄见电量进行计算和分摊，分摊给被转供户的损耗不参与转供户的电费结算，只参与被转供户的电费结算。

（2）一级主表分摊。变压器下若存在多个一级高供低计的主表，则变压器损耗电量按每个表计的抄见电量比例分摊。

$$\text{主表}\,i\,\text{损耗}=\frac{\text{主表}i\text{抄见电量}}{\sum_{i=1}^{n}(\text{主表}i\text{抄见电量})}\times\text{总损耗}$$

$$\text{主表}\,n\,\text{损耗}=\text{总损耗}-\sum_{i=1}^{n-1}(\text{主表}i\text{损耗})$$

（3）主分表分摊。若一级主表下存在分表，则当前分表的损耗电量按其抄见电量和主表抄见电量比分摊。

$$分表损耗i=\frac{分表i抄见电量}{主表抄见电量}\times主表总损耗$$

$$主表包底损耗=主表总损耗-\sum_{i=1}^{n}(分表i损耗)$$

（4）复费率表的分摊。复费率表的变压器总有功损耗电量按各时段抄见电量比例进行分摊，变压器无功损耗电量无须分摊。

各时段变压器有功损耗电量 i=总有功损耗电量×抄见电量比例 i

其中：i 代表各时段。

按抄见电量比例分摊的损耗电量之和与总有功损耗电量不等时，差异损耗放在平电量上。

（5）总电量为零时，按容量分摊。

3. 特殊情况下变压器损耗电量的处理

（1）客户用电量为零。当客户的月用电量为零时，变压器只计铁损电量，铁损电量可以按正常情况计算。

若变压器下只有一个主表，则铁损电量全部分摊到主表。

若变压器下存在多个主表，则铁损电量平均分摊到各主表。

若变压器主表下存在分表，则铁损电量平均分摊到主表与各分表。

（2）变压器暂停。因为变压器损耗已经计算到日，所以变压器暂停时的损耗只要根据变压器暂停的启停日计算出运行天数后使用损耗计算公式计算即可。

（3）转供户抄见电量为零。当转供户抄见电量为零时，变压器损耗按各自容量比例执行分摊。

$$被转供户损耗=\frac{被转供户容量}{转供户总容量}\times总损耗$$

$$转供户损耗=总损耗-被转供户损耗$$

（4）两个变压器下接一个主表时变压器损耗的计算。按变压器的容量比把主表的电量进行分摊。

$$变压器1主表电量=主表抄见电量\times\frac{变压器1容量}{变压器1容量+变压器2容量}$$

$$变压器2主表电量=主表抄见电量\times\frac{变压器2容量}{变压器1容量+变压器2容量}$$

然后按照分摊后的电量分别计算变压器的损耗。如果有暂停（暂停恢复）时的变压器损耗要按照天数折算计算电量分配。

（5）一个专用变压器下面存在两个或多个客户。

一个专用变压器下面存在两个或多个客户的情况除已既成事实外，原则上对于新上的客户不允许出现一个专用变压器下面存在两个或多个客户的情况。

一个专用变压器下面存在两个或多个客户的情况损耗分摊方法如下。

若与客户有协议则按照协议值来分摊损耗。

若与客户没有协议，则按照各客户用电量与总用电量的比例进行分摊损耗。

若与客户没有协议且客户总用电量为零，则按照客户容量比例进行分摊损耗。

四、线损电量的计算

根据《供电营业规则》第七十四条规定，当用电计量装置不安装在产权分界处时，线路与变压器损耗的有功与无功电量均由产权所有者负担。

线损电量计算包括两个环节：一个是根据线损计算标准和线路参数等计算出线路损耗电量，另一个是对线路损耗电量的分摊。

1. 线损电量计算

（1）采用线路参数和用电量公式计算。

$$\text{总有功线损电量}=\frac{\text{单位长度线路电阻}\times\text{线路长度}\times10^{-3}}{\text{额定电压}^2\times\text{线路运行时间}}\times$$

$$[(\text{总有功抄见电量+总有功变压器损耗电量})^2+(\text{总无功抄见电量+总无功变压器损耗电量})^2]$$

$$\text{总无功线损电量}=\frac{\text{单位长度线路电抗}\times\text{线路长度}\times10^{-3}}{\text{额定电压}^2\times\text{线路运行时间}}\times$$

$$[(\text{总有功抄见电量+总有功变压器损耗电量})^2+(\text{总无功抄见电量+总无功变压器损耗电量})^2]$$

（2）采用与客户协定线损电量来计算。

总线损电量=协定值

（3）采用与客户协定线路损耗系数来计算。

总有功线损电量=（总有功抄见电量+总有功铜损电量+总有功铁损电量）×有功线损系数

总无功线损电量=（总无功抄见电量+总无功铜损电量+总无功铁损电量）×无功线损系数

若客户的计量方式是高供高计，则式中的各种变压器损耗都为零。

在后面电费计算的模块中涉及“线损电量计算”时按第三种方法进行。

2. 线损电量分摊

线路损耗电量分摊方法与变压器的损耗分摊方法相同。

其中一条专线下面存在多个客户情况的线路损耗分摊方法如下。

若与客户有协议，则按照协议值来分摊线损。

若与客户没有协议，则按照各客户用电量与总用电量的比例分摊线损。

若与客户没有协议且客户总用电量为零，则按客户容量比例分摊线损。

五、执行单一制电价客户的电费计算示例

（一）电量的计算

1. 抄见电量的计算

（1）抄见有功、无功电量的计算。

$$抄见电量\ i=（本次示数\ i-上次示数\ i）\times 综合倍率$$

翻转：

$$抄见电量\ i=（本次示数\ i+10^{表位数}-上次示数\ i）\times 综合倍率$$

线路接反所引起的电能表倒转：

$$抄见电量\ i=（上次示数\ i-本次示数\ i）\times 综合倍率$$

翻转且因线路接反而引起的电能表倒转：

$$抄见电量\ i=（上次示数\ i+10^{表位数}-本次示数\ i）\times 综合倍率$$

式中：i 为各种电价类别对应的用电类型或各用电时段。如居民生活电量、非工业电量，高峰、平段、低谷电量等。

（2）异常处理规则。当分时表的峰、平、谷电量之和与总电量不相等时，以总、峰、谷三个电量为基准，平电量等于总电量与峰、谷电量之差。

2. 各种情况扣减电量的顺序

根据各种不同情况，扣减电量的顺序为：扣减被转供户的电量；扣减实抄分表电量；扣减定量定比电量。

3. 扣减被转供户电量的计算

若客户是转供户，则其被转供户可视为分表参与电量计算。转供户转供出去的电量不参与其自身的电费结算，应从转供户中扣除。

4. 扣减主分表电量的计算

主分表扣减之前须先把各分表的抄见电量计算完毕。

（1）主表不分时，分表不分时。

$$主表剩余抄见电量=主表抄见电量-\sum_{i=1}^{n}(分表i抄见电量)$$

（2）主表不分时，分表分时。

$$主表剩余抄见电量=主表抄见电量-\sum_{i=1}^{n}(分表i总抄见电量)$$

若分表没有总抄见电量：

$$\text{主表剩余抄见电量}=\text{主表抄见电量}-\sum_{i=1}^{n}(\text{分表}\,i\,\text{峰抄见电量}+\text{分表}\,i\,\text{平抄见电量}+\text{分表}\,i\,\text{谷抄见电量})$$

（3） 主表分时，分表分时。

$$\text{剩余峰抄见电量}=\text{主表峰抄见电量}-\sum_{i=1}^{n}(\text{分表}i\text{峰抄见电量})$$

$$\text{剩余平抄见电量}=\text{主表平抄见电量}-\sum_{i=1}^{n}(\text{分表}i\text{平抄见电量})$$

$$\text{剩余谷抄见电量}=\text{主表谷抄见电量}-\sum_{i=1}^{n}(\text{分表}i\text{谷抄见电量})$$

（4） 主表分时，分表不分时。

$$\text{剩余峰抄见电量}=\text{主表峰抄见电量}-\left(\sum_{i=1}^{n}(\text{分表}i\text{总抄见电量})\times\text{主表峰比例}\right)$$

$$\text{剩余平抄见电量}=\text{主表平抄见电量}-\left(\sum_{i=1}^{n}(\text{分表}i\text{总抄见电量})\times\text{主表平比例}\right)$$

$$\text{剩余谷抄见电量}=\text{主表谷抄见电量}-\left(\sum_{i=1}^{n}(\text{分表}i\text{总抄见电量})\times\text{主表谷比例}\right)$$

其中，主表的峰、平、谷比例是按照主表的峰、平、谷电量分别与峰、平、谷电量之和的比值。

其中 i 代表各分表。

5. 扣减定比定量电量的计算

按照《供电营业规则》第七十一条相关规定，在用户受电点内难以按电价类别分别装设用电计量装置时，可装设总的用电计量装置，然后按其不同电价类别的用电设备容量的比例或实际可能的用电量，确定不同电价类别用电量的比例或定量进行分别计算。

定比或定量计费的，不允许再往下出现定比、定量。

（1） 定比电量计算。定比计量点必须有上级计量点，它可以作为计费主表的定比分表来结算电量，结算的电量供执行定比电价的客户计算电费。

定比分表有两种存在形式，一是主计费表下存在一个或多个定比，二是主表下存在若干个定比和若干个分表。根据定比分表的不同形式，定比电量的计算可以分为下列几种情况。

1）主计费表下只存在一个或多个定比，如图 1–1–1 所示。

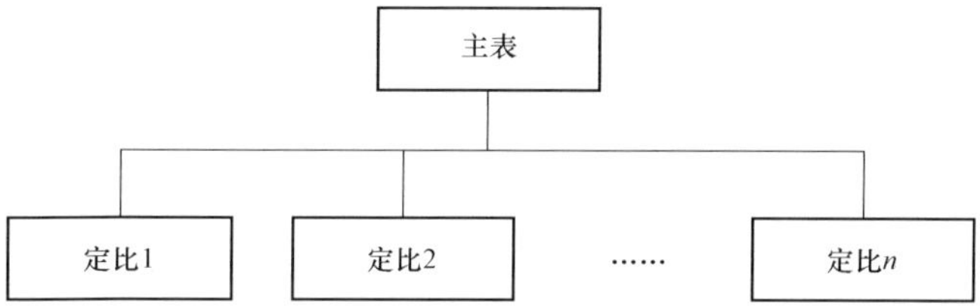

图 1–1–1　主表下存在一个或多个定比

定比抄见电量 i=主表总抄见电量×定比值 i

2）主表下存在若干个分表和一个定比或多个定比，如图 1–1–2 所示。

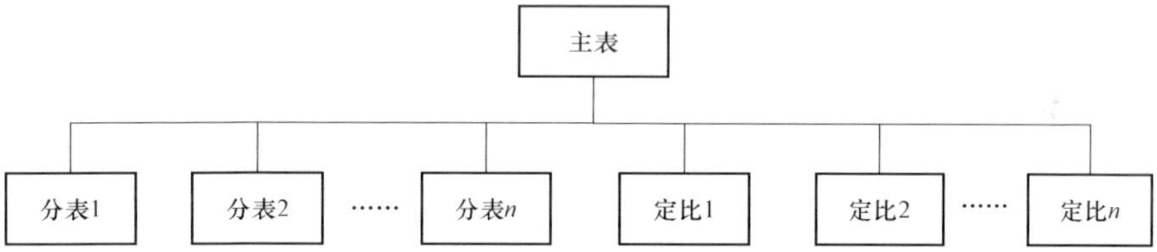

图 1–1–2　主表下存在分表、定比

定比比例定在主表：

定比抄见电量 i=主表总抄见电量×定比值 i

定比比例定在主表和分表的电量差值：

$$\text{定比抄见电量 } i=\left[\text{主表总抄见电量}-\sum_{j=1}^{n}(\text{分表}j\text{总抄见电量})\right]\times\text{定比值 } i$$

（2） 定量电量计算。定量可以作为计费主表的分表抄见电量，也可以作为无表客户约定抄见电量的结算值。定量值必须为大于 1 的整数。

针对不同的情况，定量电量的计算要注意以下问题。

若客户的抄表周期是两个月：定量电量=定量值×2。

若为分期计算的客户，定量值必须分段计算到天。

当客户因变更用电引起的定量变更时，定量值必须分段计算到天。

（3） 定比、定量电量计算。主表下同时存在定比、定量，如图 1–1–3 所示。此时若与客户有约定，则按照约定执行。若没有约定，则按照下列规定执行。

1）定量电量 i=定量值 i

2）定比比例定在主表：

定比抄见电量 i=主表总抄见电量×定比值 i

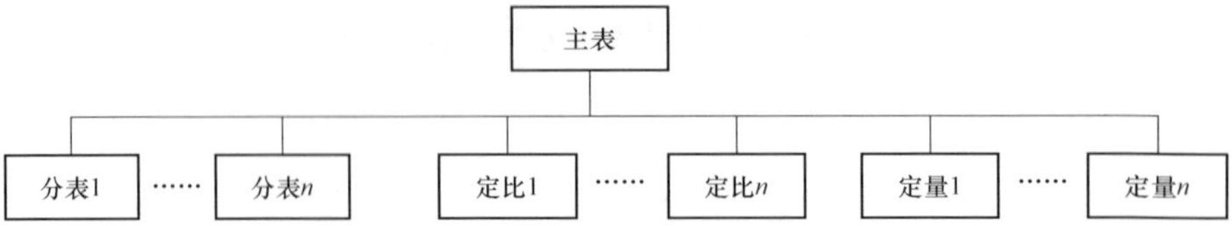

图 1–1–3 主表下存在定比、定量

3）定比比例定在主表和分表的电量差值：

$$定比抄见电量\ i=［主表总抄见电量-\sum_{j=1}^{n}(分表j抄见电量)-\sum_{m=1}^{n}(定量m)］\times 定比值\ i$$

6. 结算有功、无功电量的计算

根据计算得出的抄见电量、定比定量电量、主分表电量、变压器损耗电量和线损电量等信息，按规定要求计算结算电量。

（1）结算有功电量。

结算有功电量 i=抄见电量 i+变压器损耗 i+线损 i+退补电量 i

其中：i 代表各种时段或用电类型，如峰、平、谷，居民生活用电、大工业用电、非工业等。

若有扣减电量的，则该抄见电量是指扣减后的剩余抄见电量。

有的网省公司退补电量电费是立即出账的，则退补电量就不包含在上述公式中。

（2）结算无功电量。

当高供高计时：

结算无功电量=正向无功+|反向无功|+无功线损

当高供低计时：

结算无功电量=正向无功+|反向无功|+无功变压器损耗+无功线损

当低供低计时：

结算无功电量=正向无功+|反向无功|

有的网省公司根据各自的实际情况也有不同的计算要求，请各位读者注意。

例如，江苏省高供低计时：

结算无功电量=正向无功+|反向无功–无功变压器损耗|+无功线损

（二）目录电度电费的计算

目录电度电费是依据客户的结算有功电量与该结算电量所对应的目录电度电价单价的乘积计算的，各种电价类别的目录电度电价执行标准根据各省网公司的规定执行。

1. 单费率客户目录电度电费的计算

目录电度电费=结算有功电量×目录电度电价单价

2. 多费率客户目录电度电费的计算

目录电度电费 i=结算有功电量 i×目录电度电价单价 i

其中：i 表示各时段。

3. 执行阶梯电价客户目录电度电费的计算

阶梯电价是针对客户不同的用电量梯度执行不同的电价标准，该电价标准可以根据用电量梯度递增或递减。

执行阶梯电价客户目录电度电费的计算可以采用不同的处理方法。一是将结算电量按阶梯梯度标准划分出各档次的结算电量值，并根据各档次对应阶梯浮动电价计算出相应阶梯电费。二是根据不同的电量梯度与对应的梯度电价相乘得到阶梯电费。

如果客户为多月抄表，在划分各档次电量值时阶梯梯度标准须乘以抄表间隔月数。

如果当月发生变更或需要分期计算的客户，在计算目录电度电费时，按变更前后或分期抄表的抄见电量及对应的目录电度电价单价分段进行计算。

（三）代征电费的计算

代征电费是指按照国务院授权部门批准，随结算有功电量征收的基金及附加所对应的费用。

例如，农网还贷资金、城市公用事业附加费、重大水利工程建设基金、大中型水库移民后期扶持资金、可再生能源电价附加等类型对应的费用。各基金及附加的具体类型及数额根据各省网公司的规定执行。

1. 各项代征电费计算

代征电费 i=结算有功电量×基金及附加单价 i

$$\text{总代征电费}=\sum_{i=1}^{n}\text{代征费}i$$

其中：i 表示各基金及附加的类型。

2. 若分时段的基金及附加单价不一致

$$\text{某项代征电费}j=\sum_{i=1}^{n}\text{代征费}i$$

其中：i 表示各时段。

$$\text{总代征电费}=\sum_{j=1}^{n}\text{某项代征费}j$$

其中：j 表示各基金及附加的类型。

3. 特殊情况处理

按目录电度电费、代征电费分开计算与按电度电价计算电费时由于四舍五入问题出现计算结果不一致，其处理方式为代征电费四舍五入，目录电度电费包底。

如当月发生变更或需要分期计算的客户，在计算代征电费时，按变更前后或分期抄表的抄见电量及对应的基金及附加单价分段进行计算。

（四）功率因数调整电费的计算

功率因数是有功功率与视在功率的比值。功率因数低会减少系统的供电能力，增加线路的电压损耗导致供电质量下降，增加线路的损耗，降低设备的利用率，还会使客户多支出电费。

为了减少功率因数低带来的影响，在客户的用电过程中需要进行功率因数考核，计算功率因数调整电费，利用经济杠杆的作用使客户的功率因数能达到规定的标准。

1. 实际功率因数的计算

按客户本抄表周期的结算有功、无功电量，利用公式计算该抄表周期的实际功率因数。

$$\text{实际功率因数}=\frac{\text{结算有功电量}}{\sqrt{\text{结算有功电量}^2+\text{结算无功电量}^2}}$$

2. 实际功率因数计算的相关规定

若客户的实际功率因数在“功率因数调整电费表”所列两数之间，则以四舍五入取至小数点后两位。

在多路供电的情况下，结算有功电量和无功电量合并计算实际功率因数。

当客户有增容及变更用电时，实际功率因数计算的处理办法如下。

当增容或变更用电引起客户执行的功率因数标准发生变化时，需根据变化前后的电量数据分段进行计算实际功率因数。

当增容或变更用电未引起客户执行的功率因数标准发生变化，则根据实际业务需要按变更前后的电量数据进行分段计算或采用全月结算电量进行计算实际功率因数。

3. 功率因数执行标准

按原水利电力部、国家物价局（83）水电财字 215 号《关于颁发〈功率因数调整电费办法〉的通知》执行。

4. 功率因数调整电费的调整办法

当计算的实际功率因数高于或低于规定的标准时，在按照规定的目录电度电价计算出当月的目录电度电费后，可以依据功率因数调整电费表所规定的调整率百分数计算出相应增、减的电费。功率因数调整电费表见表 1–1–1～表 1–1–3。

功率因数调整电费表中的数据都有各自的特点。在实际处理时也可以根据这些特点计算功率因数调整率。

在表 1–1–1“以 0.90 为标准值的功率因数调整电费表”中：

当实际功率因数自 0.91 至 0.95 时，实际功率因数每增加 0.01，功率因数调整率增加 0.15%；自 0.96 至 1.00 时，功率因数调整率均为 0.75%。

当实际功率因数自 0.89 至 0.70 时，实际功率因数每降低 0.01，功率因数调整率增加 0.5%；自 0.69 至 0.65 时，实际功率因数每降低 0.01，功率因数调整率增加 1%；功率因数自 0.64 及以下每降低 0.01 功率因数调整率增加 2%，其计算公式为

$$\text{功率因数调整率}=\frac{0.65-\text{实际功率因数}}{0.01}\times 2\%+15\%$$

在表 1–1–2“以 0.85 为标准值的功率因数调整电费表”中：

当实际功率因数自 0.86 至 0.90 时，实际功率因数每增加 0.01，功率因数调整率增加 0.10%；当实际功率因数自 0.91 至 0.94 时，实际功率因数每增加 0.01，功率因数调整率增加 0.15%；自 0.95 至 1.00 时，功率因数调整率均为 1.10%。

当实际功率因数自 0.84 至 0.65 时，实际功率因数每降低 0.01，功率因数调整率增加 0.5%；自 0.64 至 0.60 时，实际功率因数每降低 0.01，功率因数调整率增加 1%；功率因数自 0.59 及以下每降低 0.01 功率因数调整率增加 2%，其计算公式为

$$\text{功率因数调整率}=\frac{0.60-\text{实际功率因数}}{0.01}\times 2\%+15\%$$

在表 1–1–3“以 0.80 为标准值的功率因数调整电费表”中：

当实际功率因数自 0.81 至 0.90 时，实际功率因数每增加 0.01，功率因数调整率增加 0.1%；当实际功率因数自 0.91 至 0.92 时，实际功率因数每增加 0.01，功率因数调整率增加 0.15%；在 0.93 至 1.00 时，功率因数调整率均为 1.3%。

当实际功率因数自 0.79 至 0.60 时，实际功率因数每降低 0.01，功率因数调整率增加 0.5%；自 0.59 至 0.55 时，实际功率因数每降低 0.01，功率因数调整率增加 1%；功率因数自 0.54 及以下每降低 0.01 功率因数调整率增加 2%，其计算公式为

$$\text{功率因数调整率}=\frac{0.55-\text{实际功率因数}}{0.01}\times 2\%+15\%$$

表 1-1-1　　以 0.90 为标准值的功率因数调整电费表

<table>
<tr><td rowspan="2">减收电费</td><td>实际功率因数</td><td>0.90</td><td>0.91</td><td>0.92</td><td>0.93</td><td>0.94</td><td colspan="9">0.95～1.00</td></tr>
<tr><td>月电费减少（%）</td><td>0.00</td><td>0.15</td><td>0.30</td><td>0.45</td><td>0.60</td><td colspan="9">0.75</td></tr>
<tr><td rowspan="2">增收电费</td><td>实际功率因数</td><td>0.89</td><td>0.88</td><td>0.87</td><td>0.86</td><td>0.85</td><td>0.84</td><td>0.83</td><td>0.82</td><td>0.81</td><td>0.80</td><td>0.79</td><td>0.78</td><td>0.77</td><td>0.76</td></tr>
<tr><td>月电费增加（%）</td><td>0.5</td><td>1.0</td><td>1.5</td><td>2.0</td><td>2.5</td><td>3.0</td><td>3.5</td><td>4.0</td><td>4.5</td><td>5.0</td><td>5.5</td><td>6.0</td><td>6.5</td><td>7.0</td></tr>
</table>

<table>
<tr><td rowspan="2">减收电费</td><td>实际功率因数</td><td colspan="12">0.95～1.00</td></tr>
<tr><td>月电费减少（%）</td><td colspan="12">0.75</td></tr>
<tr><td rowspan="2">增收电费</td><td>实际功率因数</td><td>0.75</td><td>0.74</td><td>0.73</td><td>0.72</td><td>0.71</td><td>0.70</td><td>0.69</td><td>0.68</td><td>0.67</td><td>0.66</td><td>0.65</td><td rowspan="2">功率因数自 0.64 及以下每降低 0.01 电费增加 2%</td></tr>
<tr><td>月电费增加（%）</td><td>7.5</td><td>8.0</td><td>8.5</td><td>9.0</td><td>9.5</td><td>10.0</td><td>11.0</td><td>12.0</td><td>13.0</td><td>14.0</td><td>15.0</td></tr>
</table>

表 1-1-2　　以 0.85 为标准值的功率因数调整电费表

<table>
<tr><td rowspan="2">减收电费</td><td>实际功率因数</td><td>0.85</td><td>0.86</td><td>0.87</td><td>0.88</td><td>0.89</td><td>0.90</td><td>0.91</td><td>0.92</td><td>0.93</td><td colspan="5">0.94～1.00</td></tr>
<tr><td>月电费减少（%）</td><td>0.0</td><td>0.1</td><td>0.2</td><td>0.3</td><td>0.4</td><td>0.5</td><td>0.65</td><td>0.80</td><td>0.95</td><td colspan="5">1.10</td></tr>
<tr><td rowspan="2">增收电费</td><td>实际功率因数</td><td>0.84</td><td>0.83</td><td>0.82</td><td>0.81</td><td>0.80</td><td>0.79</td><td>0.78</td><td>0.77</td><td>0.76</td><td>0.75</td><td>0.74</td><td>0.73</td><td>0.72</td><td>0.71</td></tr>
<tr><td>月电费增加（%）</td><td>0.5</td><td>1.0</td><td>1.5</td><td>2.0</td><td>2.5</td><td>3.0</td><td>3.5</td><td>4.0</td><td>4.5</td><td>5.0</td><td>5.5</td><td>6.0</td><td>6.5</td><td>7.0</td></tr>
</table>

<table>
<tr><td rowspan="2">减收电费</td><td>实际功率因数</td><td colspan="12">0.94～1.00</td></tr>
<tr><td>月电费减少（%）</td><td colspan="12">1.10</td></tr>
<tr><td rowspan="2">增收电费</td><td>实际功率因数</td><td>0.70</td><td>0.69</td><td>0.68</td><td>0.67</td><td>0.66</td><td>0.65</td><td>0.64</td><td>0.63</td><td>0.62</td><td>0.61</td><td>0.60</td><td rowspan="2">功率因数自 0.59 及以下每降低 0.01 电费增加 2%</td></tr>
<tr><td>月电费增加（%）</td><td>7.5</td><td>8.0</td><td>8.5</td><td>9.0</td><td>9.5</td><td>10.0</td><td>11.0</td><td>12.0</td><td>13.0</td><td>14.0</td><td>15.0</td></tr>
</table>

表 1–1–3　　以 0.80 为标准值的功率因数调整电费表

<table>
<tr><td rowspan="2">减收电费</td><td>实际功率因数</td><td>0.80</td><td>0.81</td><td>0.82</td><td>0.83</td><td>0.84</td><td>0.85</td><td>0.86</td><td>0.87</td><td>0.88</td><td>0.89</td><td>0.90</td><td>0.91</td><td colspan="2">0.92～1.00</td></tr>
<tr><td>月电费减少（%）</td><td>0.00</td><td>0.1</td><td>0.20</td><td>0.30</td><td>0.40</td><td>0.5</td><td>0.6</td><td>0.7</td><td>0.8</td><td>0.9</td><td>1.0</td><td>1.15</td><td colspan="2">1.30</td></tr>
<tr><td rowspan="2">增收电费</td><td>实际功率因数</td><td>0.79</td><td>0.78</td><td>0.77</td><td>0.76</td><td>0.75</td><td>0.74</td><td>0.73</td><td>0.72</td><td>0.71</td><td>0.70</td><td>0.69</td><td>0.68</td><td>0.67</td><td>0.66</td></tr>
<tr><td>月电费增加（%）</td><td>0.5</td><td>1.0</td><td>1.5</td><td>2.0</td><td>2.5</td><td>3.0</td><td>3.5</td><td>4.0</td><td>4.5</td><td>5.0</td><td>5.5</td><td>6.0</td><td>6.5</td><td>7.0</td></tr>
<tr><td rowspan="2">减收电费</td><td>实际功率因数</td><td colspan="14">0.92～1.00</td></tr>
<tr><td>月电费减少（%）</td><td colspan="14">1.30</td></tr>
<tr><td rowspan="2">增收电费</td><td>实际功率因数</td><td>0.65</td><td>0.64</td><td>0.63</td><td>0.62</td><td>0.61</td><td>0.60</td><td>0.59</td><td>0.58</td><td>0.57</td><td>0.58</td><td>0.55</td><td colspan="3" rowspan="2">功率因数自 0.54 及以下每降低 0.01 电费增加 2%</td></tr>
<tr><td>月电费增加（%）</td><td>7.5</td><td>8.0</td><td>8.5</td><td>9.0</td><td>9.5</td><td>10.0</td><td>11.0</td><td>12.0</td><td>13.0</td><td>14.0</td><td>15.0</td></tr>
</table>

5. 功率因数调整电费的计算

按规定，销售电价内包含的国家规定的各类基金和附加不列入功率因数调整电费计算。

（1）执行分时电价客户。

功率因数调整电费=±功率因数调整率×（结算高峰电量×高峰目录电度电价单价+结算平段电量×平段目录电度电价单价+结算低谷电量×低谷目录电度电价单价）

（2）不执行分时电价客户。

功率因数调整电费=±功率因数调整率×结算电量×目录电度电价单价

上述各式中的各种目录电度电价根据各省公司的具体规定执行。

有的网省公司根据当地的实际情况是执行尖峰、高峰、低谷考核的，只要在上述各式中的对应位置适当修改即可。

（五）计算例题

【例 1】 某客户，供电容量为 200kVA，供电电压为 10kV，计量方式为高供低计，其中商业定量为 5000kWh。已知该客户变压器对应的损耗参数分别为：有功损耗系数 0.015；无功 *K* 值 2.91；有功空载损耗 0.34kW；无功空载损耗 1.563kvar。

电费年月为 2014 年 7 月电费台账中的相关信息见表 1–1–4。请计算该电费。

表 1-1-4　　2014 年 7 月电费台账

电量类型	上次示数	本次示数	综合倍率	目录电度电价单价（元/kWh）	∑基金及附加单价（元/kWh）
正向有功总	17422.2	17898.5	60	0.7657	0.0493
无功总	7474.1	7714.7	60	—	—
商业定量	—	—	—	0.8667	0.0493

计算步骤：

（1）主表相关电量。

抄见有功总电量=（17898.5–17422.2）×60=28578（kWh）

抄见无功总电量=（7714.7–7474.1）×60=14436（kvarh）

变压器有功损耗电量=0.34×24×30+28578×0.015=673（kWh）

变压器无功损耗电量=1.563×24×30+28578×0.015×2.91=2373（kvarh）

（2）商业定量。

有功总电量=5000kWh

目录电度电费=5000×0.8667=4333.5（元）

∑代征电费=5000×0.0493=246.5（元）

（3）非工业剩余有功相关电量。

剩余有功总电量=28578–5000=23578（kWh）

（4）非工业结算电量。

结算有功总电量=23578+673=24251（kWh）

结算无功总电量=14436+2373=16809（kvarh）

（5）非工业相关电费。

目录电度电费=24251×0.7657=18568.99（元）

∑代征电费=24251×0.0493=1195.57（元）

（6）功率因数调整电费。

$$实际功率因数=\cos\left(\arctan\frac{14436+2373}{28578+673}\right)=0.87$$

因为该客户的标准功率因数为 0.85，查“功率因数调整电费表”可知功率因数调整率为–0.2%，则

功率因数调整电费=–0.2%×（4333.5+18568.99）=–45.80（元）

（7）客户本月应交的总电费

总电费=4333.5+246.5+18568.99+1195.57–45.80=24298.76（元）

【例 2】 某普通工业客户，供电容量为 200kVA，供电电压为 10kV，计量方式为高供低计。已知该客户变压器对应的损耗参数分别为：有功损耗系数 0.015；无功 K 值 2.91；有功空载损耗 0.48kW；无功空载损耗 2.555kvar。电费年月为 2014 年 7 月的抄表示数及电价信息见表 1–1–5。请计算该电费。

表 1–1–5　　2014 年 7 月抄表示数及电价信息

电量类型	上次示数	本次示数	综合倍率	目录电度电价单价（元/kWh）	∑基金及附加单价（元/kWh）
正向有功总	29347	30710	60	—	0.05016
高峰	2672	2787	60	1.09084	0.05016
平段	13082	13641	60	0.79284	0.05016
低谷	13592	14282	60	0.48084	0.05016
无功总	12716	13384	60	—	—

计算步骤：

（1）抄见电量。

抄见有功总电量=(30710–29347)×60=81780（kWh）

抄见有功高峰电量=(2787–2672)×60=6900（kWh）

抄见有功平段电量=(13641–13082)×60=33540（kWh）

抄见有功低谷电量=(14282–13592)×60=41400（kWh）

由于该分时表的抄见峰、平、谷电量之和与总有功抄见电量不相等，按照规定平电量等于总有功抄见电量与抄见峰、谷电量之差。则

抄见有功平段电量=81780–6900–41400=33480（kWh）

抄见无功总电量=(13384–12716)×60=40080（kvarh）

（2）变压器损耗电量。

有功损耗电量=0.48×24×30+81780×0.015=1572（kWh）

有功高峰损耗电量=$\dfrac{6900}{81780}\times 1572=133$（kWh）

有功低谷损耗电量=$\dfrac{41400}{81780}\times 1572=796$（kWh）

有功平段损耗电量=1572–133–796=643（kWh）

无功损耗电量=2.555×24×30+81780×0.015×2.91=5409（kvarh）

（3）结算电量。

结算有功总电量=81780+1572=83352（kWh）

结算有功高峰电量=6900+133=7033（kWh）

结算有功平段电量=33480+643=34123（kWh）

结算有功低谷电量=41400+796=42196（kWh）

结算无功总电量=40080+5409=45489（kvarh）

（4）目录电度电费。

目录高峰电度电费=7033×1.09084=7671.88（元）

目录平段电度电费=34123×0.79284=27054.08（元）

目录低谷电度电费=42196×0.48084=20289.52（元）

（5）代征电费。

∑代征电费=83352×0.05016=4180.94（元）

（6）功率因数调整电费。

$$实际功率因数=\cos\left(\arctan\frac{45489}{83352}\right)=0.88$$

因为该客户的功率因数标准为 0.9，查“功率因数调整电费表”得到功率因数调整率为 1%，则

功率因数调整电费=1%×(7671.88+27054.08+20289.52)=550.15（元）

（7）客户本月应交的总电费

总电费=7671.88+27054.08+20289.52+4180.94+550.15=59746.57（元）

【思考与练习】

1. 执行单一制电价客户的电费由哪几部分构成？

2. 计量方式与变压器损耗有什么关系？

3. 变压器损耗的计算有哪些方式？

4. 客户当月有增容或变更用电时，功率因数及功率因数调整电费计算的处理办法是什么？

5. 某商业客户，供电容量为 200kVA，计量方式为高供低计，供电电压 10kV。已知该客户变压器对应的损耗参数分别为：有功损耗系数 0.015；无功 K 值 2.1；有功空载损耗 0.66kW；无功空载损耗 5.46kvar。电费年月 2014 年 6 月对应的电费信息见表 1-1-6。请计算该电费。

表 1-1-6 2014年6月电费信息

电量类型	上次抄见数	本次抄见数	综合倍率	电度电价单价（元/kWh）	∑基金及附加单价（元/kWh）
正向有功总	2300	3000	60	—	0.05016
高峰	220	310	60	0.916	0.05016
平段	1905	2300	60	0.792	0.05016
低谷	1790	1900	60	0.480	0.05016
无功总	2450	2550	60	—	—

模块2 执行单一制电价新增、变更客户电费计算信息复核（Z26E1002Ⅰ）

【模块描述】本模块包含与电费计算有关的各类信息，执行单一制电价的新增、变更客户电费计算信息的复核等内容。通过要点介绍及归纳、示例介绍，掌握执行单一制电价客户新增、变更时电费相关信息的复核方法。

【模块内容】

一、与电费计算有关的信息

1. 客户信息统一视图中与电费计算有关的信息

与电费计算有关的信息主要有：供电容量、行业分类、供电电压、功率因数考核方式、功率因数标准、是否执行峰谷考核、执行电价、定价策略类型、电量定比、计量方式、综合倍率、示数、变压器首次运行时间、转供标志、变压器损耗及线损分摊标志、划拨信息、分期结算信息等。

2. 变压器损耗计算标准中与电费计算有关的信息

在变压器损耗计算标准中与电费计算有关的信息主要有：有功空载损耗、无功空载损耗、有功负载损耗、无功负载损耗、有功损耗系数、修正系数 K 值等。

3. 与电费计算的关系

相关信息与电费计算的关系见表 1-2-1。

表 1-2-1 相关信息与电费计算的关系表

相关信息	与电费的关系
供电容量	确定功率因数标准是否正确
供电电压	确定不同电压下的电价单价数值

续表

相关信息	与电费的关系
执行电价、电价行业分类	确定电价分类
转供标志	确定是否转供、转供的电量和容量
功率因数考核方式	确定客户是否进行功率因数考核
定价策略类型	确定客户执行单一制电价还是两部制电价
是否执行峰谷标志	确定客户是否执行分时电价
功率因数标准	结合实际功率因数值确定客户功率因数调整率
计量方式、变压器损耗计算标志	确定客户是否需要单独计算变压器损耗
定量定比值、定比扣减标志	确定定量定比值及扣减规定
变压器损耗计算标准	确定计算变压器损耗计算所需的参数
变压器损耗算法标志	确定变压器损耗的计算方法
变压器损耗分摊标志、分摊协议值	确定变压器损耗分摊的方法及分摊的数值
线损结算方式、计算标志	确定线损是否计算
线损分摊标志、分摊协议值	确定线损分摊的方法及分摊的数值
电压变比、电流变比、综合倍率	确定客户的综合倍率
示数类型，示数，抄见位数	确定抄见电量
铭牌容量、运行状态、首次运行日期	确定变压器的状态及运行时间
流程编号、开始时间、结束时间	确定新增客户流程的相关信息
划拨协议信息、分期结算信息	确定客户的划拨、分期结算相关信息
违约金信息	确定违约金的计算日期
目录电度电价	确定客户的目录电度电费
各类基金及附加	确定代征电费

二、电费计算信息复核要求

根据《国家电网公司营业抄核收工作管理规定》的相关规定，对新装用电客户、用电变更客户，业务流程处理完毕后的首次电量电费计算，应进行逐户审核。

根据上述与电费计算相关的信息的分析，对于一个新增的客户必须从客户的供电容量、供电电压、行业分类、执行电价、计量方式、功率因数考核方式及功率因数标准、综合倍率以及计算变压器损耗的相关信息、抄见电量计算的相关信息、客户流程中对应的接电信息、定量定比信息等方面进行细致的复核，以杜绝电费错误的发生。

对于增容的客户，需要对增加容量值、用电类别、变压器损耗相关信息、功率因数考核方式及标准、增容时间、有否换表、有否特抄、增容后电量变化、用电性质等信息进行复核。

由于在变更用电中客户的许多情况发生了改变，因此在电费计算信息的复核过程中针对不同的变更类型要特别注意相关信息的变化，如容量、用电类别、变压器损耗相关信息、功率因数考核方式及标准、计量方式、变更时间、执行电价、表计示数等。

三、电费计算信息复核示例

【例 1】某新增客户，供电容量为 400kVA，供电电压为 10kV，计量方式为高供低计，居民生活（城镇合表）用电。接电日期为 2015 年 4 月 26 日，第一次抄表日期为 2015 年 6 月 5 日。已知该客户变压器对应的损耗参数分别为：有功损耗系数 0.01；无功 K 值 2.772；有功空载损耗 1kW；无功空载损耗 5.51kvar。电度电价为 0.538 元/kWh。电费年月为 2015 年 6 月的电费台账信息（在台账中对应变压器使用天数为 31 天），见表 1–2–2。根据给定条件复核相关信息，若有错，请分析可能的原因并说明处理情况。

表 1–2–2　　2015 年 6 月电费台账信息

电量类型	抄见电量	变压器有功损耗电量	线损电量	结算有功电量
正向有功总	15449	898	0	16347

复核结果：

根据新增客户的复核要求，对要求的各项内容进行复核。由给定信息计算得出其有功损耗电量为 898kWh（15449×0.01+1×24×31）。但从 2015 年 4 月 26 日变压器投运到第一次抄表日期 2015 年 6 月 5 日，变压器铁损电量的计算天数应为 40 天，显然铁损电量的计算信息发生了错误，少计算了 9 天的铁损电量。

处理情况：

按规定补收这 9 天的铁损电量及对应的电度电费。

利用电量电费退补流程完成该电费的补收工作。

【例 2】某客户，主要从事电线、电缆及电工器材制造。供电容量为 160kVA，供电电压为 10kV。定价策略类型为单一制电价，功率因数标准为 0.85。不执行分时电价。2016 年 6 月 18 日通过改类流程改为执行分时电价，功率因数标准也随之调整为 0.90。根据给定条件复核相关信息，若有错，请分析可能的原因并说明处理情况。

复核结果：

根据变更客户的复核要求，对执行电价，是否执行峰谷考核标志，计量方式，表计相关信息，功率因数标准，流程开始、结束日期等内容进行复核，复核结果是发现功率因数标准异常。对于该客户来说，供电容量为 160kVA，按照规定功率因数标准是 0.85。

经过对变更过程的分析，发现是由于工作人员在做改类流程时，将功率因数标准从 0.85 改为 0.90。

处理情况：

通过确定、审批，将该客户的功率因数标准改为 0.85。重新计算错误年月的功率因数调整电费。

利用电量电费退补流程完成功率因数调整电费的退补工作。

【思考与练习】

1. 对新装客户复核时需要关注哪些信息？
2.《供电营业规则》规定变更用电的类型有哪些？
3. 对增容、减容客户复核时需要关注哪些信息？
4. 对暂停、暂换客户复核时需要关注哪些信息？
5. 某新装客户，供电容量为 25kW，计量方式为低供低计，行业分类为一般旅馆，于 2016 年 5 月 6 日送电。每月 10 日抄表。执行非工业电价。2016 年 6 月抄见有功读数为 12000。根据给定条件复核相关信息，若有错，请分析可能的原因并说明处理情况。（假设非工业电价为 0.835 元/kWh，商业电价为 0.936 元/kWh。也可以结合自己所在网省公司的电价执行情况进行分析）
6. 某新装客户，供电容量为 250kVA，供电电压为 10kV，计量方式为高供低计，执行非工业电价。接电日期为 2016 年 3 月 7 日，每月 10 日抄表，第一次抄表日期为 2016 年 4 月 10 日。已知该客户变压器对应的损耗参数分别为：有功损耗系数 0.015；无功 K 值 3.55；有功空载损耗 0.4kW；无功空载损耗 2.468kvar。电费年月为 2016 年 4 月的电费台账信息（在台账中对应变压器使用天数为 31 天）见表 1–2–3。根据给定条件复核相关信息，若有错，请分析可能的原因并说明处理情况。

表 1–2–3　　2016 年 4 月电费台账信息

电量类型	表计电量	变压器损耗电量	结算电量
有功	0	298	298
无功	0	1836	1836

（假设非工业电价为 0.815 元/kWh。也可以结合自己所在省公司的电价执行情况进行分析）

模块3 执行单一制电价客户疑问电费复核（Z26E1003Ⅰ）

【模块描述】本模块包含执行单一制电价客户电费异常情况的原因分析和复核等内容。通过要点介绍及归纳、示例介绍，掌握执行单一制电价客户疑问电费的产生原因分析和复核方法。

【模块内容】

在电费复核过程中，复核人员经常会发现由于各种原因引起的电费异常，需要针对不同的异常情况分析其产生的原因，并根据不同的原因进行相应的处理。

一、功率因数异常的主要原因

电量原因造成功率因数异常，主要是由于未抄表、表抄错、计量装置故障、自动抄表数据错误、拆表冲突造成的数据无法输入等。

参数错误，主要是客户的功率因数标准设置错误、行业分类与执行电价不对应等。

客户自身的原因，主要是客户的用电设备配置不合理，无功过补偿或欠补偿，用电情况不正常等。

违约用电、窃电。

客户变更用电时未按照要求进行特抄等。

二、变压器损耗异常的主要原因

变压器损耗计算标志设置错误。如在营销业务应用系统中将高供低计客户的变压器损耗计算标志设置成高供高计的情况，营销系统就无法计算变压器损耗；或将高供高计客户的变压器损耗计算标志设置成高供低计的情况，营销系统又重复计算了变压器损耗。

变压器损耗分摊标志或分摊协议值设置错误，会导致有变压器损耗分摊的情况发生错误。

变压器的变压器损耗算法设置错误，会导致变压器损耗计算的方法发生错误。

变压器的变压器损耗计算标准错误，会导致变压器损耗数值计算错误。

变压器运行状态不正确，如变压器实际是在运行状态，而由于某种原因在营销系统中的状态为停用，营销系统也无法计算变压器损耗。

没有抄见数（未用电、未抄表等原因），会导致变压器铜损为0。

抄错表计读数、表计故障等原因也会造成变压器损耗计算异常。

三、线损异常的主要原因

专线且计量装置未装在产权分界处的客户，线损计算方式、线损计算标志设置错误，导致应该计算线损电量的客户其线损电量为0。

线损分摊标志或分摊协议值设置错误，会导致线损电量分摊的情况发生错误。

对于高供低计的客户来说，其计量方式与线损计算匹配与否也是造成线损计算异常的原因，因为这类客户计算线损时要计入变压器的损耗。

另外，抄错表计读数、计量装置故障等原因也会造成线损计算异常。

四、抄见零电量的主要原因

客户自身未用电。

多功能电能表的各时段未设置好，会造成客户某个时段的电量为0。

抄表质量问题。由于抄表人员抄表不到位、抄错等原因造成抄见电量为0。

计量装置故障等原因造成无法抄录电能表的读数。

变更时应进行特抄的客户未进行特抄。

客户绕越计量装置用电等。

五、电量突增或突减的主要原因

造成电量突增的原因主要有客户私自增容、私自转供、擅自改变用电性质、电能表倍率错误、抄表错误、拆表读数输入错误、气候原因、正常增容等。

造成电量突减的原因主要有生产任务减少、客户长时间未用电、客户有可能窃电、气候原因、减容、暂停等。

六、总表电量小于子表电量的主要原因

抄表质量、表计故障、接线错误、客户窃电等。

七、电费异常的主要原因

1. 目录电度电费异常的原因

执行电价错误、抄见电量计算错误、变压器损耗电量计算错误、线损电量计算错误、转供电量计算错误、各种分表电量计算错误、多费率表时段设置错误、抄表人员读数输入错误等。

2. 代征电费异常的原因

一是基金及附加类型和数额错误，主要是一些特殊的客户，其基金和附加与一般的客户是有区别的；二是电量错误。

3. 功率因数调整电费异常的原因

功率因数考核方式设置错误、功率因数标准设置错误、抄表错误、换表后数据输入错误、客户自身的用电状况等原因造成功率因数调整电费异常。

八、发生电量电费退补的主要原因

计量原因：电能表倒走，电能计量装置故障，电能计量装置被盗，电能计量装置停走、失准，电能计量装置接线错误，因调表原因退居民阶梯电费等。

抄表差错：电能表读数抄错、拆表客户的拆表读数输入错误、实行阶梯电价的客户由于抄表的原因需要退阶梯电费。

计费参数错误：电价执行错误、变压器运行时间错误、电力营销业务应用系统中变压器状态与现场不一致。

违约用电、窃电。

无表临时用电等。

九、疑问电费复核示例

【例 1】 某非工业客户，供电容量为 200kVA，供电电压为 10kV，计量方式为高供低计。已知该客户变压器对应的损耗参数分别为：有功损耗系数 0.015；无功 *K* 值 2.91；有功空载损耗 0.48kW；无功空载损耗 2.555kvar。上次抄表日期为 2016 年 3 月 22 日，本次抄表日期为 2016 年 4 月 22 日。电费年月为 2016 年 4 月的电量电费计算信息见表 1–3–1。根据给定条件复核相关信息，若有错请分析可能的原因并说明处理情况。

表 1–3–1　　2016 年 4 月电量电费计算信息

电量类型	抄见电量	变压器损耗电量	线损	结算电量
正向有功总	2160	390	0	2550
无功总	0	1995	0	1995

复核结果：

根据电费复核的要求，对该客户的相关电费数据进行分析，发现本月的无功表计电量为 0，这肯定是不正常的。另外，对于 200kVA 的客户，有功电量太少，会直接影响客户的功率因数：

根据表 1–3–1 中相关信息计算得到该客户的实际功率因数为

$$实际功率因数=\frac{2550}{\sqrt{2550^2+1995^2}}=0.79$$

根据客户性质得知其功率因数标准为 0.85，显然实际功率因数未达到功率因数标准值。

处理情况：

对于该客户需解决两个方面的问题：一个是为什么无功表计电量为 0？经相关工作人员的了解，是抄表人员工作失误所致，结合表计的现场实际情况重新计算功率因数调整电费，并利用电量电费退补流程完成功率因数调整电费的退补工作。

另一个是该客户的有功电量为什么那么少？虽然这是客户自身的原因，但是我们从优质服务的要求出发，还是需要提醒客户是否能考虑增加生产任务，或者是结合生产能力进行减容，另外需要考虑无功补偿装置安装、使用是否得当，以降低客户的平均电价。

【例 2】某客户，有主、备电源，供电容量分别为 315kVA、200kVA，供电电压均为 10kV，计量方式为高供低计。每月 25 日抄表。已知该客户 315kVA 变压器对应的损耗参数分别为：有功损耗系数 0.015；无功 K 值 3.304；有功空载损耗 0.67kW；无功空载损耗 3.4kvar。200kVA 变压器对应的损耗参数分别为：有功损耗系数 0.015，无功 K 值 2.91，有功空载损耗 0.48kW，无功空载损耗 2.555kvar。主供电源于 2016 年 1 月 27 日暂停，备用电源自 2016 年 1 月 27 日开始运行。电费年月为 2016 年 2 月的电量电费计算信息见表 1–3–2。根据给定条件复核相关信息，若有错，请分析可能的原因并说明处理情况。

表 1–3–2　　2016 年 2 月电量电费计算信息

电量类型	抄见电量（含主、备）	变压器损耗电量	线损电量	结算电量
有功总	7800	149	0	7949
无功总	1560	550	0	2110

复核结果：

从表 1–3–2 可以看出，对于变压器正常运行的客户来说有功铁损电量、无功铁损电量值是偏小的。

经过计算该客户电费年月为 2016 年 2 月的变压器有功损耗电量为 149kWh，其中有功铜损电量为 117kWh，有功铁损电量为 32kWh（0.67×24×2）。变压器无功损耗电量为 550kvarh，其中无功铜损电量为 387kvarh，无功铁损电量为 163kvarh（3.4×24×2）。显然变压器铁损只是主供电源运行两天的电量，而备用电源运行天数的铁损电量未计入。

经过查询该客户的信息，发现该客户的备用变压器的变压器损耗计算标志设置为“否”，因此在主用变压器暂停时造成铁损电量均为 0。

另外，客户的有功电量也是偏少的，需要根据客户的实际情况进行处理。

处理情况：

通过确定、审批修改错误信息。

补收未计的有功铁损电量及对应的电度电费。

因该客户是实行功率因数考核的，因此还需要根据实际情况计算功率因数调整电费。

利用电量电费退补流程完成电度电费、功率因数调整电费的退补工作。

【例 3】某专变客户，供电容量为 630kVA，供电电压为 10kV，客户信息中显示计量方式为高供高计。用电性质为非工业用电。于 2016 年 6 月 9 日送电。每月 5 日抄表。电费年月为 2016 年 7 月的电量计算信息见表 1–3–3。根据给定条件复核相关信息，若有错，请分析可能的原因并说明处理情况。

表 1–3–3　　2016 年 7 月电量计算信息

电量类型	抄见电量	变压器损耗电量	线损电量	结算电量
正向有功总	11780	526	0	12306
正向有功峰	870	43	0	913
正向有功平	5540	225	0	5765
正向有功谷	5370	258	0	5628
无功总	3980	2711	0	6691

复核结果：

从表 1–3–3 可以看出，该客户 2016 年 7 月的电量电费信息中除了表计电量外，还包含了变压器的铜损和铁损。从客户信息知道这是一个高供高计的专变客户，不需要单独计算变压器损耗。

经核实客户信息，发现误将该客户变压器损耗计算标志设置成“是”，导致该高供高计的客户在电量电费信息中出现了变压器损耗。

处理情况：

通过确定、审核修改该客户的变压器的变压器损耗计算标志。

重新计算结算电量及对应的电度电费、功率因数调整电费。

利用电量电费退补流程完成结算电量及对应的电度电费、功率因数调整电费的退补工作。

【例 4】某有限公司，变压器容量为 250kVA，供电电压 10kV，计量方式为高供低计。执行分时电价。抄表时间为每月的 10 日。变压器损耗计算参数为：有功损耗系数 0.015，无功 K 值 2.29，有功空载损耗 0.64kW，无功空载损耗 4.96kvar。电费年月的相关电费计算信息见表 1–3–4。请根据给定条件复核表 1–3–4 中“退补”相关信息的正确性，并计算需要退补的电费。（∑基金及附加单价为 0.05016 元/kWh）

表 1-3-4 该户相关电费年月的电费计算信息

电费计年月	电量类型	抄见电量	变压器损耗电量	结算电量	电度电价单价（元/kWh）
2009 年 7 月（正常电费）	总	0	0	0	—
	高峰	0	0	0	1.341
	平段	0	0	0	1.043
	低谷	0	0	0	0.531
	无功总	0	0	0	—
2009 年 7 月（退补）	总	70000	1542	71542	—
	高峰	10500	231	10731	1.341
	平段	45500	1003	46503	1.043
	低谷	14000	308	14308	0.531
	无功总	25000	6214	31214	—

复核结果：

电费复核人员在复核电费时，发现 2016 年 7 月“正常电费”中的抄见电量、变压器损耗电量、结算电量均为 0。另外有一条退补电费的记录，作为电费复核人员需要审核相关信息的正确性。经核实是因为电能表发生故障无法抄录电量信息，追补相应的电量电费的信息。

由于是表计故障无法显示正常读数，经有关部门确定故障时间从 6 月 10 日至 7 月 11 日共计为 32 天。工作人员查阅了客户的生产记录，并参照上几个月的电量情况与客户协商确定追补抄见总有功电量 70000kWh，并按 15%、65%、20%分别分摊到高峰、平段、低谷；追补抄见无功电量 25000kvarh。

追补抄见高峰、平段、低谷电量分别为

$$追补抄见高峰电量=70000\times15\%=10500\text{（kWh）}$$

$$追补抄见平段电量=70000\times65\%=45500\text{（kWh）}$$

$$追补抄见低谷电量=70000\times20\%=14000\text{（kWh）}$$

对应的变压器损耗电量分别为

$$总变压器有功损耗电量=70000\times0.015+0.64\times32\times24=1542\text{（kWh）}$$

$$高峰变压器损耗电量=1542\times\frac{10500}{70000}=231\text{（kWh）}$$

$$低谷变压器损耗电量=1542\times\frac{14000}{70000}=308\text{（kWh）}$$

平段变压器损耗电量=1542–231–308=1003（kWh）

总变压器无功损耗电量=70000×0.015×2.29+4.96×32×24=6214（kvarh）

高峰、平段、低谷补电度电费分别为

高峰电费=(10500+231)×1.341=14390.27（元）

平段电费=(45500+1003)×1.043=48502.63（元）

低谷电费=(14000+308)×0.531=7597.55（元）

$$实际功率因数=\cos\left(\arctan\frac{25000+6214}{70000+1542}\right)=0.92$$

因为该客户的标准功率因数为 0.9，查功率因数调整电费表得到功率因数调整率为–0.30%，则

功率因数调整电费=–0.30%×［14390.27+48502.63+7597.55–71542×0.05016）］=–200.71（元）

需要补交的电费=14390.27+48502.63+7597.55–200.71
=70289.74（元）

从严格的意义上分析，7 月 11 日、12 日两天的对应的电量、电费应该补到 8 月的电费信息中更为合理，考虑到退补程序的简便，所有 32 天的电量电费均补在 7 月份。

另外，在实际工作中，退补电量电费的过程也可以根据实际情况及与客户协商的结果进行更简便的处理。

【思考与练习】

1. 结合自己的工作分析功率因数的异常、变压器损耗异常、线路损耗异常的原因。

2. 在实际工作中碰到的电量突增或突减的情况有哪些？

3. 结合自己的工作对一个电费异常的客户进行分析。

4. 某居民客户，供电容量为 6kW，供电电压为 220V，计量方式为低供低计。抄表时间为每月 5 日，2016 年 1 月至 5 月的结算电量见表 1–3–5。请根据给定条件复核相关信息是否正常，若不正常，请分析可能的原因，并针对分析得到的原因说明对应处理方法及依据。

表 1-3-5 该居民客户 2016 年 1 月至 5 月的结算电量

电费年月	结算电量	电费年月	结算电量
2016 年 1 月	140	2016 年 4 月	333
2016 年 2 月	331	2016 年 5 月	3595
2016 年 3 月	253		

模块 4 执行两部制电价客户电费计算（Z26E1004Ⅱ）

【模块描述】本模块包含执行两部制电价客户电费的构成和计算方法等内容。通过术语说明、电费构成分析、公式解释、要点归纳、计算示例，掌握执行两部制电价客户的电费构成分析及计算过程。

【模块内容】

一、执行两部制电价客户电费的构成

按照现行电价制度分类，所有客户可分为执行单一制电价和两部制电价。

两部制电价包含基本电价、电度电价。电度电价包含目录电度电价、各项基金及附加单价的总和。对应的电费有基本电费、目录电度电费、代征电费。

基本电费是根据客户变压器的容量（包括不通过变压器的高压电动机的容量）或最大需量和国家批准的基本电价计收的电费。目录电度电费、代征电费与执行单一制电价客户相同。

执行两部制电价的客户均应包含功率因数调整电费。

二、执行两部制电价客户电费的计算方法

（一）基本电费的计算

1. 按变压器容量计收

根据客户受电变压器容量加上不通过该变压器的高压电动机容量（此时 kW 或 kVA 等同），按国家批准的基本电价计收。

根据《供电营业规则》的相关规定：

以变压器容量计算基本电费的客户，对备用的变压器（含不通过变压器的高压电动机），属于冷备用状态并经供电企业加封的，不收基本电费；属于热备用状态或未经加封的，不论使用与否都计收基本电费。

客户专门为调整功率因数的设备，如电容器、调相机等，不计收基本电费。

在受电装置一次侧装有连锁装置互为备用的变压器（含高压电动机），按可能同时使用的变压器（含高压电动机）容量之和的最大值计算其基本电费。

如转供户为按容量计算基本电费，应按合同约定的方式进行扣减。

2. 按最大需量收取

电力用户应与电网企业签订合同，其中选择按最大需量方式计收基本电费的，应按合同最大需量核定值计收基本电费。电力用户提前 5 个工作日向电网企业申请变更下一个月的合同最大需量核定值，电力用户增容可同时调整接电当月最大需量核定值。电力用户实际最大需量超过合同核定值 105%时，超过部分的基本电费加一倍收取；未超过合同核定值的，按合同核定值收取。最大需量核定值按户申请，不低于可能同时运行的最大容量（含热备用变压器和不通过专用变压器接用的高压电动机）的 40%，也不高于各路主供电源供电容量的总和。

抄见最大需量的计算公式为

$$抄见最大需量\ i=本次示数\ i\times综合倍率$$

（1） 电力用户选择按最大需量方式计收基本电费的，对同时运行的各路电源，按每路电源分别计算最大需量，累加最大需量后计收基本电费；对主供和备用方式运行的各路电源，按其中最大需量较大的一路电源计收基本电费。

（2） 在计算转供户用电量、最大需量及功率因数调整电费时，应扣除被转供户、公用线路与变压器消耗的有功、无功电量。但是被转供户如果不执行功率因数调整电费时，其有功无功电量都不扣除。

最大需量按下列规定折算：

照明及一班制：每月用电量 180kWh，折合为 1kW；

二班制：每月用电量 360kWh，折合为 1kW；

三班制：每月用电量 540kWh，折合为 1kW；

四班制：每月用电量 720kWh，折合为 1kW。

如果转供户为按最大需量计算基本电费，需将被转供户电量折算成最大需量扣除。

（3） 按最大需量计算基本电费的客户，凡有不通过专用变压器接用的高压电动机，其最大需量应包括该高压电动机的容量。客户申请最大需量，也应包括不通过变压器接用的高压电动机容量。

需要说明的是，有的网省公司根据自己的情况确定的规定也有不同。可以根据自己网省公司的规定计算基本电费。

3. 变更用电时的基本电费

基本电费以月计算，但新装、增容、变更与终止用电当月的基本电费，可按实用天数（日用电不足 24h 的，按一天计算）每日按全月基本电费 1/30 计算。事故停电、检修停电、计划限电不扣减基本电费。

（1）增加容量时的基本电费。

$$基本电费=原有容量的基本电费+新增容量\times\frac{基本电价}{30}\times增加容量后变压器实际运行天数$$

对于新装客户，上式中“原有容量的基本电费”为0。

（2）变更时的基本电费。

$$基本电费=原容量\times\frac{基本电价}{30}\times变更前变压器实际运行天数+变更后容量\times\frac{基本电价}{30}\times变更后变压器实际运行天数$$

对于终止用电客户，上式中“变更后容量”为0。

其中，变更时按每台变压器进行计算。

（3）其他相关规定。

减容期满后以及新装、增容的客户，两年内不得申办减容或暂停。如确需要办理减容或暂停的，减少或暂停部分容量的基本电费应按50%计算收取。

暂停期满或每一个日历年内累计暂停用电时间超过6个月者，不论客户是否申请恢复用电，供电企业须从期满之日起，按合同约定的容量计收其基本电费。

暂停时间少于15天的，暂停期间基本电费照收。

对两部制电价的客户，若暂换变压器，则应从暂换之日起，按替换后的变压器容量计收基本电费。

减容（暂停）后容量达不到实施两部制电价规定容量标准的，应改为相应类别的单一制电价计费，功率因数调整电费标准按照供用电合同执行，其中按容量方式计收的基本电费按实际执行天数计算。

（二）目录电度电费计算

目录电度电费计算与执行单一制电价客户的方法一致。

（三）代征电费的计算

代征电费的计算与执行单一制电价客户的方法一致。

需要注意的是，执行两部制客户的电价类别中所包含基金及附加的类型和数额也有不一样的。

（四）功率因数调整电费的计算

执行两部制电价客户的功率因数调整电费计算方法与执行单一制电价客户相同。但需要注意的是基本电费参与功率因数调整电费的计算。

三、计算例题

【例 1】某工业客户，供电容量为 315kVA，供电电压为 10kV，计量方式为高供低计。该客户实行分时电价。按容量计算基本电费，基本电价为 28 元/（kVA·月）。抄表日期为每月 21 日。无其他变更情况。已知该客户变压器对应的损耗参数为：有功损耗系数 0.015；无功 K 值 2.214；有功空载损耗 0.78kW；无功空载损耗 6.889kvar。基金及附加单价总和为 0.05016 元/kWh。电费年月为 2009 年 7 月的相关信息见表 1–4–1。请计算该电费。

表 1–4–1　　该工业客户电费年月为 2009 年 7 月的相关信息

电量类型	上次抄见数	本次抄见数	综合倍率	电度电价单价（元/kWh）
正向有功总	1996	2850	100	—
高峰	170	285	100	1.054
平段	834	1401	100	0.872
低谷	991	1663	100	0.388
无功总	468	724	100	—

计算步骤：

（1）抄见电量。

抄见有功总电量=（2850–1996）×100=85400（kWh）

抄见有功高峰电量=（285–170）×100=11500（kWh）

抄见有功平段电量=（1401–834）×100=56700（kWh）

抄见有功低谷电量=（1163–991）×100=17200（kWh）

抄见无功总电量=（724–468）×100=25600（kvarh）

（2）变压器损耗电量。

有功损耗电量=85400×0.015+0.78×24×30=1843（kWh）

有功高峰损耗电量= $\frac{11500}{85400}\times 1843$ =248（kWh）

有功低谷损耗电量= $\frac{17200}{85400}\times 1843$ =371（kWh）

有功平段损耗电量=1843–248–371=1224（kWh）

无功损耗电量=85400×0.015×2.214+6.889×24×30=7796（kvarh）

（3）结算电量。

结算有功总电量=85400+1843=87243（kWh）

结算有功高峰电量=11500+248=11748（kWh）

结算有功平段电量=56700+1224=57924（kWh）

结算有功低谷电量=17200+371=17571（kWh）

结算无功总电量=25600+7796=33396（kvarh）

（4）电度电费。

高峰电度电费=11748×1.054=12382.39（元）

平段电度电费=57924×0.872=50509.73（元）

低谷电度电费=17571×0.388=6817.55（元）

（5）基本电费。

基本电费=315×28=8820（元/月）

（6）功率因数调整电费

$$实际功率因数=\cos\left(\arctan\frac{33396}{87243}\right)=0.93$$

因为该客户的标准功率因数为 0.9，查“功率因数调整电费表”得到功率因数调整率为–0.45%，则

$$\begin{aligned}功率因数调整电费&=-0.45\%\times[8820+11748\times(1.054-0.05016)+57924\times\\&\quad(0.872-0.05016)+17571\times(0.388-0.05016)]\\&=-333.69（元）\end{aligned}$$

（7）客户本月应交的总电费

总电费=12382.39+50509.73+6817.55+8820–333.69=78195.98（元）

【例 2】用户电源运行方式为两路同供（电源 A、电源 B），分别供两台容量为1000kVA 的变压器，每路电源供电容量均为 1000kVA，不允许一路电源供两台变压器。现用户提出约定最大需量核定值为 1500kW。

当月若该户电源 A 实际抄见最大需量为 800kW，电源 B 为 800kW，最大需量合计值为 1600kW（800+800），超过核定值 1500kW 的 105%，则超过部分的基本电费需加一倍收取。因此本月基本电费计费需量为 1550kW[1500+(1600–1500×1.05)×2]。

当月若该户最大需量合计值为 1550kW，介于核定值（1500）和核定值的 105%（1575）之间，则本月基本电费计费需量按核定值 1500kW 计收。

【例 3】某大学，供电容量为 8510kVA，供电电压为 10kV，计量方式为高供高计，执行居民生活合表电价，不执行分时电价，不执行功率因数考核。某半导体公司，供电容量为 2000kVA，供电电压为 10kV，计量方式为高供高计，实行分时电价，按容量计算基本电费，基本电价为 28 元/（kVA·月）。该大学对该半导体有限公司进行电量的转供。转供户和被转供户的抄表日期均为每月 20 日。无变更情况。该大学电费

年月为 2013 年 7 月对应的信息见表 1–4–2。

表 1–4–2　　该大学电费年月为 2013 年 7 月对应的信息

电量类型	上次抄见数	本次抄见数	综合倍率	目录电度电价（元/kWh）	∑基金及附加单价（元/kWh）
有功总	10514	10658	8000	0.48884	0.04916

该半导体公司电费年月为 2013 年 7 月对应的信息见表 1–4–3。请计算该电费。

表 1–4–3　　该半导体公司电费年月为 2013 年 7 月对应的信息

电量类型	上次抄见数	本次抄见数	综合倍率	目录电度电价（元/kWh）	∑基金及附加单价（元/kWh）
有功总	6344	6546	3000	—	0.05016
高峰	534	551	3000	1.00384	0.05016
平段	2775	2864	3000	0.82184	0.05016
低谷	3034	3129	3000	0.33784	0.05016
无功总	3138	3239	3000	—	—

计算步骤：

先计算被转供户（某半导体公司）的电费：

（1）抄见电量。

抄见有功总电量=（6546–6344）×3000=606000（kWh）

抄见有功高峰电量=（551–534）×3000=51000（kWh）

抄见有功低谷电量=（3129–3034）×3000=285000（kWh）

抄见有功平段电量=606000–51000–285000=270000（kWh）

抄见无功总电量=（3239–3138）×3000=303000（kvarh）

（2）基本电费。

基本电费=2000×28=56000（元/月）

（3）目录电度电费。

高峰目录电度电费=51000×1.00384 =51195.84（元）

平段目录电度电费=270000×0.82184= 221896.8（元）

低谷目录电度电费=285000×0.33784=96284.4（元）

（4）各项代征电费总和。

各项代征电费总和=606000×0.05016=30396.96（元）

（5）功率因数调整电费。

$$实际功率因数=\cos\left(\arctan\frac{303000}{606000}\right)=0.89$$

因为该客户的标准功率因数为 0.9，查“功率因数调整电费表”得到功率因数调整率为 0.5%，则

功率因数调整电费=0.5%×（56000+51195.84+ 221896.8+96284.4）
=2126.89（元）

（6）客户本月应交的总电费

总电费=56000+51195.84+ 221896.8+96284.4+30396.96+2126.89
= 457900.89（元）

再计算转供户（某大学）的电费：

抄见有功总电量=（10658–10514）×8000=1152000（kWh）

剩余有功结算电量=1152000–606000=546000（kWh）

目录电度电费计算=546000×0.48884= 266906.64（元）

代征电费总和=546000×0.04916=26841.36（元）

该大学本月应交的总电费= 266906.64+26841.36= 293748.00（元）

【例 4】某工业客户，10kV 高供高计，总容量为 1260kVA，基本电费需量收取（假设基本电价最大需量是 40 元/（kW·月），核准需量值为 600kW，计量点一级为顶级，电流互感器变比为 75/5，计量点二级为次级，低压计量，电流互感器变比为 200/5，计量点三级为计量点二级的子表定量 15000kWh/月，12 月抄表数据见表 1–4–4。（基本电费计算方法按照 2016 年新规计算）

表 1–4–4　　12 月抄表数据

电量类型	本次抄见数	上次抄见数	目录电度电价（元/kWh）	∑基金及附加单价（元/kWh）
有功总	1863.14	1693.13	—	0.03771
有功峰	818.21	743.82	1.112	0.03771
有功平	713.43	648.66	0.667	0.03771
有功谷	331.5	300.65	0.322	0.03771
最大需量	0.495		—	—
正向无功	501.81	465.18	—	—
反向无功	46.56	40.4	—	—
一级分表	8992.02	8218.39	0.867	0.03771
二级分表	定量 15000		0.5383	0.03771

（1） 确定用电性质：大工业。

确定供电方式：高供高计。

定倍率：

主表倍率=10/0.1×75/5=1500

一级分表倍率=200/5=40

（2） 确定基本电费计费容量（需量）。

基本电费计费容量（需量）=0.495×1500=742.5（kW）

742 计费

600×1.05=630

742＞630 超出核准需量值的 105%，超出核准值的部分按两倍收取。

实际计费需量=600+（742–630）×2=824（kW）

（3） 计算出总有功、总无功，算出功率因数，查出增减率。

有功总电量=（1863.14–1693.13）×1500=255015（kWh）

无功总电量=（501.81–465.18）×1500+（46.56–40.4）×1500=64185（kvarh）

因 $\cos\varphi$=0.97，功率因数执行 0.90 标准，增减率为–0.75%。

（4） 电量计算。

一级分表电量=（8992.02–8218.39）×40=30945（kWh）

二级分表定量=15000kWh

一级分表扣减二级分表后计费电量=30945–15000=15945（kWh）

主表扣减分表=255015–30945=224070（kWh）

有功峰差=818.21–743.82=74.39（kW）

有功平差=713.43–648.66=64.77（kW）

有功谷差=331.5–300.65=30.85（kW）

有功峰差+有功平差+有功谷差=170.01（kW）

计费峰电量=74.39/170.01×224070=98045（kWh）

计费谷电量=30.85/170.01×224070=40660（kWh）

计费平电量=224070–98045–40660=85365（kWh）

（5） 电费计算。

基本电费=824×40=32960（元）

力调费=32960×（–0.75%）=247.2（元）

峰电费=98045×1.112= 109026.04（元）

力调费=98045×（1.112–0.03771）×（–0.75%）=–789.97（元）

平电费=85365×0.667=56938.46（元）

力调费=85365×（0.667–0.03771）×（–0.75%）=–402.9（元）

谷电费=40660×0.322=13092.52（元）

力调费=40660×（0.322–0.03771）×（–0.75%）=–86.69（元）

其他照明电费=15945×0.867=13824.32（元）

力调费=15945×（0.867–0.03771）×（–0.75%）=–99.17（元）

居民照明电费=15000×0.5383=8074.5（元）

（6）当月电费合计。

当月电费合计=32960+247.2+ 109026.04–789.97+56938.46–402.9+13092.52–86.69+13824.32–99.17+8074.5= 229034.51（元）

【思考与练习】

1. 执行两部制电价客户的电费由哪几部分组成？与执行单一制电价客户的电费构成有什么不同？

2. 《供电营业规则》、国家电网有限公司《营销业务应用标准化设计业务模型说明书》对双路电源且按最大需量计算基本电费的规定怎样？

3. 《供电营业规则》对增容、减容、暂停时基本电费计算有哪些规定？

4. 执行两部制电价客户与执行单一制电价客户在计算功率因数调整电费时有什么区别？

5. 某工业客户，供电容量为630kVA，供电电压为10kV，计量方式为高供高计，按容量计算基本电费，基本电价为28［元/（kVA・月）］。抄表日期为每月22日。无变更情况。该户6月对应的抄表示数及电价信息见表1–4–5。请计算该电费。

表1–4–5　　该户6月对应的抄表示数及电价信息

电量类型	上次抄见数	本次抄见数	综合倍率	电度电价单价（元/kWh）	∑基金及附加单价（元/kWh）
有功总	1554.66	1636.03	800	—	0.05016
高峰	110.05	115.28	800	1.054	0.05016
平段	979.59	1029.75	800	0.872	0.05016
低谷	465.02	491.00	800	0.388	0.05016
无功总	300.85	310.38	800	—	—

6. 某工业客户，供电容量为315kVA，供电电压为10kV，计量方式为高供低计，按需量计算基本电费，需量核定值为126kW，基本电价为38元/（kW・月）。抄表日

期为每月 20 日。无变更情况。已知该客户变压器对应的损耗参数分别为：有功损耗系数 0.015；无功 *K* 值 2.43；有功空载损耗 0.75kW；无功空载损耗 6.25kvar。该户 7 月对应的抄表示数及电价信息见表 1–4–6。请计算该电费。

表 1–4–6　　该户 7 月对应的抄表示数及电价信息

电量类型	上次抄见数	本次抄见数	综合倍率	电度电价单价（元/kWh）	∑基金及附加单价（元/kWh）
有功总	3271	3414	100	—	0.05016
高峰	347	360	100	1.054	0.05016
平段	1922	2003	100	0.872	0.05016
低谷	1001	1050	100	0.388	0.05016
无功总	245	262	100	—	—
需量	0.4781	0.5175	100	—	—

7. 某钢构有限公司，10kV 高供低计供电，变压器容量为 400kVA，按最大需量计收基本电费，基本电价为 40 元/（kW·月），主表电流互感器变比是 600/5，办公照明电流互感器变比是 150/5，与主表串接，有功铁损 410kWh，无功铁损 2880kvarh，无功 *K* 值 3.58，根据表 1–4–7 所抄示数，计算该公司 9 月份应交电费。

表 1–4–7　　该公司 9 月抄表示数及电价信息

电量类型	9 月 25 日	8 月 25 日	电度电价单价（元/kWh）	∑基金及附加单价（元/kWh）
主表有功总	9497.25	9411.38	—	0.03771
主表有功峰	3370.95	3333.51	1.112	0.03771
主表有功平	3066.88	3034.21	0.667	0.03771
主表有功谷	3059.42	3043.66	0.322	0.03771
无功总	3594.4	3557.18	—	—
最大需量	2.0851	2.0125	—	—
非居民照明	1189.69	1189	0.867	0.03771

8. 某混凝土预制构件厂，10kV 高供低计供电，变压器容量为 315kVA，按容量计收基本电费，基本电价为 30 元/（kVA·月），电流互感器的变比是 300/5，生活照明电流互感器变比是 200/5，与主表并接，主表中执行 5%的办公照明；有功铁损 547kWh，无功铁损 4500kvarh，无功 *K* 值 2.43，根据表 1–4–8 所抄示数，计算该户 9 月份应交

电费。

表 1–4–8　　该厂 9 月抄表示数及电价信息

电量类型	9 月 25 日	8 月 25 日	电度电价单价（元/kWh）	∑基金及附加单价（元/kWh）
主表有功峰	7785.86	7614.03	1.112	0.03771
主表有功平	6851.63	6729.64	0.667	0.03771
主表有功谷	4060.46	3982.91	0.322	0.03771
主表有功总	18697.95	18326.58	—	0.03771
主表无功总	15948.13	15586.85	—	—
最大需量	2.6842	2.6851	—	—
生活照明有功总	142326.97	141058.33	0.5383	0.04180
生活照明无功总	38295.03	37942.71	—	—

9. 某热力设备有限公司，10KV 供电，高供低计，合同容量为 315kVA，按需量结算基本电费，基本电价为 40 元/（kW・月），照明表计量点为顶级，有功铁损 461kwh，无功铁损 3571kvarh，无功 K 值 2.29，该户 5 月抄表示数及电价信息见表 1–4–9，试计算该公司 5 月份应交电费。

表 1–4–9　　该公司 5 月抄表示数及电价信息

电量类型	5 月抄见示数	4 月抄见示数	电度电价单价（元/kWh）	∑基金及附加单价（元/kWh）
主表有功总	23553.59	23094.21	—	0.03771
主表有功峰	9287.17	9062.95	1.112	0.03771
主表有功平	9399.88	9218.25	0.667	0.03771
主表有功谷	4866.54	4813.01	0.322	0.03771
最大需量	2.594		—	—
正向无功	9663.82	9497.99	—	—
反向无功	3060.47	3028.78	—	—
其他照明	102177	101350	0.867	0.03771

10. 某工业客户，供电容量为 315kVA，供电电压为 10kV，计量方式为高供低计，按容量计算基本电费，基本电价为 30 元/（kW・月）。抄表日期为每月 25 日。无变更

情况。已知该客户变压器对应的损耗参数分别为：无功 K 值 2.43；有功铁损 547kWh；无功铁损 4500kvarh。该客户有两个分表，一个定量 4000kWh，执行居民电价，另一个其他照明定比 3%，执行现行电价。请计算 2014 年 3 月电费，对应的抄表示数及电价信息见表 1–4–10。

表 1–4–10　　该客户 3 月抄表示数及电价信息

电量类型	上次抄见数 2014 年 3 月	本次抄见数 2014 年 2 月	综合倍率	电度电价单价（元/kWh）	∑基金及附加单价（元/kWh）
有功总	38668.81	38168.8	100	—	0.04471
高峰	18130.8	17899.77	100	1.112	0.04471
平段	15385.87	15187.39	100	0.667	0.04471
低谷	5152.14	5081.64	100	0.322	0.04471
正向无功	8761.11	8657.71	100	—	—
反向无功	638.38	635.27	100	—	—
分表一	定量 4000	—	—	0.5383	0.04180
分表二其他照明	定比 3%	—	—	0.867	0.04471

模块 5　分期结算电费计算（Z26E1005Ⅱ）

【模块描述】本模块包含分期结算电费的概念、分期结算电费的计算与一般电费计算的区别等内容。通过概念描述、要点归纳、计算示例，掌握分期结算电费的计算过程及计算中应注意的问题。

【模块内容】

一、分期结算的概念

分期结算是指对月用电量较大或是存在电费回收风险的客户，供电企业可按客户月电费情况确定每月分若干次抄表计收电费。

二、分期结算客户电费计算的特殊规定

对于分期结算的客户，除月末最后一次计算，其余各期按抄见电量计算电度电费和代征电费。

对于分期结算的客户，每月最后一次结算时，计算其全月基本电费。也可每次结算时分期结算基本电费，按需量结算基本电费时，若分期结算基本电费，最后一次结

算需量为当月实际应收需量值减去之前已收需量值。（可按自己网省的规定执行）

对于分期结算的客户，在最后一次抄表时按全月用电量计算功率因数，以全月目录电度电费和全月基本电费作为基数计算功率因数调整电费。

变压器损耗、线损电量根据各网省的实际情况可分期计算，也可以全月计算。

三、分期结算注意事项

分期结算应与客户签订分期结算协议，并根据协议约定的时间、期数进行抄表计收电费。

供电企业应按协议约定给分期结算客户的客户提供电费发票。

按协议约定对逾期未交清分期结算电费的客户计算相应的电费违约金。

四、计算例题

【例 1】某分期结算的工业客户，供电容量为 630kVA，供电电压为 10kV，计量方式为高供高计，配有 40/5 的电流互感器。按容量计算基本电费，基本电价为 28 元/（kVA·月）。每月分两次抄表结算电费。无变更情况。基金及附加单价总和为 0.05016 元/kWh。该户 7 月对应的抄表示数及电价信息见表 1–5–1。请计算该电费。

表 1–5–1　　客户 7 月对应的抄表示数及电价信息

电量类型	上次抄见数	7 月 11 日抄见数	7 月 21 日抄见数	电度电价单价（元/kWh）
有功总	7575	7625	7650	—
高峰	242	252	257	1.054
平段	5468	5498	5513	0.872
低谷	1865	1875	1880	0.388
无功总	2507	—	2545	—

计算步骤：

（1）计算综合倍率。

$$\frac{10000}{100}\times\frac{40}{5}=800$$

（2）对应 11 日的电费。

抄见有功总电量=（7625–7575）×800=40000（kWh）

抄见高峰电量=（252–242）×800=8000（kWh）

抄见平段电量=（5498–5468）×800=24000（kWh）

抄见低谷电量=（1875–1865）×800=8000（kWh）

高峰电度电费=8000×1.054 =8432.00（元）

平段电度电费=24000×0.872=20928.00（元）

低谷电度电费=8000×0.388=3104.00（元）

11 日应交电费=8432.00+20928.00+3104.00=32464.00（元）

（3）对应 21 日的电费。

抄见有功总电量=（7650–7625）×800=20000（kWh）

抄见高峰电量=（257–252）×800=4000（kWh）

抄见平段电量=（5513–5498）×800=12000（kWh）

抄见低谷电量=（1880–1875）×800=4000（kWh）

抄见无功总电量=（2545–2507）×800=30400（kvarh）

基本电费=630×28 =17640（元/月）（基本电费也可分期结算）

高峰电度电费=4000×1.054 =4216.00（元）

平段电度电费=12000×0.872=10464.00（元）

低谷电度电费=4000×0.388=1552.00（元）

$$\text{实际功率因数}=\cos\left(\arctan\frac{30400}{40000+20000}\right)=0.89$$

因为该客户的标准功率因数为 0.9，查“功率因数调整电费表”得功率因数调整率为 0.5%，则

功率因数调整电费=0.005×［17640+32464.00+4216.00+10464.00+1552.00–（40000+20000）×0.05016］=316.63（元）

21 日应交电费=17640+4216.00+10464.00+1552.00+316.63=34188.63（元）

【思考与练习】

1. 你所在的网省公司，分期结算有什么注意事项？

2. 国家电网公司《营销业务应用标准化设计业务模型说明书》关于分期结算客户的基本电费计算有什么规定？你所在的网省公司有不同的规定吗？

3. 国家电网公司《营销业务应用标准化设计业务模型说明书》关于分期结算客户的功率因数调整电费计算有什么规定？你所在的网省公司有不同的规定吗？

4. 某分期结算的工业客户，供电容量为 500kVA，供电电压为 10kV，计量方式为高供高计，综合倍率为 800。按变压器容量计收基本电费，基本电价为 28 元/(kVA·月)。抄表日期为每月 25 日，分期结算日期分别为每月 5 日和 15 日。无变更情况。基金及附加单价总和为 0.05016 元/kWh。该户 6 月对应的抄表示数及电价信息见表 1–5–2。请计算该电费。

表 1–5–2 该户 6 月对应的抄表示数及电价信息

电量类型	上次抄见数	6 月 5 日抄见数	6 月 15 日抄见数	6 月 25 日抄见数	电度电价单价（元/kWh）
有功总	300	400	510	600	—
高峰	20	30	40	48	1.054
平段	200	270	350	420	0.872
低谷	160	180	201	213	0.388
无功总	220	—	—	300	—

5. 某运输设备制造企业，35kV 供电，总容量为 15000kVA，每月 10 日零点、20 日零点、次月 1 日零点分三次抄表结算电费，按需量计收基本电费，功率因数按标准考核，照明电量按主供总电量 0.99%定比，该户 8 月历次抄表示数及电价信息见表 1–5–3。请计算该户 8 月份应交电费。

表 1–5–3 该户 8 月历次抄表示数及电价信息

示数项目	2013 年 8 月 1 日	2013 年 8 月 10 日	2013 年 8 月 20 日	2013 年 9 月 1 日	目录电度电价（元/kWh）	∑基金及附加单价（元/kWh）
有功峰	7045.1	7074.7	7112.26	7148.28	1.087	0.03771
有功平	7223.62	7251.44	7285.55	7318.66	0.652	0.03771
有功谷	7492.5	7521.66	7561.05	7597.48	0.317	0.03771
有功总	21761.24	21847.8	21958.88	22064.43	—	0.03771
正向无功	4509.7	4525.85	4548.63	4570.65	—	—
反向无功	452.32	456.14	458.69	461.25	—	—
需量总	0.636	0.622	0.666	0.668	—	—

模块 6 电能损耗的分类及影响因素（Z26E1006Ⅱ）

【模块描述】本模块包含电能损耗的基本概念、分类及影响因素等内容。通过概念描述、术语说明、要点归纳、示例介绍，熟悉电能损耗的分类和影响电能损耗的因素。

【模块内容】

一、电能损耗的基本概念

本模块电能损耗指的是电力网电能损耗，也就是通常所称的线损。

（一）线损电量的定义

电能从发电机发出输送到客户，必须经过输、变、配设备，由于这些设备存在着阻抗，因此当电能通过时，就会产生电能损耗，并以热能的形式散失在周围介质中。另外，还有由于管理不善，在供用电过程中偷、漏、丢、送等原因造成的损失。这些电能损失电量称为线损电量，简称线损。线损电量是用供电量与售电量相减计算得到的，它反映了一个电力网的规划设计、生产技术和运营管理水平，其计算式为

线损电量=供电量–售电量

1. 供电量

供电量是指供电企业供电生产活动的全部投入量，具体由以下三个部分组成。

（1）发电厂上网电量：该电量的计量点规定在发电厂出线侧（一般情况为发电厂与电网的产权分界处），上网电量为发电厂送入电网的电量。

（2）外购电量：电网向地方电厂、客户自备电厂购入的电量。

（3）电网输入、输出电量：指电网（地区）之间互供电量。

供电量的计算公式为

供电量=发电厂上网电量+外购电量±网间互供电量

2. 售电量

售电量是指供电企业出售给客户的电量（包括趸售电量）。

（二）线损电量的组成

线损电量主要由固定损失、可变压器损耗失和其他损失三个部分组成。

1. 固定损失

固定损失又称为空载损耗（铁损）或基本损失，一般情况下不随负荷变化而变化，只要设备带有电压，就要产生电能损耗。但是，固定损失也不是固定不变的，它随着外加电压的高低而发生变化。实际上，由于电网电压正常情况下波动不大，认为电压是恒定的，因此这部分损失基本上是固定的。固定损失主要包括：

（1）发电厂、变电站的升、降压变压器及配电变压器的铁损。

（2）高压线路的电晕损失。

（3）调相机、调压器、电抗器、互感器、消弧线圈等设备的铁损及绝缘子损失。

（4）电容器和电缆的介质损失。

（5）电能表的电压线圈损失。

2. 变动损失

变动损失又称为可变压器损耗失或短路损失，是随着负荷变动而变化的，它与电流的平方成正比，电流越大，损失越大。变动损失主要包括：

（1）发电厂、变电站的升、降压变压器及配电变压器的铜损，即电流流经线圈的

损失，电流越大，铜损越大。

（2） 输、配电线路的损失，即电流通过导线所产生的损失。

（3） 调相机、调压器、电抗器、互感器、消弧线圈等设备的铜损。

（4） 电能表电流线圈的铜损。

3. 其他损失

其他损失又称为管理损失或不明损失，是由于管理不善，在供用电过程中偷、漏、丢、送等原因造成的损失。

二、线损的分类及影响因素

线损的分类有多种形式，从损耗产生的来源分可分为技术类损耗和管理类损耗两类。

（一）技术类损耗

技术损耗是指电能在发、送、配过程中，由于潮流分布在电气元件中产生的功率损耗，这些损耗不可避免，只能通过新技术、新设备等技术手段减小。

1. 分类

（1） 与电流平方成正比的电阻发热引起的损耗。

（2） 与电压平方成正比的泄漏损耗。

（3） 与电流平方和频率成正比的介质磁化损耗。

（4） 与电压平方和频率成正比的介质极化损耗。

（5） 高压设备的电晕损耗。

2. 影响因素

（1） 电网的运行电压。电网功率损耗与运行电压的平方成反比，对电网进行升压改造，提高运行电压，提高线路输送容量，降低线路损耗。

（2） 电网的经济运行方式。电网潮流分布是否合理对线损影响很大。可以通过调整电网的运行方式，合理控制电网潮流来降低线损。

（3） 变压器的运行方式。单台主变运行时，所带负荷在变压器额定容量的 50%～70%时损耗最小，多台变压器运行时，应当根据负荷变化情况决定是否并列运行（并列运行要满足变压器组别本同、变比相等、短路电压相等的条件）。

（4） 系统的功率因数以及无功补偿方式。系统的功率因数对线损影响很大，可通过合理的无功补偿方式，提高功率因数，减少线路中无功电流分量引起的线损。

（5） 导线的截面。导线的截面越大电阻越小，线损也就越小。但导线的截面也不是越大越好。一般采用经济电流密度选取导线截面，在兼顾经济效益的同时保证电流的合理通过，减少线路损耗。

（二）管理类损耗

1. 分类

（1）电能计量装置的误差，如表计错误接线、计量装置故障、互感器倍率错误、二次回路电压降、熔断器熔断等引起的线损。

（2）用电营销环节中由于抄表不到位，存在估抄、漏抄、错抄、错算电量等现象引起的线损。

（3）供、售电量抄表时间不一致引起的线损（实际上这种情况并不是真的线损，只会造成线损统计的虚增虚降）。

（4）带电设备绝缘不良引起的泄漏电流所产生的损耗。

（5）客户窃电等引起的线损。

2. 影响因素

（1）抄表例日的变动导致线路损耗统计值的变化。

（2）错抄、漏抄影响线损统计异常。

（3）由于季节、负荷变化等原因使电网潮流发生较大变化导致运行方式不合理。

（4）供售不同期电量的大小以及当年新增送电客户、季节性用电户的数量导致线损统计异常。

（5）无损客户电量增减会导致区域电网经营企业无损电量的变化，从而影响整体线损值的变化。

（6）电能表计的正负误差影响线损变化。

（7）客户窃电。

【例 1】某 10kV 公用线路抄表人员在月度抄表结束后，统计线损率时发现，该线路当月线损率 20.1%，超出正常值幅度较大，分析线损增高的原因。

分析：先统计该线路高压线损率，再统计低压线损率，两者对比，从中找出影响线路线损率的切入点。结果表明，高压线损率为 13.6%，比上月升高 9 个百分点，低压线损率为 7.6%，与上月基本持平。说明在专变客户及公用台区总表计量上可能有问题。经对专变客户电量对比，发现某食品加工厂用电量比上月下降 30%，而该厂生产并没有发生大的变化，这样就可初步判断为该厂计量装置存在问题。经现场检查发现计量用电压互感器二次 V 相断线，少计电量。

经验显示，通常多数线损率异常升高主要发生在抄表错误和计量装置异常等问题上，不同期电量通常会在季节交替变化时发生。所以，管理线损往往是线损升高的重要原因。

【思考与练习】

1. 线损电量的定义是什么？

2. 影响线损的因素是什么？

3. 如何降低管理类线损？

模块 7 线路电能损耗理论计算（Z26E1007Ⅱ）

【模块描述】本模块包含线路电能损耗理论计算等内容。通过概念描述、术语说明、公式解释、要点归纳、计算示例，掌握常用的线路电能损耗理论计算方法。

【模块内容】

一、线路参数的计算

（一）线路电阻

电流通过导线时受到的阻力，称为线路电阻。电阻的存在不仅会使导线消耗有功功率并发热，而且还会造成电压降落，这些现象对电力网的安全、经济运行都是不利的。

三线制线路通常每项导线的电阻可按以下公式计算

$$R = r_0 L = \rho \frac{L}{S}$$

式中：R 为每相导线的电阻，Ω；r_0 为导线单位长度的电阻，Ω/km；S 为导线的截面积，mm²；L 为导线的长度，km；ρ 为导线材料的单位长度电阻率，Ω · mm²/km。

在电力网中，导线材料的电阻率通常采用：铜为 18.8Ω · mm²/km，铝为 31.5Ω · mm²/km。

在交流电路中，由于集肤效应和邻近效应的影响，其电阻值要比直流电阻大，为区别起见，一般称交流电流在导线中流过的电阻为有效电阻。

由于有效电阻的计算较为复杂，涉及的内容也较多，为了便于工作，在此只给出一个参考公式来计算线路电阻

$$R = (1 + \beta_1 + \beta_2) R_{20}$$

式中：R_{20} 是线路电阻的基本恒定分量，是每相导线在 20℃的电阻值；β_1 为导线温度对电阻的修正系数；β_2 为周围空气温度对电阻的修正系数。

（二）线路电抗

线路电抗是导线中通过交流电流，在其内部和外部产生交变磁场引起的。一方面导线内部交变磁场与其导线的自感有关，另一方面导线外部的交变磁场不仅与自感有关，还与导线几何尺寸、三相导线的排列方式和相间距离及每一相采用分裂导线的根数有关。

三线制线路每相每公里的电抗计算公式为

$$x_0 = 0.1445\lg\left(\frac{D_{cp}}{r}\right) + 0.0157$$

式中：r 导线半径，cm 或 mm；D_{cp} 为三相导线的几何均距，cm 或 mm。

其中　　　　$D_{cp} = \sqrt[3]{D_{12}D_{23}D_{31}}$

线路三角排列：$D_{12}=D_{23}=D_{31}=D_0$，则 $D_{cp}=D_0$

线路水平排列：$D_{12}=D_{23}=D_0$，$D_{31}=2D_0$，则 $D_{cp}=1.26D_0$。

每相线路电抗计算公式为

$$X = x_0 L$$

（三）线路简化等值电路

把全线阻抗集中起来构成简化的等值电路，如图 1–7–1 所示。阻抗为

$$Z = R + jX$$

图 1–7–1　线路简化等值电路图

二、线路功率损耗计算

当电力线路末端有一个集中负荷时，则线路中的功率损耗如下

（1）有功功率损耗。

$$\Delta P = \frac{P^2 + Q^2}{U^2} R \times 10^3 (\text{kW})$$

（2）无功功率损耗。

$$\Delta P = \frac{P^2 + Q^2}{U^2} X \times 10^{-3} (\text{kvar})$$

（3）视在功率损耗。

$$\Delta \tilde{S} = \Delta P + j\Delta Q = \frac{P_2^2 + Q_2^2}{U_2^2}(R + jX) \times 10^{-3} (\text{kVA})$$

式中：P 为线路中通过的有功功率，kW；Q 为线路中的无功功率，kvar；U 为线电压，kV；R 为线路每相的电阻，Ω；X 为线路每相的电抗，Ω。

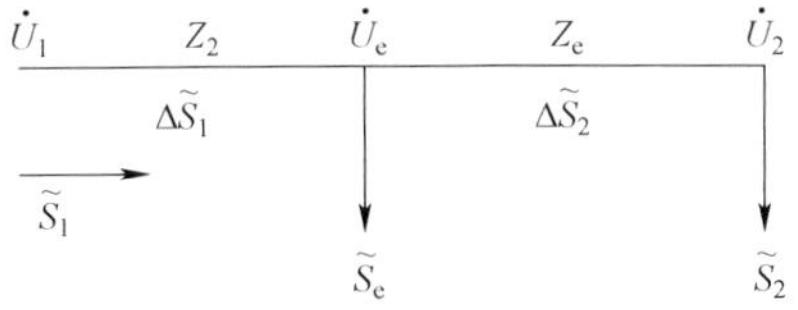

图 1–7–2　多负荷线路示意图

应用公式时须注意，必须采用线路同一点上的功率及电压。若所取功率是线路末端功率，则所用电压必须是线路末端的电压；若所用的功率是线路始端功率，则所用电压必须是线路始端电压。

当线路上有几个负荷时，如图 1–7–2 所示（两

个负荷），线路总功率损耗等于电力网各段功率之和。

$$\Delta\tilde{S}=\Delta\tilde{S}_1+\Delta\tilde{S}_2$$

三、线路电量损失计算

前文介绍了线路的功率损失，电量损失只需在功率损失的基础上乘以线路运行时间 t 即可，即

$$\Delta A_P=\frac{P^2+Q^2}{U^2}R\times10^{-3}\cdot t\text{（kWh）}$$

$$\Delta A_Q=\frac{P^2+Q^2}{U^2}X\times10^{-3}\cdot t\text{（kvarh）}$$

但是，在工作中这样计算比较烦琐，所以我们可以利用抄见电量来计算线路的电量损耗，即

$$\Delta A_P=\frac{R\times10^{-3}}{U^2\cdot t}(A_P^2+A_Q^2)\text{（kWh）}$$

$$\Delta A_Q=\frac{X\times10^{-3}}{U^2\cdot t}(A_P^2+A_Q^2)\text{（kvarh）}$$

式中：A_P 为抄见有功电量，kWh；A_Q 为抄见无功电量，kvarh。

【例 1】如图 1–7–3 所示电力线路长 5km，额定电压 10kV，线型 LGJ–120，导线的参数为：r_0=0.27（Ω/km）x_0=0.347（Ω/km），所带负荷 5+j1.5（MVA），正常运行要求末端电压达到 10.3kV，求线路首端输出功率。（不考虑线路电阻修正系数）

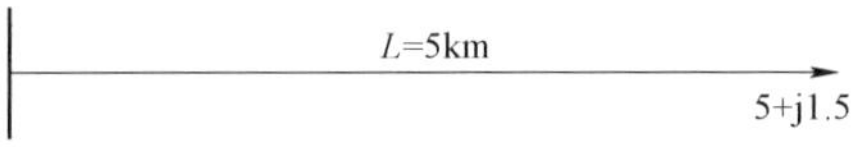

图 1–7–3 电力线路长度及负荷

解：线路等值电路图：

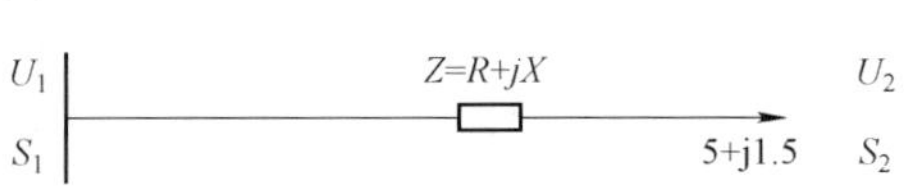

不考虑修正系数

R_L=0.27×5=1.35（Ω）

X_L=0.347×5=1.735（Ω）

$S_2=P_2+jQ_2$=5+j1.5（MVA）=5000+j1500kVA

U_2=10.3kV

线路的功率损耗为

$$\Delta\tilde{S}_L=\frac{P_2^2+Q_2^2}{U_2^2}(R+\mathrm{j}X)\times10^{-3}=\frac{5000^2+1500^2}{10.3^2}(1.35+\mathrm{j}1.735)\times10^{-3}$$
$$=347+\mathrm{j}446\text{（kVA）}$$

所以，电源点节点注入功率为

$$\tilde{S}_1=\tilde{S}_2+\Delta\tilde{S}_L=(5000+\mathrm{j}1500)+(347+\mathrm{j}446)=5347+\mathrm{j}1946\text{（kVA）}$$

【思考与练习】

1. 写出电力线路的有功功率表达式。
2. 写出电力线路的无功功率损耗表达式。
3. 写出利用抄见电量计算电力线路电量损失的表达式。

模块 8 各类错误计算信息修改（Z26E1008Ⅱ）

【模块描述】本模块包含各类错误计算信息的判断、修改的流程和处理方法等内容。通过概念描述、术语说明、流程讲解、要点归纳、示例介绍，掌握错误计算信息判断及处理方法。

【模块内容】

根据要求，电费复核人员应对涉及电费计算的电价类别、计算方式、电压、定量比、综合倍率、功率因数标准、峰谷考核等计费参数和退补、违约用电、窃电等电量电费处理方式的正确性进行检查，并对平均电价过高、平均电价过低、功率因数异常、零电量客户、新装用电客户、用电变更客户、电能计量装置参数变化等客户进行重点复核，旨在发现电费计算中存在的问题，找出原因并进行相应的处理。

一、错误计算信息的判断

1. 容量类的错误计算信息

计算起止日与实际不符、变压器客户计算容量与档案容量不一致等。

2. 计量类的错误计算信息

综合倍率错误、计量故障造成错误、表计失窃、接线错误、计量装置质量等。

3. 电价类的错误计算信息

执行电价错误、行业分类错误、功率因数标准错误、电价与行业分类不对应等。

4. 其他原因

档案信息与现场信息不一致、由于换表等原因造成变压器使用天数重复、营销业务应用系统中信息错误、抄表错误等。

二、错误计算信息修改的流程

按照国家电网公司《营销业务应用标准化设计业务模型说明书》，错误信息的修改可以依照如图 1–8–1 所示的流程完成。

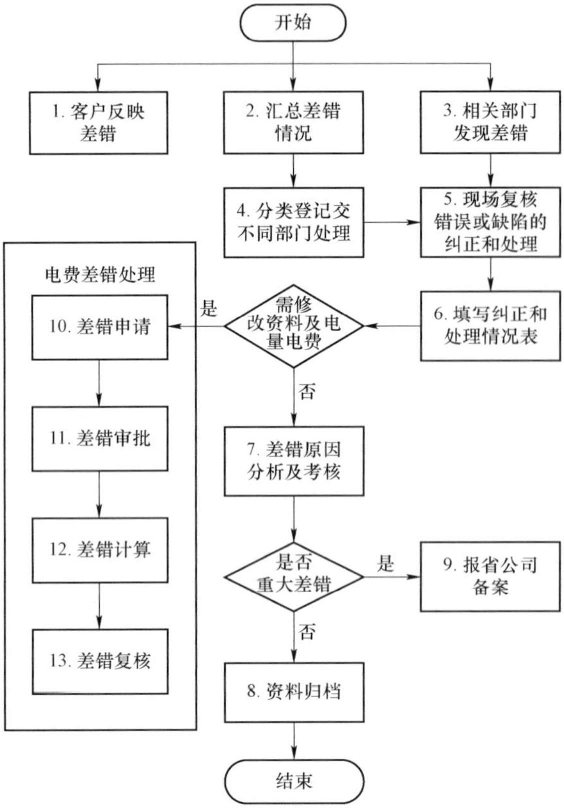

图 1–8–1 错误信息修改流程

三、错误计算信息的处理

根据不同的错误情况采用对应的方法进行处理。

1. 容量错误的处理

当客户的容量计算发生错误时，主要影响客户的基本电费、功率因数调整电费。结合实际情况计算需要退补的基本电费、功率因数调整电费，在电力营销业务应用系统中发起电量电费退补流程，经审核、审批后完成电量电费的退补工作。

2. 计量错误的处理

计量错误主要影响客户的电度电费、功率因数调整电费。根据不同的计量错误类型，按照《供电营业规则》相关条款的规定，确定需要退补的电量、电度电费、功率因数调整电费，经审核、审批确认后在营销业务应用系统中完成电量电费的退补工作。

3. 电价错误的处理

电价错误会影响客户的基本电费、电度电费、功率因数调整电费。针对不同的错误类型，经调查、审批、确认后更正错误信息，计算需要退补的电费，在营销业务应用系统中完成电量电费的退补工作，必要的时候可以全减另发。

4. 其他错误的处理

对档案信息错误的情况可以经调查、审批、确认后更正信息，并在营销业务应用系统中进行电量电费的退补。对抄表错误的情况可以在营销业务应用系统中进行工单拆分，按要求进行数据更正的工作。其他的情况经审核、审批确认后计算需要退补的电量电费，在营销业务应用系统中进行电量电费的退补。

无论什么差错，对发现的问题应每日记录相关的信息，如差错类型、发生时间、责任部门和责任人；各类电费计算特殊事件、处理时间、工作人员、事件发起联系人、批准人、发起原因等；根据现场的实际情况纠正和处理差错，并按月汇总形成复核报告并上交。错误信息修改流程如图 1–8–1 所示。

【例 1】某工业客户，供电容量 900kVA，分别有 400kVA 和 500kVA 两台变压器，其中 400kVA 的变压器暂停（该变压器使用时间已超过两年），500kVA 的变压器在用。供电电压为 10kV，计量方式为高供高计。专线供电，有功线损系数为 10‰。该客户每月 22 日抄表。于 2009 年 4 月 25 日进行电能表轮换。其他相关信息见表 1–8–1。根据给定条件复核相关信息，若有错，请分析可能的原因并说明处理情况。

表 1–8–1　　某工业客户 2009 年 4—5 月抄表示数及电价信息

电费年月	电量类型	抄见电量	线损	合计电量	电度电价	计算容量
2009 年 4 月（3 月 22 日—4 月 22 日）	有功总	0	0	0	—	0
	高峰	0	0	0	1.026	—
	平段	0	0	0	0.814	—
	低谷	0	0	0	0.388	—
	无功总	0	0	0	—	—
2009 年 4 月 3 月 22 日—4 月 25 日）	总	79335	793	80128	—	566.67
	高峰	6507	65	6572	1.026	—
	平段	35141	351	35492	0.814	—
	低谷	37687	377	38064	0.388	—
	无功总	17955	0	17955	—	—

续表

电费年月	电量类型	抄见电量	线损	合计电量	电度电价	计算容量
2009年5月（4月22日—5月22日）	总	196500	1965	198465	—	500
	高峰	12000	120	12120	1.026	—
	平段	79500	795	80295	0.814	—
	低谷	105000	1050	106050	0.388	—
	无功总	18000	—	18000	—	—

复核结果：

分析表1–8–1的信息，2009年3月22日至4月22日的电费信息为0，说明该客户在4月22日应抄表时未抄，主要是考虑到马上要进行电能表轮换。分析2009年3月22日至4月25日轮换表计时的信息，基本电费的计算时间是从2009年3月22日至4月25日，计算天数为34天，计算容量为566.67kVA（500×34/30）。

从表1–8–1中还可以看出，电费年月2009年5月的电费，计算时间是从2009年4月22日至5月22日。是一个完整抄表周期的电费，计算容量为500kVA。

很显然，重复计算了3天的基本电费。

处理情况：

退付多收3天的基本电费。

根据计算退补功率因数调整电费。

利用电量电费退补流程完成基本电费、功率因数调整电费的退补工作。

【例2】2008年12月新增的某普通工业客户，供电容量为80kVA，供电电压为10kV，计量方式为高供低计，综合倍率为40。已知该客户变压器对应的损耗参数分别为：有功铜损系数0.015；无功K值2.701；有功空载损耗0.18kW；无功空载损耗1.186kvar。每月17日抄表。2008年12月起至2009年4月的结算电量见表1–8–2。根据给定条件复核相关信息，若有错，请分析可能的原因并说明处理情况。

表1–8–2　　该工业客户2008年12月至2009年4月的结算电量

电费年月	结算电量	电费年月	结算电量
2008年12月	4177	2009年3月	4632
2009年1月	6021	2009年4月	6346
2009年2月	5493		

复核结果：

分析表 1–8–2 中所列的数据可知，几个月的电量都差不多。但是细心的抄表人员结合该客户的生产任务，认为该客户每个月的电量不应只有这么多，抄表人员将这个疑问反映给了相关的领导。经过对现场的仔细检查，发现该客户的电流互感器 A 相内部接线端子断裂，引起表计缺相运行。

针对这个故障，装接部门于 2009 年 5 月 4 日将故障计量装置换掉。拆表时的读数分别为：总 701.25；峰 70.22；平 382.65；谷 248.38。

处理情况：

补收因电流互感器 A 相内部接线端子断裂所造成的少计的电量及对应电度电费。

利用电量电费退补流程完成相关电量、电费的补收工作。

【例 3】某新装客户，3 月 17 日送电，供电容量为 630kVA，行业分类为“水污染治理”，执行电价为非工业电价，不执行分时电价，功率因数标准为 0.85。抄表日期为每月的 21 日。4 月 21 日完成了第一次抄表，相关信息见表 1–8–3。根据给定条件复核相关信息，若有错，请分析可能的原因并说明处理情况。

表 1–8–3　　该新装客户 3、4 月份抄表示数信息

电费月	结算有功电量	结算无功电量	计算容量	基本电费
3 月	0	0	0	0
4 月	16100	11900	0	0

复核结果：

从表 1–8–3 中可以看出，3 月的结算有功、无功电量为 0，这是因为 3 月 21 日未抄表。3 月和 4 月的计算容量均为 0，这是因为该客户的执行电价为“非工业电价”，是不需要计算基本电费的。

但是根据题目给定的信息，该客户是从事“水污染治理”的工作，供电容量是 630kVA，按规定应执行 “大工业电价”，不应该执行“非工业电价”，显然是执行电价错误，对应的功率因数标准执行也是错误的。

处理情况：

经调查、确认、审批后将错误信息改正。

因为电价执行错误，导致电度电费、功率因数调整电费计算错误，基本电费未算。需要按规定补相应的基本电费，重新计算电度电费、功率因数调整电费。

利用电量电费退补流程完成相关电费的退补工作。

【思考与练习】

1. 结合实际工作举例分析容量类错误计算信息产生的原因及处理方法。
2. 结合实际工作举例分析计量类错误计算信息产生的原因及处理方法。
3. 结合实际工作举例分析电价类错误计算信息产生的原因及处理方法。

模块 9 执行两部制电价新增、变更客户电费计算信息复核（Z26E1009Ⅱ）

【模块描述】本模块包含执行两部制电价新增、变更客户相关信息的复核等内容。通过概念描述、术语说明、要点归纳、示例介绍，掌握执行两部制电价新增、变更客户计算信息复核方法。

【模块内容】

一、与电费计算有关的内容

执行两部制电价客户的基本信息中与电费计算有关的内容主要有：供电容量、行业分类、供电电压、功率因数考核方式、是否执行峰谷考核、执行电价、定价策略类型、电量定比、计量方式、综合倍率、示数、变压器首次时间、基本电费计算方式、需量核定值、计算容量等。

二、电费计算信息复核

复核执行两部制电价客户的电费信息时，除按照执行单一制电价客户的要求复核外，还要特别关注与基本电费有关的信息。

对新装、增容客户要注意复核容量、基本电费计算方式、需量值、变压器投运时间等。

对变更客户要注意复核容量、基本电费计算方式有否改变、基本电费计算起止时间；减少、暂停容量值有否需要计收 50%基本电费；一年内暂停的次数、暂停的实际天数（少于 15 天或已超过 6 个月）、需量客户是否全部容量暂停、暂换客户是否按暂换后的容量计算基本电费等。

三、电费计算信息复核示例

【例 1】某工业客户，供电容量为 815kVA，两台变压器信息见表 1–9–1。每月 25 日抄表。经客户申请，供电部门批准，于 2009 年 6 月 21 日将 500kVA 的变压器暂停四个月。基本电价为 20 元/（kVA·月）。电费年月 2009 年 6 月的电费信息见表 1–9–2。根据给定条件复核相关信息，若有错，请分析可能的原因并说明处理情况。

表 1–9–1　　该工业户两台变压器信息

变压器编号	容量	主备性质	首次运行日期
1 号	500	主用	2007 年 11 月 15 日
2 号	315	主用	2003 年 7 月 29 日

表 1–9–2　　该工业客户 2009 年 6 月的电费信息

时间范围	结算有功电量	结算无功电量	计算容量	基本电费（元/月）
5 月 25 日至 6 月 21 日	0	0	733.5	14670.00
5 月 25 日至 6 月 25 日	63000	29000	42	840.00

复核结果：

分析表 1–9–2 可知，因为 500kVA 变压器于 2009 年 6 月 21 日暂停，“5 月 25 日至 6 月 21 日”的数据对应的是 5 月 25 日至 6 月 21 日的电费信息，由于 6 月 21 日暂停时未进行抄表，所以只有计算容量为

$$\frac{27}{30}\times 815=733.5\text{（kVA）}$$

在表 1–9–2 中，“5 月 25 日至 6 月 25 日”对应的有功、无功电量对应 5 月 25 日至 6 月 25 日的信息，而计算容量对应 6 月 21 日至 25 日的信息，计算容量为

$$\frac{4}{30}\times 315=42.00\text{（kVA）}$$

从表 1–9–1 中可以看出，1 号变压器的首次运行日期为 2007 年 11 月 15 日，至 2009 年 6 月 21 日暂停时未满两年，按照《供电营业规则》的相关规定：“减容期满后的客户以及新装、增容客户，两年内不得申办减容或暂停。如确需要办理减容或暂停的，减少或暂停部分容量的基本电费应按百分之五十计算收取。”因此对应 6 月 21 日至 25 日的计算容量信息有误，少收了 500kVA 变压器 50%的基本电费。

处理情况：

补收少算的计算容量所对应的基本电费。

根据计算补收或退还相应的功率因数调整电费。

利用电量电费退补流程完成基本电费的补收及功率因数调整电费的退补工作。

【思考与练习】

1. 对新装、增容的两部制客户进行电费复核时需要关注哪些信息？
2. 对变更的两部制客户复核时需要关注哪些信息？

3. 某新装工业客户，供电容量为500kVA，供电电压为10kV，计量方式为高供高计。接电日期为2009年7月8日，每月21日抄表，第一次抄表日期为2009年7月21日。执行的功率因数标准为0.85。基本电价为20元/（kVA·月）。该户7月的电费抄表示数及电价信息见表1–9–3。根据给定条件复核相关信息，若有错，请分析可能的原因并说明处理情况。

表1–9–3　　该工业客户7月的抄表示数及电价信息

电量类型	表计电量	结算电量	电度电价单价（元/kWh）	∑基金及附加单价（元/kWh）	电度电费（元）	基本电费（元/月）	功率因数调整电费（元）
有功总	2310	2310	—	0.0493	—	—	—
高峰	200	200	1.026	0.0493	205.2	—	—
平段	1440	1440	0.814	0.0493	1172.16	—	—
低谷	670	670	0.388	0.0493	259.96	—	—
无功总	1740	1740	—	—	—	—	—
	—	—	—	—	—	4333.33	146.42

模块10　执行两部制电价客户疑问电费复核（Z26E1010Ⅱ）

【模块描述】本模块包含执行两部制电价客户异常情况的原因分析和复核等内容。通过概念描述、术语说明、要点归纳、示例介绍，掌握疑问电费产生原因分析和复核方法。

【模块内容】

在电费的复核过程中，复核人员经常会发现由于各种原因引起的电费异常。对于执行两部制电价客户特别要复核的是基本电费引起的差错。寻找其产生的原因，并根据不同的原因进行相应的处理。

造成基本电费异常的原因主要有：计费容量与现场容量不一致；变压器运行日期与基本电费计算日期不一致；未计收暂停不足15天的基本电费；未计收新装、增容、减容期满不足两年又办理减容或暂停的容量50%的基本电费；未按暂换后的变压器容量计收基本电费；执行电价错误等。

对于变线损异常、抄见零电量、电量突增或突减、电度电费异常、总表电量小于子表电量的原因与执行单一制电价客户相同。

对于功率因数异常、电量电费退补除了与单一制客户相同的原因外，还要注意基本电费的异常带来的影响。

【例 1】某自行车厂，供电容量为 400kVA，供电电压为 10kV，计量方式为高供高计。按容量计算基本电费，基本电价为 20 元/（kVA·月）。每月 10 日抄表。该客户因为生产任务的原因于 7 月 2 日执行全部容量的暂停，已特抄；于 7 月 5 日又执行暂停恢复，未特抄。该户 7 月的抄表示数信息见表 1–10–1。根据给定条件复核相关信息，若有错，请分析可能的原因并说明处理情况。

表 1–10–1　　该自行车厂 7 月的抄表示数信息

电费信息	结算有功电量	结算无功电量	计算容量
暂停对应信息（6 月 10 日—7 月 1 日）	19605	5058	293.33
暂停恢复对应信息（7 月 2—7 月 4 日）	0	0	0
正常电费信息（7 月 5—7 月 9 日）	4452	1120	66.67

复核结果：

根据题目给定的信息，分析表 1–10–1 可知，结算有功电量、无功电量应该是正确的。暂停对应信息中的计算容量为 296.77kVA（400/30×22），正常电费信息中的计算容量为 66.67kVA（400/30×5）。暂停 3 天的基本电费未计算。

根据《供电营业规则》第二十四条第四款规定：在暂停期限内，用户申请恢复暂停用电容量用电时，须在预定恢复日前 5 天向供电企业提出申请。暂停时间少于 15 天者，暂停期间基本电费照收。显然对于暂停 3 天的基本电费未计算是错误的。

处理情况：

补少算 3 天的基本电费 800 元$\left(\frac{400}{30}\times3\times20\right)$。

退补相应的功率因数调整电费。

利用电量电费退补流程完成基本电费、功率因数调整电费的退补工作。

【例 2】某大工业客户，供电容量为 1250kVA，供电电压为 10kV，计量方式为高供高计，按容量计算基本电费，基本电价为 20 元/（kVA·月）。每月 21 日抄表。于 2011 年 11 月申请减容，从 1250kVA 减至 315kVA，计量方式由高供高计改为高供低计，于 12 月 12 日流程结束。已知 315kVA 变压器对应的损耗参数分别为：有功铜损系数 0.015；无功 K 值 2.43；有功空载损耗 0.75kW；无功空载损耗 6.25kvar。

减容换表时的对应变更数据（2011 年 11 月 21 日至 12 月 12 日）见表 1–10–2。减容后正常抄表数据（2011 年 11 月 21 日至 12 月 21 日）信息见表 1–10–3。根据给定条件复核相关信息，若有错，请分析可能的原因并说明处理情况。

表 1–10–2　该大工业客户减容换表时的抄表示数及电价信息（2011 年 11 月 21 日至 12 月 12 日）

电量类型	抄见电量	变压器损耗电量	结算电量	电度电价（元/kWh）	计算容量
有功总	31290	0	31290	—	875
高峰	1524	0	1524	1.026	—
平段	17767	0	17767	0.814	—
低谷	11999	0	11999	0.388	—
无功总	14550	0	14550	—	—

表 1–10–3　该大工业客户减容后正常抄表抄表示数及电价信息（2011 年 11 月 21 日至 12 月 12 日）

电量类型	抄见电量	变压器损耗电量	结算电量	电度电价（元/kWh）	计算容量
有功总	12312	0	12312	—	94.5
高峰	672	0	672	1.026	—
平段	7248	0	7248	0.814	—
低谷	4392	0	4392	0.388	—
无功总	2832	0	2832	—	—

复核结果：

对该客户减容前后的相关信息进行复核，从表 1–10–2、表 1–10–3 可以看出，该客户减容前后的变压器损耗均为 0。当然，在减容前计量方式是高供高计，变压器对应的损耗为 0，但是减容后计量方式已改为高供低计，而对于高供低计的客户而言，是需要单独计算变压器损耗的。

经过查询该客户的信息，发现变压器的“变压器损耗计算标志”在减容前后是一样的，也就是说把高供低计的“变压器损耗计算标志”设置成了高供高计的“变压器损耗计算标志”，而实际上高供高计、高供低计的变压器“变压器损耗计算标志”是不一样的。针对该客户而言，应该是在走减容流程的过程中未修改变压器的“变压器损耗计算标志”，导致了该客户减容后变压器损耗为 0。

处理情况：

通过审批确定后修改客户变压器的“变压器损耗计算标志”。

补收变压器损耗电量、对应的电度电费、重新计算功率因数调整电费。

利用电量电费退补流程完成电度电费、功率因数调整电费的退补工作。

【例 3】某大工业客户，供电容量为 2400kVA，有两台变压器，供电容量 1 号为 800kVA、2 号为 1600kVA，供电电压为 35kV，专线供电，有功线损系数为 15‰，暂不考虑无功线损电量。计量方式为高供高计。按容量计算基本电费，基本电价为 20 元/（kVA・月）。每月 21 日抄表。该户 3 月电费台账信息中有一条补电费的记录，相关信息见表 1–10–4。根据给定条件复核该补电费记录的正确性。

复核结果：

分析表 1–10–4 信息可知，该客户在 2014 年 3 月有一条补计算容量为 1574.19kVA，基本电费为 31483.8 元的记录。作为电费复核人员需要确定该条记录的来源和正确性。

表 1–10–4　　该户 3 月补电费台账信息

电费年月	有功电量	无功电量	计算容量	基本电费（元/月）
2014 年 3 月（退补电费）	0	0	1574.19	31483.8

复核该客户的电量电费台账信息，该客户在 2014 年 1 月 27 日完成了一个暂停流程，相关信息见表 1–10–5。

表 1–10–5　　该客户暂停期间计算容量变更情况

电费年月	结算有功电量	结算无功电量	计算容量	基本电费（元/月）
2014 年 2 月	0	0	480	9600

显然这条变更数据对应的是 2014 年 1 月 21 日至 27 日的计算容量为 480kVA（6/30×2400）。

$$（6\div30）\times2400=480\text{kVA}$$

对应的基本电费为 9600 元/月（480×20）。

复核该客户 2014 年 2 月、3 月的电量电费台账信息，相关信息见表 1–10–6。

表 1–10–6　　该客户 2014 年 2 月、3 月抄表示数及电价信息

电费年月	电量性质	抄见电量	线损	结算电量	电度电价（元/kWh）	计算容量
2014 年 2 月	有功总	60200	903	61103	—	0
	高峰	3150	47	3197	1.026	—
	平段	33250	499	33749	0.814	—
	低谷	23800	357	24157	0.388	—
	无功总	20300	0	20300	—	—
2014 年 3 月	有功总	75250	1129	76379	—	0
	高峰	3832	57	3889	1.026	—
	平段	39367	591	39958	0.814	—
	低谷	32051	481	32532	0.388	—
	无功总	16450	0	16450	—	—

分析表 1–10–6 中的信息可以知道，该客户 2014 年 2 月、3 月的正常电费信息中的计算容量均为 0。说明该客户暂停了所有变压器。

核对变压器档案信息，见表 1–10–7。

表 1–10–7　　该户变压器档案信息

变压器编号	变压器容量	主备性质	变压器状态	首次运行日期
1 号	800	主	暂停	2003 年 7 月 22 日
2 号	1600	主	暂停	2004 年 6 月 22 日

从表 1–10–7 中可以看出，两台变压器确实都暂停了。

根据上述信息的分析，两台变压器都暂停导致计算容量和基本电费为 0 是正常的。但是若两台变压器都暂停，则该客户 2 月、3 月的正常电费信息中就不应该有电量，除非该客户违约用电。

调查现场发现该客户只是申请 1600kVA 主变压器的暂停，在现场也只暂停了 1600kVA 的变压器，而 800kVA 的变压器仍在使用。是工作人员错把两台变压器都做了暂停，以致造成了这样的错误。这就是该客户 2014 年 3 月产生电费退补的原因。

处理情况：

完成 800kVA 的变压器的暂停恢复工作。

补收基本电费、根据计算退补功率因数调整电费。

利用电量电费退补流程完成基本电费、功率因数调整电费的退补工作。

【思考与练习】

1. 结合实际工作举一个功率因数异常的例子分析原因，并说明解决的方法。

2. 为什么会造成变压器损耗、线路损耗的异常？结合实际工作进行分析。

3. 造成基本电费异常的原因有哪些？在实际工作中应如何尽量减少这些原因的产生？

4. 某客户，供电容量为800kVA，供电电压为10kV，计量方式为高供高计，按需量计算基本电费，核定需量值为320kW，基本电价为38 元/（kW·月）。供电方式为"10千伏一回路（专线供电，计量点在客户变电站）"，接电日期为2014年5月1日。该客户每月21日抄表。电费年月为2014年5月的抄表示数及电价信息见表1–10–8。根据给定条件复核相关信息，若有错，请分析可能的原因并说明处理情况。（需要的参数可以结合自己单位的实际情况设定）

表1–10–8　　该客户2014年5月的抄表示数及电价信息

电量类型	表计电量	线损电量	结算电量	电度电价单价（元/kWh）	计算容量	∑基金及附加单价（元/kWh）
有功总	43000	0	43000	—	213.33	0.05016
高峰	4700	0	4700	1.054	—	0.05016
平段	26200	0	26200	0.872	—	0.05016
低谷	12100	0	12100	0.388	—	0.05016
无功总	10200	0	10200	—	—	
最大需量	219kW	—	—	—	—	

5. 有一大工业客户，供电容量为4040kVA，供电电压为10kV，计量方式为高供高计，倍率为4000。按容量计算基本电费，基本电价为28 元/（kVA·月）。每月20日抄表。电费年月为2014年6月的抄表示数及电价信息见表1–10–9。经电费复核人员复核发现该客户6月的无功电量比以前的要多得多，经确定是由于无功本月示数输错，应为"3687"，分析该客户电量电费的退补情况。

表1–10–9　　该客户2014年6月的抄表示数及电价信息

电量类型	上次示数	本次示数	抄见电量	结算电量	电度电价单价（元/kWh）
正向有功总	10538	10866	1312000	1312000	—
正向有功高峰	792	817	100000	100000	1.054

续表

电量类型	上次示数	本次示数	抄见电量	结算电量	电度电价单价（元/kWh）
正向有功平段	4955	5110	620000	620000	0.872
正向有功低谷	4791	4939	592000	592000	0.388
无功总	3555	3867	1248000	1248000	—

6. 有一大工业客户，供电容量为 715kVA，有两台变压器容量分别为 400kVA、315kVA，首次运行日期为 2007 年 10 月 16 日。供电电压为 10kV，计量方式为高供高计。按容量计算基本电费，基本电价为 20 元/（kVA·月）。每月 20 日抄表。客户在 2014 年 4 月 26 日将 400kVA 变压器申请暂停四个月，经供电部门同意于 2014 年 4 月 30 日加封。电费年月为 2014 年 5 月的抄表示数及电价信息见表 1–10–10。根据给定条件复核相关信息，若有错，请分析可能的原因并说明处理情况。

表 1–10–10　　该客户 2014 年 5 月的抄表示数及电价信息

电费年月	电量性质	抄见电量	结算电量	电度电价单价（元/kWh）	计算容量
2014 年 5 月（变更数据）	—	—	—	—	238.33
2014 年 5 月（正常电费）	有功总	96000	96000	—	210
	高峰	12000	12000	1.026	—
	平段	58000	58000	0.814	—
	低谷	26000	26000	0.388	—
	无功总	24000	24000	—	—

模块 11　应收电费的核对与汇总（Z26E1011Ⅱ）

【模块描述】本模块包含应收电费的汇总项目及各种报表之间的核对等内容。通过概念描述、术语说明、公式示意、要点归纳、示例介绍，掌握应收电费的汇总与核对方法。

【模块内容】

每个抄表段的电费计算审核完毕后进行电费发行，产生应收电费。通过应收日报、应收月报相关对应汇总信息的核对，确认应收电费的正确。

一、应收日报

1. 编制目的

用于统计每日电费发行情况。

2. 内容简述

统计各单位每个电价类别的本日售电量、本日应收电费、本日到户单价等信息。

3. 应用层次

地市公司、区县公司、供电所。

4. 统计说明

$$售电量=当日或当月累计发行电费的计费电量之和$$

$$到户单价=\frac{应收电费}{售电量}$$

$$应收电费=电费发行后的电费总额$$

二、应收月报

1. 编制目的

用于统计每月和当年累计的电费发行情况。

2. 内容简述

统计各单位每个电价类别的本月售电量、本月应收电费、本月到户单价等信息。

3. 应用层次

地市公司、区县公司、供电所。

4. 统计说明

$$售电量=当月累计发行电费的计费电量之和$$

$$到户单价=\frac{应收电费}{售电量}$$

$$应收电费=电费发行后的电费总额$$

三、应收电费的核对

1. 编制应收日报

应收电费工作人员检查每天各抄表段的电费发行情况，如发现未按期发行电费的，反馈给所属的电费核算人员及时处理。

在当天的抄表段应收电费产生后，按照不同的用电类别汇总当日及当月累计发行的售电量、应收电费，按照到户电价$=\frac{应收电费}{售电量}$的公式计算到户电价，编制应收日报，见表 1–11–1。

表 1-11-1 **应 收 日 报**

编报单位：××供电公司　　统计时段：2014 年 6 月 1 日—6 月 23 日　　2014 年 6 月 23 日

项目	本日			当月累计		
	售电量（MWh）	到户单价（元/MWh）	应收电费（元）	售电量（MWh）	到户单价（元/MWh）	应收电费（元）
一、大工业用电	16766.1408	639.6518	10724491.42	415405.7740	645.4226	268112 286.60
（一）优待电量	290.4566	619.8961	180052.91	7236.6480	622.0177	4501322.82
1. 煤炭生产	0.0000	0.0000	0.00	0.0000	0.0000	0.00
1kV 至 10kV	0.0000	0.0000	0.00	0.0000	0.0000	0.00
35kV 至 110kV	0.0000	0.0000	0.00	0.0000	0.0000	0.00
110kV 至 220kV	0.0000	0.0000	0.00	0.0000	0.0000	0.00
2. 电石	69.4734	768.2372	53372.05	1741.4010	766.2229	1334301.30
1kV 至 10kV	69.4734	768.2372	53372.05	1741.4010	766.2229	1334301.30
35kV 至 110kV	0.0000	0.0000	0.00	0.0000	0.0000	0.00
110kV 至 220kV	0.0000	0.0000	0.00	0.0000	0.0000	0.00
3. 化肥、农药	0.0000	0.0000	0.00	0.0000	0.0000	0.00
1kV 至 10kV	0.0000	0.0000	0.00	0.0000	0.0000	0.00
35kV 至 110kV	0.0000	0.0000	0.00	0.0000	0.0000	0.00
110kV 至 220kV	0.0000	0.0000	0.00	0.0000	0.0000	0.00
4. 氯碱	220.9832	573.2601	126680.86	5495.2470	576.3201	3167021.52
1kV 至 10kV	220.9832	573.2601	126680.86	5495.2470	576.3201	3167021.52
35kV 至 110kV	0.0000	0.0000	0.00	0.0000	0.0000	0.00
110kV 至 220kV	0.0000	0.0000	0.00	0.0000	0.0000	0.00
5. 电解铝（35～110kV）	0.0000	0.0000	0.00	0.0000	0.0000	0.00
（二）丰水期优惠电量	0.0000	0.0000	0.00	0.0000	0.0000	0.00
（三）能源替代用电	0.0000	0.0000	0.00	0.0000	0.0000	0.00
（四）由电厂直接供电	0.0000	0.0000	0.00	0.0000	0.0000	0.00
（五）代购代销*	0.0000	0.0000	0.00	0.0000	0.0000	0.00

续表

项 目	本日			当月累计		
	售电量（MWh）	到户单价（元/MWh）	应收电费（元）	售电量（MWh）	到户单价（元/MWh）	应收电费（元）
（六）其他单列电价*	0.0000	0.0000	0.00	0.0000	0.0000	0.00
（七）除优、特电价外	16475.6842	640.0000	10544438.51	408169.1260	645.8376	263610 963.78
1kV 至 10kV	14986.8322	640.7438	9602719.59	368714.0610	651.0953	240067 989.80
35kV 至 110kV	1488.8520	632.5134	941718.92	39455.0650	596.7035	23542973.98
110kV 至 220kV	0.0000	0.0000	0.00	0.0000	0.0000	0.00
220kV 及以上	0.0000	0.0000	0.00	0.0000	0.0000	0.00
二、非、普工业用电	2356.2389	764.4760	1801288.14	54214.0540	764.1861	41429627.17
三、居民生活用电	7878.2391	510.2050	4019516.61	181222.5390	510.1401	92448882.36
四、非居民照明用电	0.0000	0.0000	0.00	0.0000	0.0000	0.00
五、商业用电	3280.3043	878.8568	2882917.63	75493.5860	878.3145	66307111.84
六、农业生产用电	72.2300	561.5914	40563.75	1774.5410	548.6096	973530.17
七、贫困县农排用电	0.0000	0.0000	0.00	0.0000	0.0000	0.00
八、趸售用电	0.0000	0.0000	0.00	0.0000	0.0000	0.00
九、售给外省电量	0.0000	0.0000	0.00	0.0000	0.0000	0.00
十、互抵及不结算	0.0000	0.0000	0.00	0.0000	0.0000	0.00
（一）××年基数互抵电量	0.0000	0.0000	0.00	0.0000	0.0000	0.00
（二）其他不结算电量	0.0000	0.0000	0.00	0.0000	0.0000	0.00
合 计	30353.1531	641.4087	19468777.55	728110.4940	644.5058	469271 438.14

主管：××× 审核：××× 制表：×××

2. 编制应收月报

应收电费工作人员在应收月报生成之前，必须确认当月电费已全部按期结束发行，形成应收电费。否则必须及时反馈给单位处理，以免造成应收电费信息不准确。

在应收电费关账日后，按照不同的用电类别汇总当月及当年累计发行的售电量、应收电费，按照到户电价=$\frac{应收电费}{售电量}$的公式计算到户电价，编制应收月报，见表1–11–2。

应收月报形成后，报表不能再修改。

3. 应收电费的核对

应收日报中本日的售电量、应收电费之和与当月累计值应相符。应收月报中本月的售电量、应收电费之和与当年累计值应相符。

每天的应收日报汇总与应收月报、电量电费汇总清单等信息进行核对，确保应收月报与应收日报汇总以及相应的应收业务数据之间的数据关系正确。

若发现相关信息不符，一定要进行分析找出原因，并通知相关部门，采取必要措施纠正错误。

表1–11–2　　应　收　月　报

编报单位：××供电公司　　统计时段：2014年1月—6月　　2014年7月

项　目	本月			当年累计		
	售电量（MWh）	到户单价（元/MWh）	应收电费（元）	售电量（MWh）	到户单价（元/MWh）	应收电费（元）
一、大工业用电	502500.4893	640.2124	321707 053.89	2973175.7347	649.1970	1930176833.93
（一）优待电量	8715.6582	619.8060	5402017.30	52192.0856	621.0177	32412209.79
1. 煤炭生产	0.0000	0.0000	0.00	0.0000	0.0000	0.00
1kV至10kV	0.0000	0.0000	0.00	0.0000	0.0000	0.00
35kV至110kV	0.0000	0.0000	0.00	0.0000	0.0000	0.00
110kV至220kV	0.0000	0.0000	0.00	0.0000	0.0000	0.00
2. 电石	2085.2020	767.8832	1601191.50	12405.7600	774.4144	9607199.56
1kV至10kV	2085.2020	767.8832	1601191.50	12405.7600	774.4144	9607199.56
35kV至110kV	0.0000	0.0000	0.00	0.0000	0.0000	0.00
110kV至220kV	0.0000	0.0000	0.00	0.0000	0.0000	0.00
3. 化肥、农药*	0.0000	0.0000	0.00	0.0000	0.0000	0.00
1kV至10kV	0.0000	0.0000	0.00	0.0000	0.0000	0.00
35kV至110kV	0.0000	0.0000	0.00	0.0000	0.0000	0.00
110kV至220kV	0.0000	0.0000	0.00	0.0000	0.0000	0.00

续表

项 目	本月			当年累计		
	售电量（MWh）	到户单价（元/MWh）	应收电费（元）	售电量（MWh）	到户单价（元/MWh）	应收电费（元）
4. 氯碱	6630.4562	573.2374	3800825.80	39786.3256	573.1871	22805010.23
1kV 至 10kV	6630.4562	573.2374	3800825.80	39786.3256	573.1871	22805010.23
35kV 至 110kV	0.0000	0.0000	0.00	0.0000	0.0000	0.00
110kV 至 220kV	0.0000	0.0000	0.00	0.0000	0.0000	0.00
5. 电解铝（35～110kV）	0.0000	0.0000	0.00	0.0000	0.0000	0.00
（二）丰水期优惠电量	0.0000	0.0000	0.00	0.0000	0.0000	0.00
（三）能源替代用电	0.0000	0.0000	0.00	0.0000	0.0000	0.00
（四）由电厂直接供电	0.0000	0.0000	0.00	0.0000	0.0000	0.00
（五）代购代销*	0.0000	0.0000	0.00	0.0000	0.0000	0.00
（六）其他单列电价*	0.0000	0.0000	0.00	0.0000	0.0000	0.00
（七）除优、特电价外	493784.8311	640.5726	316305 036.59	2920983.6491	649.7005	1897764624.14
1kV 至 10kV	449604.3660	640.7445	288081 510.23	2655903.2213	650.7854	1728423061.56
35kV 至 110kV	44180.4651	638.8237	28223526.36	265080.4278	638.8309	169341 562.58
110kV 至 220kV	0.0000	0.0000	0.00	0.0000	0.0000	0.00
220kV 及以上	0.0000	0.0000	0.00	0.0000	0.0000	0.00
二、非、普工业用电	70896.1563	762.2072	54037560.23	425576.5658	761.8700	324234 037.40
三、居民生活用电	236340.5862	510.2212	120585 980.56	1414640.5689	509.7558	721121 170.45
四、非居民照明用电	0.0000	0.0000	0.00	0.0000	0.0000	0.00
五、商业用电	98460.2369	878.4046	86487926.80	590961.4215	878.1045	518925 865.65
六、农业生产用电	2169.5634	560.9021	1216912.56	13102.3546	557.3407	7302475.89
七、贫困县农排用电	0.0000	0.0000	0.00	0.0000	0.0000	0.00
八、趸售用电	0.0000	0.0000	0.00	0.0000	0.0000	0.00

续表

项 目	本月			当年累计		
	售电量（MWh）	到户单价（元/MWh）	应收电费（元）	售电量（MWh）	到户单价（元/MWh）	应收电费（元）
九、售给外省电量	0.0000	0.0000	0.00	0.0000	0.0000	0.00
十、互抵及不结算*	0.0000	0.0000	0.00	0.0000	0.0000	0.00
（一）××年基数互抵电量*	0.0000	0.0000	0.00	0.0000	0.0000	0.00
（二）其他不结算电量*	0.0000	0.0000	0.00	0.0000	0.0000	0.00
合 计	910367.0321	641.5384	584035 433.90	5417456.644	646.3846	3501760383.32

主管：××× 审核：××× 制表：×××

【思考与练习】

1. 应收日报中有哪些内容？各量之间有什么关系？
2. 应收月报中有哪些内容？各量之间有什么关系？
3. 如何核对应收电费？

模块 12 变压器电能损耗理论计算（Z26E1012Ⅲ）

【模块描述】本模块包含变压器电能损耗理论计算等内容。通过概念描述、术语说明、公式解释、要点归纳、计算示例，熟悉变压器有功、无功电能损耗理论计算方法。

【模块内容】

一、双绕组变压器的参数计算

在变压器的参数中，绕组的电阻和漏抗分别用 R_T 及 X_T 表示，而铁芯的有功损耗和励磁功率用 P_0 和 Q_0 表示。一般可由变压器铭牌标注或变压器短路、空载试验结果求得。

（一）变压器参数计算

1. 电阻

由变压器铭牌标注或变压器短路试验结果可得到变压器短路损耗ΔP_k，进而求得变压器绕组是电阻 R_T（Ω），计算公式为

$$R_T = \frac{\Delta P_k U_N^2}{S_N^2} \times 10^3$$

式中：ΔP_k 为变压器的短路损耗，kW；S_N 为变压器的额定容量，kVA；U_N 为变压器的额定电压，kV。

如果 U_N 是高压侧的电压，则 R_T 为归算到高压侧的电阻；若 U_N 是低压侧的电压，则 R_T 为归算到低压侧的电阻。因此，所取得的基准电压不同，则电阻值也不同。

2. 电抗

由变压器铭牌标注或变压器短路试验结果可得到变压器短路电压百分值 $U_k\%$。进而求得变压器绕组的漏抗 X_T（Ω），计算公式为

$$X_T = \frac{U_k\% U_N^2}{100 S_N} \times 10^3$$

式中：S_N 为变压器的额定容量，kVA；U_N 为变压器额定电压，kV。

与电阻一样，归算到高压侧或低压侧的变压器每相漏抗值是不相同的。

3. 变压器铁芯的有功损耗

由变压器铭牌标注或变压器短路、空载试验结果可得到变压器铁芯的有功损耗（空载损耗）ΔP_0（kW）。

4. 变压器铁芯的励磁功率

由变压器铭牌标注或变压器短路、空载试验结果可得到变压器空载电流百分数 $I_0\%$。由 $I_0\%$ 可求得变压器铁芯的励磁功率 ΔQ_0（kvar），计算公式为

$$\Delta Q_0 = \frac{I_0\%}{100} S_N$$

式中：S_N 为变压器的额定容量，kVA。

（二）双绕组变压器简化等值电路

变压器的四个参数 R_T、X_T、P_0、Q_0 可组合成简化等值电路来表示双绕组变压器，对 P_0 和 Q_0 应接在电源侧，即降压变压器一般在高压侧，升压变压器一般在低压侧，如图 1–12–1 所示。

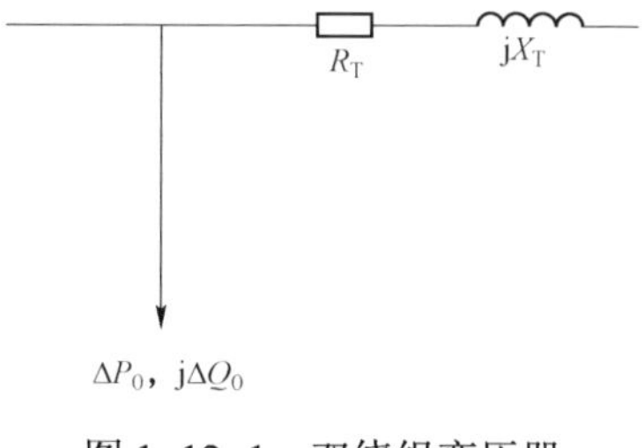

图 1–12–1　双绕组变压器简化等值电路图

二、双绕组变压器功率损耗计算

变压器功率损耗分为两部分，一是与负荷无关的损耗称为空载损耗，二是随负荷变化的损耗称为负载损耗。

（一）空载损耗

空载损耗是指变压器铁芯损耗，它与变压器的容量和电压有关，空载损耗用$\Delta\tilde{S}_0$表示，计算公式为

$$\Delta\tilde{S}_0=\Delta P_0+\mathrm{j}\Delta Q_0=\Delta P_0+\mathrm{j}\frac{I_0\%}{100}S_{\mathrm{N}}$$

式中：ΔP_0为变压器空载有功损耗，kW；ΔQ_0为变压器的空载无功损耗，kvar；U为加在变压器上的运行电压，kV；$I_0\%$为变压器空载电流百分数。

（二）负载损耗

负载损耗又称短路损耗，是指变压器绕组中的损耗，负载损耗用$\Delta\tilde{S}_{\mathrm{f}}$表示，它与负荷有关，当变压器通过负荷时，有功功率损耗等于绕组的铜损ΔP_{f}，无功功率损耗等于绕组中的漏抗损耗ΔQ_{f}，计算公式为

$$\Delta\tilde{S}_{\mathrm{f}}=\Delta P_{\mathrm{f}}+\mathrm{j}\Delta Q_{\mathrm{f}}=\frac{P^2+Q^2}{U^2}(R_{\mathrm{T}}+\mathrm{j}X_{\mathrm{T}})\times10^{-3}=\left(\Delta P_{\mathrm{k}}+\mathrm{j}\frac{U_{\mathrm{k}}\%S_{\mathrm{N}}}{100}\right)\left(\frac{S}{S_{\mathrm{N}}}\right)^2$$

式中：P为变压器有功负荷，kW；Q为变压器的无功负荷，kvar；U为加在变压器上的运行电压，kV；S为通过变压器的实际负荷，kVA；S_{N}为变压器额定容量，kVA。

（三）双绕组变压器功率损耗

根据双绕组变压器的铭牌和变压器负荷可求得功率损耗，其计算公式为

$$\Delta P_{\mathrm{T}}=\Delta P_0+\Delta P_{\mathrm{k}}\left(\frac{S}{S_{\mathrm{N}}}\right)^2$$

$$\Delta Q_{\mathrm{T}}=\frac{I_0\%}{100}S_{\mathrm{N}}+\frac{U_{\mathrm{k}}\%S_{\mathrm{N}}}{100}\left(\frac{S}{S_{\mathrm{N}}}\right)^2$$

式中：S为通过变压器的实际负荷，kVA；S_{N}为变压器额定容量，kVA。

几台参数相等的变压器并联运行时的功率损耗如下。

假如有n台参数相等的变压器并联运行，总的负荷为$\tilde{S}=P+\mathrm{j}Q$，这时总损耗的计算公式为

$$\Delta P_{\mathrm{T}}=n\Delta P_0+n\Delta P_{\mathrm{k}}\left(\frac{S}{nS_{\mathrm{N}}}\right)^2$$

$$\Delta Q_{\mathrm{T}}=n\frac{I_0\%}{100}S_{\mathrm{N}}+n\frac{U_{\mathrm{k}}\%S_{\mathrm{N}}}{100}\left(\frac{S}{nS_{\mathrm{N}}}\right)^2$$

【例 1】某电力客户有两台降压变压器并列运行，每台铭牌数据相同，变比$K=110\pm2\times2.5\%/10\mathrm{kV}$、额定容量$S_{\mathrm{N}}=31500\mathrm{kVA}$、短路损耗$\Delta P_{\mathrm{k}}=200\mathrm{kW}$、空载

损耗 $\Delta P_0=86\text{kW}$ 、短路电压 $U_k\%=10.5$ 、空载电流 $I_0\%=2.7$ 、变压器二次负载为 $40000+\text{j}30000\text{kVA}$ 。求该电力客户从电网吸收多少功率？

解：

$$\Delta P_T = n\Delta P_0 + n\Delta P_k\left(\frac{S}{nS_N}\right)^2$$

$$=2\times86+2\times200\frac{40000^2+30000^2}{(2\times31500)^2}=424\text{（kW）}$$

$$\Delta Q_T = n\frac{I_0\%}{100}S_N + n\frac{U_k\%S_N}{100}\left(\frac{S}{nS_N}\right)^2$$

$$=2\times\frac{2.7\times31500}{100}+2\times\frac{10.5\times31500}{100}\times\frac{40000^2+30000^2}{(2\times31500)^2}$$

$$=5868\text{（kvar）}$$

所以，该电力客户从电网吸收的功率为

$$\tilde{S}=(40000+\text{j}30000)+(424+\text{j}5868)=40424+\text{j}35868\text{（kVA）}$$

【思考与练习】

1. 写出双绕组变压器参数的计算表达式。
2. 画出双绕组变压器简化等值电路图。
3. 写出双绕组变压器的功率损耗表达式。

模块 13　复杂电费复核（Z26E1013Ⅲ）

【模块描述】 本模块介绍复杂电费复核的方法，通过学习，掌握有多种差错电费的复核。

【模块内容】

一、电费复核

1. 复核的依据

电费复核人员应依据抄表数据、工作传票（包括内部工作联系单）、营销信息系统客户档案等资料开展电费复核工作。

电费复核的内容如下。

（1）客户基本信息、电价执行情况和电费计算结果进行复核，确保电费发行准确无误。

（2）对手工或计算机内的电费台账进行复核，确保抄表信息、电费台账、电量、电费发行等信息一致。

（3）对电力销售、电费相关报表数据进行复核，确保发行汇总准确。

（4）对电费账务进行复核，确保账与账之间正确、吻合。

2. 复核的原则

（1）电费核算员对居民客户的零电量、电量突增或突减、业务变更、有异常码的采取重点复核。

（2）电费核算员对大客户电价执行情况和电费计算应逐户核对。

（3）电费核算员在核算电费时，若发现电费结算有异常，需现场核对时应通知抄表员等相关人员现场核对。

（4）电费核算员每核算完一抄表区段电费数据无误后，进行电费发行（相当于加锁），并打印该抄表区段段报。

（5）电费核算员核算完当日所有抄表段电费数据无误后，发行电费，并打印当日电力销售收入日报表。

3. 复核的步骤

（1）关于基本电费的复核。

1）变压器暂停、减容的时间以批准当天日期为准，加封当日不计收基本电费和变压器损耗；启用当日应计收基本电费和变压器损耗（启用日计算，停用日不计算）。如果暂停时间为10—30日，则从10日开始停收，30日开始计收。

2）执行需量的客户如果全部容量暂停，则当月所抄录的需量按实际的使用天数进行折算，与暂停容量的计算相同。如果所抄录的需量低于总容量的40%，则仍按总容量的40%进行折算。

3）需量表装在低压侧时，计算最大需量应考虑变压器损耗（最大需量=抄见需量×1.02）。

4）转供电时要注意扣减转供电的容量，执行需量的应根据被转供户的电量进行折算。

5）双路进线的客户，应注意供电方式。变压器同时使用时，则同时计收基本电费；变压器一主一备使用时，热备用同时收取基本电费，冷备用按实际使用时间收取基本电费；保安电源执行单一制电价。

6）所用变执行单一制电价，其容量不加在计费容量中。

注意：特殊行业的基本电费应分别计算。如化肥行业，在计算基本电费时，应注意化肥用电和非化肥用电的分开计算。

（2）关于功率因数的复核。功率因数的标准值及其适用范围：（83）水电财字第215号。

1）功率因数标准0.90，适用于160kVA以上的高压供电工业用户（包括社队工业用户）、装有带负荷调整电压装置的高压供电电力用户和3200kVA及以上的高压供电电力排灌站。

2）功率因数标准 0.85，适用于 100kVA（kW）及以上的其他工业用户（包括社队工业用户）、100kVA（kW）及以上的非工业用户和 100kVA（kW）及以上的电力排灌站；160kVA 执行 0.85 标准。

3）功率因数标准 0.80，适用于 100kVA（kW）及以上的农业用户和趸售用户，但大工业用户未划由电业直接管理的趸售用户，功率因数标准应为 0.85。

（3） 关于倍率的复核。

高供低计、低供低计用户的倍率是指电流互感器的变比。

高供高计用户的倍率是指电流互感器的变比乘以电压互感器的变比。

功率因数的考核标准是根据用户的受电容量及用电性质确定的。

双路进线的客户，每路电源应分别计算功率因数，抄见电量如果为零，则不计算功率因数。

100kW 及以上（纯照明客户除外）均要执行功率因数调整电费。只要参加功率因数计算的电量均要进行功率因数考核（包括无功铜铁损）。

对系统计收的备用容量费一般不考核功率因数

（4） 关于示数的复核。

1）峰平谷的示数和总的有功示数相同；扣减套表的比例应与峰平谷的示数占总有功示数的比例相同，如果显示本月示数小于上月示数，在查阅传票的同时，可考虑到表计转头、换表、抄错等因数。

2）退补电量的复核。

（5） 关于铜铁损的复核。

1）高供高计客户不收铜损和铁损。

2）高供低计客户，400kVA 及以上的客户，铜损系数按 0.01 收取，400kVA 以下的客户，铜损系数按 0.015 收取。

3）铁损按客户不同用电类别的用电量的比例分摊。

4）定比值分摊铜损和铁损，定量值不分摊铜损和铁损。

（6） 定比值、定量的复核。

（7） 关于电价。

1）根据客户不同电压等级、用电性质及受电容量确定电价，特别要注意电价代码与用电分类的一致性。

2）客户优待电价的执行情况。

（8） 新增的客户电费计算信息的复核：新增的客户电费计算信息除了按正常复核内容复核外，还应认真核对其户名、地址、表计编号、报装容量、电流互感器、电压互感器的基本信息、变比和乘率、电价执行、行业分类、计量方式、变压器损耗电量和基本电费、变压器的停启用日期、表计的串并接方式、功率因数考核电费的执行标准和计算结果、定比、定量的执行标准等信息逐一核对。

本章复杂电费复核着重介绍增容、减容、暂停、双电源、错接线后带退补电量的电费计算，主表分时，分表分时，收取系统备用容量费的客户的电费结算方法。

下面我们通过例题来掌握较复杂电费的核算方法。

【例 1】某制造厂，10kV 供电，高供低计，专变容量 160kVA，电流互感器变比为 200/5，有功铁损为 331kWh，无功铁损 2398kvarh，无功 K 值 2.13。2012 年 4 月 17 日增容到 400kVA，高供低计，基本电费按容量方式收取，电流互感器变比改为 600/5，有功铁损为 547kWh，无功铁损 4500kvarh，无功 K 值 2.43，办公照明用电从原来每月定量 1000kWh 调整到增容后的 3000kWh。请计算该客户 2012 年 4 月份的应收电费。

160kVA 变压器当月抄见示数及电价信息见表 1–13–1。

表 1–13–1　　160kVA 变压器当月抄见示数及电价信息

电量类型	4 月拆表底数	3 月抄见数	销售电价（元/kWh）	∑基金及附加单价（元/kWh）	基本电价［元/（kW・月）］
有功总	23085	22820	—	0.03771	30
高峰	10920	10807	1.445	0.03771	
平段	10560	10435	0.867	0.03771	
低谷	1605	1578	0.389	0.03771	
正向无功	18173	17934	—	—	
反向无功	1117	1117	—	—	

400kVA 变压器当月抄见示数及电价信息见表 1–13–2。

表 1–13–2　　400kVA 变压器当月抄见示数及电价信息

电量类型	4 月	4 月装表底数	销售电价（元/kWh）	∑基金及附加单价（元/kWh）	基本电价［元/（kW・月）］
有功总	324	0	—	0.03771	30
高峰	151	0	1.112	0.03771	
平段	148	0	0.667	0.03771	
低谷	25	0	0.322	0.03771	
正向无功	117	0	—	—	
反向无功	0	0	—	—	

解：计费参数发生变化，该户应分两段计算。

（1）增容前。

160kVA 变压器计算：

判断性质，变更前该户为工业客户，容量 160kVA 为普通工业单一制，一般工商业及其他电价类别，计量方式：高供低计；力调标准 0.85。

倍率=200/5=40

① 有功抄见总量=（23085–22820）×40=10600（kWh）

有功铁损=331×16/30=177（kWh）

有功铜损=10600×1.5%=159（kWh）

有功总电量=10600+177+159=10936（kWh）

无功抄见总量=（18173–17934）×40=9560（kvarh）

无功铁损=2398×16/30=1279（kvarh）

反向无功=0

无功铜损=159×2.13=339（kvarh）

无功总电量=9560+1279+339=11178（kvarh）

$$\cos\varphi=\frac{1}{\sqrt{1+\left(\frac{\text{无功电量}}{\text{有功电量}}\right)^2}}=0.7$$

② $\cos\varphi$=0.70，应执行 0.85 标准，应调整+7.5%。

③ 计算计费电量、分时。

照明分表电量=1000×16/30=533（kWh）

扣除分表后电量=10936–533=10403（kWh）

峰平谷差之和=113+125+27=265（kWh）

计费峰电量=113/265×10403=4436（kWh）

计费谷电量=27/265×10403=1060（kWh）

计费平电量=10403–4436–1060=4907（kWh）

④ 算电费。

峰电费=4436×1.445=6410.02（元）

力调费=4436×（1.445–0.03771）×7.5%=468.21（元）

平电费=4907×0.867=4254.37（元）

力调费=4907×（0.867–0.03771）×7.5%=305.20（元）

谷电费=1060×0.389=412.34（元）

力调费=1060×（0.389–0.03771）×7.5%=27.93（元）

其他照明电费=533×0.867=462.11（元）

力调费=533×（0.867–0.03771）×7.5%=33.15（元）

⑤ 160kVA 变压器电费=12373.33（元）

（2） 增容后。

容量 400kVA，工业客户，容量超过 315kVA，应执行大工业电价，有基本电费，且按容量收取。

供电方式：高供低计；倍率=600/5=120

力调标准应为 0.90。

① 基本电费计费容量=400×14/30=186（kVA）

② 有功抄见=（324–0）×120=38880（kWh）

有功铁损=547×14/30=255（kWh）

有功铜损=38880×1%=389（kWh）

有功总电量=38880+255+389=39524（kWh）

无功抄见=（117–0）×120=14040（kvarh）

无功铁损=4500×14/30=2100（kvarh）

无功铜损=389×2.43=945（kvarh）

无功总电量=14040+2100+945=17085（kvarh）

③ $\cos\varphi$=0.92，应执行 0.90 标准，应调整–0.3%。

④ 计算计费峰平谷电量。

照明分表电量=3000×14/30=1400（kWh）

扣除分表后电量=39524–1400=38124（kWh）

峰平谷差合计=151+148+25=324（kWh）

计费峰电量=151/324×38124=17768（kWh）

计费谷电量=25/324×38124=2942（kWh）

计费平电量=38124–17768–2942=17414（kWh）

⑤ 计算电费。

基本电费=186×30=5580（元）

力调费=5580×（–0.3%）=–16.74（元）

峰电费=17768×1.112=19758.02（元）

力调费=17768（1.112–0.03771）×（–0.3%）=–57.26（元）

平电费=17414×0.667=11615.14（元）

力调费=17414×（0.667–0.03771）×（–0.3%）=–32.88（元）

谷电费=2942×0.322=947.32（元）

力调费=2942（0.322–0.03771）×（–0.3%）=–2.51（元）

其他照明电费=1400×0.829=1160.60（元）

力调费=1400×（0.867–0.03771）×（–0.3%）=–3.48（元）

⑥ 400kVA 电费=39001.41（元）

（3）该厂本月总电费=12373.33+39001.41=51374.74（元）

【例 2】某机械制造公司，双电源，一主一备，基本电费容量收取。第一路主供电源 35kV 供电，13050kVA，含所用变 50kVA。第二路备用电源 10kV 供电，1300kVA，含所用变 50kVA。第一路主供电源装有主表一套，高供高计，电流互感器变比为 300/5，其他照明分表定比 0.06；所用变母表，变压器损耗计费标志为是，电流互感器变比为 75/5，有功铁损 324kWh，无功铁损为 5033kvarh，无功 *K* 值 2.52，其下其他照明分表定比 0.5。第二路电源装有主表一套，高供高计，电流互感器变比为 75/5，其他照明分表定比 0.06；所用变母表，变压器损耗计费标志为是，电流互感器变比为 75/5，有功铁损 252kWh，无功铁损为 4313kvarh，无功 *K* 值 1.33，其下其他照明分表定比 0.5。第一路电源有 1 台 5000kVA 配变于 2012 年 7 月 1 日起进行了停用，试计算该客户 9 月电费，具体抄表示数及电价信息见表 1–13–3。

表 1–13–3　　　　该客户 9 月抄表示数及电价信息

电源性质	电量类型	上月示数	本月示数	销售电价（元/kWh）	∑基金及附加单价（元/kWh）	基本电价［元/（kW·月）］
主供	有功峰	248.42	264.38	—	0.03771	30
	有功平	287.55	307.15	1.087	0.03771	
	有功谷	418.1	446.71	0.652	0.03771	
	有功总	954.08	1018.26	0.317	0.03771	
	正向无功	304.29	318.5	—	—	
	反向无功	54.51	58.5	—	—	
	最大需量	0.1565	0.2863	—	—	
	所变	2628.29	2818.09	0.852	0.03771	
备用	有功峰	17.1	19.68	1.112	0.03771	30
	有功平	16.94	19.39	0.667	0.03771	
	有功谷	11.19	11.47	0.322	0.03771	
	有功总	45.23	50.54	—	0.03771	

续表

电源性质	电量类型	上月示数	本月示数	销售电价（元/kWh）	∑基金及附加单价（元/kWh）	基本电价［元/（kW·月）］
备用	正向无功	24.68	27.11	—	—	
	反向无功	0.06	0.06	—	—	
	所变	221	223	0.867	0.03771	

解：一、主供电源

1. 主变

（1）大工业客户，高供高计，力调考核值：0.90，执行分时电价。

主表倍率：35/0.1×300/5=21000

（2）计费容量=13050–5000–50=8000（kVA）

（3）有功总：（1018.26–954.08）×21000=64.18×21000=1347780（kWh）

正向无功抄见电量=（318.5–304.29）×21000=298410（kvarh）

反向无功抄见电量=（58.5–54.51）×21000=83790（kvarh）

无功总=298410+83790=382200（kvarh）

（4）功率因数=0.96，增减率为–0.75%。

（5）计算电量。

其他照明电量=1347780×0.06=80867（kWh）

动力计费电量=1347780–80867=1266913（kWh）

峰差=264.38–248.42=15.96（kWh）

平差=307.15–287.55=19.6（kWh）

谷差=446.71–418.1=28.61（kWh）

峰、谷、平差合计=15.96+19.6+28.61=64.17（kWh）

峰计费电量=15.96÷64.17×1266913=315099（kWh）

谷计费电量=28.61÷64.17×1266913=564849（kWh）

平计费电量=1266913–315099–564849=386965（kWh）

（6）计算电费。

基本电费=8000×30=240000（元）

力调费=–1800（元）

峰电费=315099×1.087= 342512.61（元）

峰力调费=–2479.73（元）

平电费=386965×0.652= 252301.18（元）

平力调费=–1782.82（元）

谷电费=564849×0.317= 179057.13（元）

谷力调费=–1183.18（元）

其他照明电费=80867×0.852=68898.68（元）

照明力调费=–493.87（元）

2. 所变

普通工业，不足 100kVA 不力调，其下其他照明分表定比 0.5。

抄见电量=（2818.09–2628.29）×15=2847（kWh）

有功铜损电量=2847×1.5%=43（kWh）

铁损=324（kWh）

计费电量=2847+324+43=3214（kWh）

其他照明电量=3214×0.5=1607（kWh）

动力电量=3214–1607=1607（kWh）

其他照明电费=1607×0.852=1369.16（元）

动力电费=1607×0.852=1369.16（元）

第一路电源电费=1077768.32（元）

二、第二路电源

1. 主变

大工业客户，高供高计，备用为 10kV，根据苏电营 1638 号文，备用电源不计基本电费，大工业电价，执行分时电价，力调标准 0.90。

（1） 倍率=10/0.1×75/5=1500，无基本电费。

（2） 有功抄见电量=（50.54–45.23）×1500=7965（kWh）

高供高计且无线损则有功总=7965（kWh）

正向无功=（27.11–24.68）×1500=3645（kvarh）

反向无功=0

无功总=3645（kvarh）

（3） 功率因数=0.91，增减率=–0.15%。

（4） 计费电量。

其他照明电量=7965×0.06=478（kWh）

动力计费电量=7965–478=7487（kWh）

峰差=19.68–17.1=2.58（kWh）

平差=19.39–16.94=2.45（kWh）

谷差=11.47–11.19=0.28（kWh）

峰差+平差+谷差=2.58+2.45+0.28=5.31（kWh）

峰计费电量=2.58÷5.31×7487=3638（kWh）

谷计费电量=0.28÷5.31×7487=395（kWh）

平计费电量=7487–3638–395=3454（kWh）

（5）计算电费。

峰电费=3638×1.112=4045.46（元）

峰力调费=–5.86（元）

平电费=3454×0.667=2303.82（元）

平力调费=–3.26（元）

谷电费=395×0.322=127.19（元）

谷力调费=–0.17（元）

其他照明电费=478×0.867=414.43（元）

照明力调费=–0.59（元）

2. 所变

所用变抄见电量=（223–221）×15=30（kWh）

有功铜损电量=30×1.5%=0.45（kWh）；不计。

铁损=252（kWh）

计费总电量=30+252=282（kWh）

其他照明电量=282×0.5=141（kWh）

动力电量=282–141=141（kWh）

其他照明电费=141×0.867=122.25（元）

动力电费=141×0.867=122.25（元）

第二路电源电费=7125.52（元）

该客户 9 月份电费为=1084893.84（元）。

【例 3】某设备制造厂 10kV 供电，高供低计 500kVA 专用变压器，按容量记收基本电费，计量互感器电流互感器变比：800/5A，多功能分时电表；办公照明分表：380/220V，15（60）A；2013 年 2 月 20 日，办理永久性减容，变压器更换为 160kVA，更换三相四线多功能分时电表；并更换计量互感器电流互感器变比：200/5A，4 月份用电检查人员发现该单位用电负荷与用电量异常，现场检查发现计量互感器其中 C 相错误安装成 300/5A；而且其二次绕组极性接反；请核算该客户 2013 年 2 月份应收电费。

500kVA：有功铁损为 1.15kW；无功铁损为 8.32kvar；无功 K 值 2.8

160kVA：有功铁损为 0.65kW；无功铁损为 6.04kvar；无功 K 值 2.2

电能表抄见示数如下表（新表底数为 0）

500kVA 变压器抄表示数及电价信息见表 1–13–4。

表 1–13–4　　500kVA 变压器抄表示数及电价信息

电量类型	换表时抄表示数	1 月末抄见数	销售电价（元/kWh）	∑基金及附加单价（元/kWh）	基本电价［元/（kW·月）］
有功总	5217	4717	—	0.03771	30
高峰	2449	2149	1.112	0.03771	
平段	2167	2017	0.667	0.03771	
低谷	601	551	0.322	0.03771	
正向无功	2055	1715	—	—	
反向无功	255	250	—	—	
无功总	2310	1965	—	—	
办公照明	7345	2345	0.867	0.03771	

160kVA 变压器抄表示数及电价信息见表 1–13–5。

表 1–13–5　　160kVA 变压器抄表示数及电价信息

电量类型	2 月末抄表示数	换表时抄见数	销售电价（元/kWh）	∑基金及附加单价（元/kWh）	基本电价［元/（kW·月）］
有功总	240	0	—	0.03771	30
高峰	100	0	1.445	0.03771	
平段	80	0	0.867	0.03771	
低谷	60	0	0.389	0.03771	
正向无功	170	0	—	—	
反向无功	30	0	—	—	
无功总	200	2310	—	—	
办公照明	10345	7345	0.867	0.03771	

解：（1）减容换表前，10kV 高供低计 500kVA 执行两部制电价，计收基本电费；功率因数考核标准 0.90；执行分时电价。

倍率=800/5=160

① 计费容量=500kVA×19/30=316（kVA）

② 计算总有功、总无功。

有功抄见电量=（5217–4717）×160=80000（kWh）

19 天 500kVA 变压器损耗。

有功铁损=1.15×720×19/30=828×19/30=524（kWh）

有功铜损=（5217–4717）×160×1%=800（kWh）

有功总电量=（5217–4717）×160+524+800=81324（kWh）

正向无功抄见电量=（2055–1715）×160=54400（kvarh）

反向无功抄见电量=（255–250）×160=800（kvarh）

无功铁损=8.32×720×19/30=5990×19/30=3794（kvarh）

无功铜损=K×有功铜损=2.80×800=2240（kvarh）

无功总电量=54400+｜800–3794–2240｜=59634（kvarh）

③ cosφ=0.806≈0.81；增减率=4.5%。

④ 计费电量。

照明分表电量=5000（kWh）。

照明分摊变压器损耗=（5000/80000）×（524+800）=83（kWh）

照明计费电量=5000+83=5083（kWh）

动力计费电量=81324–5083=76241（kWh）

峰差+平差+谷差=300+150+50=500（kWh）

计费峰电量=300/500×76241=45745（kWh）

计费谷电量=50/500×76241=7624（kWh）

计费平电量=76241–45745–7624=22872（kWh）

⑤ 电费。

基本电费=316×30=9480（元）

力调费=9480×4.5%=426.6（元）

峰电费=45745×1.112=50868.44（元）

力调费=45745×（1.112–0.03771）×4.5%=2211.45（元）

平电费=22782×0.667=15195.59（元）

力调费=22782×（0.667–0.03771）×4.5%=645.14（元）

谷电费=7624×0.322=2454.93（元）

力调费=7624×（0.322–0.03771）×4.5%=97.53（元）

照明电费=5083×0.867=4406.96（元）

力调费=5083×（0.867–0.03771）×4.5%=189.69（元）

⑥ 小计。

$$9480+426.6+50868.44+2211.45+15195.59+645.14+2454.93+97.53+4406.96+189.69=85976.33（元）$$

（2）换表后，160kVA 变压器，单一制电价，功率因数考核标准为 0.85，执行分时电价。

倍率为 40（200/5），由于二次接线错误，先进行更正系数计算，退补电量

① 更正系数。

正确接线时：P=1/3+1/3+1/3=1

错误接线时：P'=1/3+1/3+1/3×200/5×〔1/（−300/5）〕=4/9

$G=(P-P')/P'\times 100\%=(1-4/9)/4/9\times 100\%=125\%$

② 补电量。

有功抄见电量=240×40=9600（kWh）

有功补电量=抄见电量×G=9600×125%=12000（kWh）

实际有功电量=9600+12000=21600（kWh）

160kVA 变压器损耗计算，2 月 20 日至 28 日按 9 天损耗计收；

有功铁损=0.65×720×9/30=468×9/30=140（kWh）

有功铜损=21600×1.5%=324（kWh）

有功总电量=9600+12000+140+324=22064（kWh）

正向无功抄见=170×40=6800（kvarh）

正向无功补电量=抄见电量×G=6800×125%=8500（kvarh）

正向无功实际电量=6800+8500=15300（kvarh）

反向无功=30×40=1200（kvarh）

反向无功补电量=1200×G=1200×125%=1500（kvarh）

反向无功实际电量=1500+1200=2700（kvarh）

无功铁损=6.04×720×9/30=4349×9/30=1305（kvarh）

无功铜损=K×有功铜损=2.20×324=713（kvarh）

无功总电量=15300+|1305+713−2700|=15982（kvarh）

③ 功率因数=cosφ=0.81；增减率=2%。

④ 计费电量。

灯、力分摊变压器损耗：

照明抄见=10345−7345=3000（kWh）

照明分摊=3000/21600×（140+324）=64（kWh）

照明计费电量=3000+64=3064（kWh）

动力总电量=22064–3064=19000（kWh）

峰差+平差+谷差=100+80+60=240（kWh）

计费峰电量=100/240×19000=7917（kWh）

计费谷电量=60/240×19000=4750（kWh）

计费平电量=19000–7917–4750 =6333（kWh）

⑤ 电费。

峰电费=7917×1.445=11440.07（元）

峰力调=7917×（1.445–0.03771）×2%=222.83（元）

平电费=6333×0.867=5490.71（元）

平力调=6333×（0.867–0.03771）×2%=105.04（元）

谷电费=4750×0.389=1847.75（元）

谷力调=4750×（0.389–0.03771）×2%=33.37（元）

照明电费=3064×0.867=2656.49（元）

照明力调=3064×（0.867–0.03771）×2%=50.82（元）

⑥ 小计。

11440.07+222.83+5490.71+105.04+1847.75+33.37+

2656.49+50.82=21847.08（元）

合计电费=85976.33+ 21847.08= 107823.41（元）

4. 关于直购电客户

所谓大用户直购电工作，是指电厂和终端购电大用户之间通过直接交易的形式协定购电量和购电价格，然后委托电网企业将协议电量由发电企业输配终端购电大用户，并另支付电网企业所承担的输配服务。

直购电客户复核时应注意以下事项。

（1）输配电价及输配电损耗执行国家或省价格主管部门核定的价格。国家有关部门批复的输配电价为 0.109 元/kWh，线损价格为 0.02988 元/kWh。批文标题及文号：《国家发展改革委关于核定浙江、江苏和重庆省（市）电力用户与发电企业直接交易试点输配电价有关问题的批复》（发改价格〔2010〕1013 号）、《省物价局关于暂定电力用户与发电企业直接交易试点线损电价的通知》（苏价工〔2012〕42 号）。（合同有效期内，如国家进行调整，则按新规定执行）

（2）基本电费按国家批复的销售电价中的现行标准及《供用电合同》约定的方式执行。

（3）按照国家规定的政府性基金及附加标准，政府性基金及附加由供电公司按国家有关规定代征，遇有国家调整标准，相应同步调整。

（4） 直接交易电量结算原则为“月度结算，年度清算”。

1）月度实际直接交易电量结算。当用户月度用电量大于等于月度直接交易合同电量时，月度实际直接交易电量按照月度直接交易合同电量进行结算；当用户月度用电量小于月度直接交易合同电量时，月度实际直接交易电量按照用户月度实际用电量进行结算。

2）若发电方月度实际上网电量小于客户月度实际直接交易电量，则月度实际直接交易电量按照发电方月度实际上网电量进行结算。

3）客户超出月度实际直接交易电量部分按照电网统一销售电价政策执行，其中峰期、平期、谷期时段的电量按照客户实际总用电量峰谷比分别计价结算。

（5） 年度实际直接交易电量清算。当累计月度实际直接交易电量小于年度直接交易合同电量的 97%时，需要进行年度实际直接交易电量清算。

1）如果因客户原因造成累计月度实际直接交易电量小于年度直接交易合同电量的 97%，发电方年度实际上网电量中超出月度累计实际直接交易电量小于年度直接交易合同电量 97%的偏差电量，按照政府核定上网电价 90%清算。

$$年度清算电量=0.97\times年度直接交易合同电量-累计月度实际直接交易电量$$

$$清算电价=上网电价\times90\%-上网电价$$

2）如果因发电方原因造成累计月度实际直接交易电量小于年度直接交易合同电量的 97%，客户年度实际生产用电量中超出月度累计实际直接交易电量小于年度直接交易合同电量 97%的偏差电量，按现行电价 110%清算。

$$年度清算电量=0.97\times年度直接交易合同电量-累计月度实际直接交易电量$$

$$清算电价=现行电价\times110\%-现行电价$$

（6） 输配电费的结算与支付。

1）输配电费的计算。

$$输配电费=直接交易电量\times输配电价$$

$$输配电损耗费=直接交易电量\times线损电价$$

2）政府性基金及附加=直接交易电量×国家规定的政府性基金及附加标准

3）直接交易电费和输配电费的确认。供电公司根据“直接交易电费结算单”向客户开具增值税发票，客户按照《供用电合同》约定支付供电公司相关费用。

【思考与练习】

1. 某光伏企业，双电源供电，一主一备用，采用电器连锁装置。主供 220kV，容量 150000kVA；备用 110kV，容量 40000kVA。该户按需量结算基本电费，办公照明定量 80000kWh。2014 年该企业与发电公司和省电力公司签订三方直购电协议，直购电线路限于 220kV，其中甲发电企业与客户签订每月 6000MWh 直购电，单价 0.4165 元/

kWh；乙发电企业与客户签订每月 38000MWh 直购电，单价 0.4185 元/kWh；该客户与省公司签订直购电过网电价为：电网输配电价 0.089 元/kWh、政府性基金和附加费 0.04471 元/kWh、线损 0.02656 元/kWh。试根据表 1–13–6，结算 2014 年 9 月份电费。

表 1–13–6　　抄 表 示 数

220kV 线路表计示数			
电量类型	本月抄见	上月抄见	倍率
需量总	0.0674		1100000
有功峰	226.35	214.62	1100000
有功平	225.57	213.82	1100000
有功谷	223.32	211.67	1100000
有功总	675.24	640.11	1100000
正向无功	267.75	252.3	1100000
反向无功	0.01	0.01	1100000
110kV 线路表计示数			
电量类型	本月抄见	上月抄见	倍率
需量总	0.024		44000
有功峰	46.182	46.154	44000
有功平	47.082	47.043	44000
有功谷	46.119	46.119	44000
有功总	139.383	139.316	44000
正向无功	58.22	58.17	44000
反向无功	0.03	0.03	44000

2. 某制造厂，10kV 供电，高供低计，专变容量 160kVA，电流互感器变比为 200/5，有功铁损为 331kWh，无功铁损为 2398kvarh，无功 K 值 2.13。2012 年 5 月 20 日增容到 630kVA，高供高计，基本电费按容量方式收取，电流互感器变比改为 40/5，TV 变比为 10/0.1，有功铁损为 597kWh，无功铁损为 4800kvarh，无功 K 值 3.12，办公照明用电从原来每月定量 2000kWh 调整到增容后的 4000kWh。请计算该客户 2014 年 5 月份的应收电费。

160kVA 变压器当月抄表示数及电价信息见表 1–13–7。

表 1–13–7　　160kVA 变压器当月抄表示数及电价信息

电量类型	4 月拆表底数	3 月抄见数	销售电价（元/kWh）	∑基金及附加单价（元/kWh）	基本电价［元/（kW·月）］
有功总	23385	22820	—	0.03771	30
高峰	11020	10807	1.445	0.03771	
平段	10660	10435	0.867	0.03771	
低谷	1705	1578	0.389	0.03771	
正向无功	18373	17934	—	—	
反向无功	1143	1103	—	—	

630kVA 变压器当月抄表示数及电价信息见表 1–13–8。

表 1–13–8　　630kVA 变压器当月抄表示数及电价信息

电量类型	4 月	4 月装表底数	销售电价（元/kWh）	∑基金及附加单价（元/kWh）	基本电价［元/（kW·月）］
有功总	474	0	—	0.03771	30
高峰	201	0	1.112	0.03771	
平段	198	0	0.667	0.03771	
低谷	75	0	0.322	0.03771	
正向无功	137	0	—	—	
反向无功	0	0	—	—	

3. 某机械厂，10kV 供电，高供低计，变压器容量为 250kVA，电流互感器变比为 400/5，有功铁损为 288kWh，无功铁损为 2138kvarh，无功 K 值 3.12。该客户每月 25 日电费结算。2014 年 2 月 27 日增容了两台 800kVA 变压器，高供高计，基本电费按容量方式收取，电流互感器变比改为 100/5，办公照明用电从原来每月定比 8%调整到增容后的 5%。请计算该客户 2014 年 3 月份的应收电费。

250kVA 变压器当月抄表示数及电价信息见表 1–13–9。

表 1–13–9 该机械厂 250kVA 变压器当月抄表示数及电价信息

电量类型	2 月 27 日拆表示数	2 月抄见数	销售电价（元/kWh）	∑基金及附加单价（元/kWh）	基本电价［元/（kW·月）］
有功总	1153.999	1136.43	—	0.04471	30
高峰	549.846	544.55	1.445	0.04471	
平段	464.627	459.88	0.867	0.04471	
低谷	139.526	131.99	0.389	0.04471	
正向无功	820.913	818.74	—	—	
反向无功	11.189	11.09	—	—	

增容后当月抄表示数及电价信息见表 1–13–10。

表 1–13–10 该机械厂增容后当月抄表示数及电价信息

电量类型	3 月 25 日抄表示数	2 月 27 日装表底数	销售电价（元/kWh）	∑基金及附加单价（元/kWh）	基本电价［元/（kW·月）］
有功总	8.03	0	—	0.04471	30
高峰	4.02	0	1.112	0.04471	
平段	3.42	0	0.667	0.04471	
低谷	0.59	0	0.322	0.04471	
正向无功	2.47	0	—	—	
反向无功	0	0	—	—	

4. 某工业客户，110kV 单电源供电，高供高计，变压器 16000kVA 一台，电流互感器变比 150/5，根据供用电合同约定按最大需量计收基本电费，办公照明按定量 25000kWh 计收。2014 年 7 月 10 日由于变压器故障，经供电部门同意，临时暂换大容量变压器 31500KVA，暂换期限为两个月。根据表 1–13–11 计算该公司 2014 年 7 月份应交电费。

表 1–13–11 该工业客户 2014 年 7 月抄表示数及电价信息

电源序号	电量类型	示数项目	2014 年 7 月 31 日（示数）	2014 年 6 月 30 日（示数）	销售电价（元/kWh）	∑基金及附加单价（元/kWh）	基本电价［元/（kW·月）］
1	有功	常规（合计）	15001.22	14764.15	—	0.04471	40
1	有功	高峰	4600.31	4520.45	1.062	0.04471	

续表

电源序号	电量类型	示数项目	2014年7月31日（示数）	2014年6月30日（示数）	销售电价（元/kWh）	∑基金及附加单价（元/kWh）	基本电价[元/（kW·月）]
1	有功	腰峰	4281.89	4215.76	0.637	0.04471	40
1	有功	低谷	6120.02	6027.94	0.312	0.04471	
1	无功	正向	11226.97	11120.32	—	—	
1	无功	反向	0.02	0.02	—	—	
1	需量	高峰	0.2838	0.2841	—	—	
1	需量	腰峰	0.2416	0.2316	—	—	
1	需量	低谷	0.3321	0.3303	—	—	

第二章

核算异常报办及处理

模块 1 执行单一制客户核算异常报办及处理（Z26E2001 Ⅰ）

【模块描述】本模块介绍新装、增容、变更的单一制电价客户基础资料中计费参数的分析方法及异常报办处理；单一制电价客户抄见零电量、电量突增突减、总表电量小于子表、分时电量不等于总、功率因数异常等情况分析与报办处理。

【模块内容】

一、居民客户（以江苏的电价政策为例）

居民月用电量分为三个档次，第一档为 230kWh 及以内，维持现行电价标准；第二档为 231～400kWh，在第一档电价的基础上，每 kWh 加价 0.05 元；第三档为高于 400kWh 部分，在第一档电价的基础上，每 kWh 加价 0.3 元。

对家庭户籍人口在 5 人（含 5 人）以上的客户，每月增加 100kWh 阶梯电价基数。

阶梯电价按年为周期执行，全年分档电量按照月度电量标准乘以月份计算，执行相应分档的电价标准。

居民客户发生用电变更，按照实际用电月份数计算分档电量，用电不足一个月的按一个月计算。正常按抄表年执行居民阶梯电价，年度清算为 12 月及次年 1 月，其中单月抄表居民客户，从 3 月份抄表至次年 1 月抄表，6 个抄表周期，共 12 个月；双月抄表居民客户，从 2 月份抄表至 12 月份抄表，6 个抄表周期，共 12 个月。

（一）执行阶梯电价的居民客户

1. 新装居民客户

单月抄表非分时居民新装。当月电量部分在第一档，部分在第二档，部分在第三档

某客户（5 口之家）为 5 月 15 日新装非分时居民，单月抄表，抄表例日为单月 2 日，7 月抄见电量 4300kWh，计算 7 月份应交电费。

解：4300kWh 已大于第一、二档年度总基数 3200kWh（400×8），当年年度各档电量标准的基数月份为 5—12 月，共 8 个月。

第一档年度电量标准=8×230=1840（kWh）

第二档年度电量标准=8×（400–230）=13600（kWh）

则该客户本次电费计算如下。

基础电费=4300×0.5283=2271.69（元）

第二档递增电费=[（400–230）×8]×0.05=68（元）

第三档递增电费=（4300–3200）×0.3=330（元）

合计电费=2271.69+68+330=2669.69（元）

异常报办（该户为5口之家）：

第一档基数330kWh以内。

第二档基数330～500kWh。

第三档基数高于500kWh。

正确计算方法：4300kWh已大于第一、二档年度总基数4000kWh（500×8），当年年度各档电量标准的基数月份为5—12月，共8个月。

第一档年度电量标准=8×330=2640（kWh）

第二档年度电量标准=8×（500–330）=1360（kWh）

则该客户本次电费计算如下。

基础电费=4300×0.5283=2271.69（元）

第二档递增电费=[（500–330）×8]×0.05=68（元）

第三档递增电费=（4300–4000）×0.3=90（元）

合计电费=2271.69+68+90=2429.69（元）

2. 变更用电的居民客户

某居民客户（3口之家），双月抄表，抄表日为双月2日，上年12月至今年8月抄见电量累计3000kWh，10月份抄表前发生销户，拆表余度1600kWh，清算后，本结算年各档基数月为11个月，则该客户本年度各档基数计算如下。

第一档年度电量标准=11×230=2530（kWh）

第二档年度电量标准=11×（400–230）=1870（kWh）

则该客户本次电费计算如下。

基础电费=1600×0.5283=845.28（元）

第二档递增电费=[1870–（3000–230×12）]×0.05=81.5（元）

第三档递增电费=（3000+1600–2530–1870）×0.30=60（元）

合计电费=845.28+81.5+60=986.78（元）

该题解答正确，如果有异常，需报办的有以下几点：

（1）第一档电量的结算；

（2）第二档电量的结算；

（3）第三档电量的结算。

（二）执行阶梯电价及分时电价的居民客户

单月抄表分时居民新装。当月电量部分在第一档，部分在第二档，部分在第三档

某客户为5月10日新装分时居民，单月抄表，按抄表日为单月2日，7月抄见电量6000kWh［已大于第一、二档年度总基数3200kWh（400×8）］，其中峰电量2800kWh，谷电量2900kWh，当年年度各档电量标准的基数月份为5—12月，共8个月。

第一档年度电量标准=8×230=1840（千瓦时）

第二档年度电量标准=8×（400–230）=1360（千瓦时）

则该客户本次电费计算如下。

基础电费（峰）=2800×0.5583=1563.24（元）

基础电费（谷）=2900×0.3583=1039.07（元）

基础电费（总）=1563.24+1039.07=2602.31（元）

第二档递增电费=（400–230）×8×0.05=68（元）

第三档递增电费=（6000–3200）×0.3=840（元）

合计电费=2602.31+68+840=3510.31（元）

异常报办：

（1）该居民户用电量异常，7月抄见电量达6000kWh。

（2）峰谷电量之和与总抄见电量不等。

二、非居民客户

【例1】某制造厂，10kV供电，高供低计，专变容量160kVA，电流互感器变比为200/5，有功铁损为331kWh，无功铁损为2398kvarh，无功K值2.13。该客户4月抄表示数及电价信息见表2–1–1。其他照明定量1000kWh，请计算该客户2012年4月份的应交电费。

表2–1–1 4月抄表示数及电价信息

电量类型	4月拆表底数	3月抄见数	销售电价（元/kWh）	∑基金及附加单价（元/kWh）	基本电价［元/（kW·月）］
有功总	23085	22820	—	0.03771	30
高峰	10920	10807	1.445	0.03771	
平段	10560	10435	0.867	0.03771	
低谷	1605	1578	0.389	0.03771	
正向无功	18173	17934	—	—	
反向无功	1117	1117	—	—	

解：判断性质，该客户为工业客户，容量 160kVA 为普通工业单一制，一般工商业及其他电价类别，力调标准 0.9。

（1）有功抄见总量=（23085−22820）×40=10600（kWh）

有功铁损=331kWh

有功铜损=10600×1.5%=159（kWh）

有功总电量=10600+331+159=11090（kWh）

（2）无功抄见总量=（18173−17934）×40=9560（kvarh）

无功铁损=2398kvarh

无功铜损=159×2.13=339（kvarh）

无功总电量=9560+2398+339=12297（kvarh）

$$\cos\varphi=\frac{1}{\sqrt{1+\left(\dfrac{\text{无功电量}}{\text{有功电量}}\right)^2}}=0.67$$

① $\cos\varphi$=0.67；应执行 0.9 标准；应调整+13%。

② 算计费电量。

照明分表电量=1000kWh

扣除分表后电量=10936−1000=9936（kWh）

③ 算电费

电费=9936×0.867=8614.51（元）

力调费=9936×（0.867−0.03771）×13%=1071.18（元）

其他照明电费=1000×0.867=867（元）

④ 160kVA 变压器电费：10552.69 元

异常报办：

力调标准执行错误。

该户为工业客户，没有执行分时电价。

其他照明没有执行功率因数调整。

判断性质，该客户为工业客户，容量 160kVA 为普通工业单一制，一般工商业及其他电价类别，力调标准 0.85。

（1）有功抄见总量=（23085−22820）×40=10600（kWh）

有功铁损=331kWh

有功铜损=10600×1.5%=159（kWh）

有功总电量=10600+331+159=11090（kWh）

（2）无功抄见总量=（18173−17934）×40=9560（kvarh）

无功铁损=2398kvarh

无功铜损=159×2.13=339（kvarh）

无功总电量=9560+2398+339=12297（kvarh）

$$\cos\varphi=\frac{1}{\sqrt{1+\left(\frac{\text{无功电量}}{\text{有功电量}}\right)^2}}=0.67$$

① $\cos\varphi$=0.67；应执行 0.85 标准；应调整+9%。

② 计算计费电量、分时。

照明分表电量=1000kWh

扣除分表后电量=10936−1000=9936kWh

峰平谷差之和=113+125+27=265（kWh）

计费峰电量=113/265×9936=4237（kWh）

计费谷电量=27/265×9936=1012（kWh）

计费平电量=9936−4237−1012=4687（kWh）

③ 计算电费。

峰电费=4237×1.445=6122.47（元）

力调费=4237×（1.445−0.03771）×9%=536.64（元）

平电费=4687×0.867=4063.63（元）

力调费=4687×（0.867−0.03771）×9%=349.82（元）

谷电费=1012×0.389=393.69（元）

力调费=1012×（0.389−0.03771）×9%=32（元）

其他照明电费=1000×0.867=867（元）

力调费=1000×（0.867−0.03771）×9%=74.64（元）

④ 160kVA 变压器电费=12439.89（元）

【思考与练习】

1. 某客户为 2012 年 4 月 18 日新装非分时居民，双月抄表，抄表例日为双月 2 日，6 月抄见电量 4384kWh，计算该客户 6 月份应交电费。

2. 某客户（5 口之家）为 2012 年 7 月 20 日新装非分时居民，单月抄表，抄表例日为单月 2 日，9 月抄见电量 5300kWh，计算该客户 9 月份应交电费。

3. 假定 A 客户为 2012 年 5 月 11 日新装分时居民，单月抄表，抄表例日为单月 2

日，7 月抄见电量 2100kWh，其中峰电量 1100kWh，谷电量 1000kWh，计算该客户 7 月份应交电费。

4. 某居民客户（3 口之家），单月抄表，抄表日为单月 5 日，2011 年 11 月至 2012 年 7 月抄见电量累计 4000kWh，10 月份抄表前发生销户，拆表余度 2600kWh，请结算该户电费。

5. 某医院，10kV 供电，高供低计，变压器容量 250kVA，电流互感器变比为 400/5，有功铁损为 288kwh，无功铁损为 2138kvarh，无功 K 值 3.12。抄表示数及电价信息见表 2–1–2。计算该户 3 月份应交电费。

表 2–1–2　　抄表示数及电价信息

电量类型	3 月抄表示数	2 月抄表示数	销售电价（元/kWh）	∑基金及附加单价（元/kWh）	基本电价［元/（kW·月）］
有功总	1153.999	1136.43	—	0.03771	30
高峰	549.846	544.55	1.445	0.03771	
平段	464.627	459.88	0.867	0.03771	
低谷	139.526	131.99	0.389	0.03771	
正向无功	820.913	818.74	—	—	
反向无功	11.189	11.09	—	—	

模块 2　执行两部制客户核算异常报办及处理（Z26E2002Ⅱ）

【模块描述】本模块介绍新装、增容、变更的两部制电价客户基础资料中计费参数的分析方法及异常报办处理；两部制电价客户容量类、计量类、电价类等异常情况分析与报办处理。

【模块内容】

【例 1】某厂的受电变压器为 10kV，800kVA 一台，在其高压侧安装 3×100V、3×5A 有功、无功电能计量表一套，电流互感器变比为 100/5。基本电费按容量收取。低压侧一级分表 50/5 电流互感器供办公照明；现根据各电能表 5 月、6 月抄表示数及电价信息见表 2–2–1，6 月 21 日暂停，计算该厂 6 月份应付电费。

表 2-2-1 5 月、6 月抄表示数及电价信息

电量类别	6 月	5 月	销售电价（元/kWh）	∑基金及附加单价（元/kWh）	基本电价［元/（kW·月）］
有功总	1944	1791	—	0.03771	30
有功峰	742.6	681.2	1.112	0.03771	
有功平	820.6	752.9	0.667	0.03771	
有功谷	393.9	359.4	0.322	0.03771	
最大需量	0.474		—	—	40
正向无功	1139	1073	—	—	
反向无功	113.4	113.4	—	—	
其他照明	4440	3744	—	—	

确定客户性质为大工业，确定供电方式高供高计。

定倍率：主表为 2000（10000/100×100/5）；分表为 10（50/5）。

确定基本电费计费容量：800kVA。

算出总有功、总无功，算出功率因数，查出增减率。

有功总=（1944–1791）×2000=306000（kWh）

无功总=（1139–1073）×2000=132000（kvarh）

$\cos\varphi$=0.92；力调标准应为 0.90；力率增减为–0.3%。

照明表倍率=50/5=10

1. 电量计算

照明分表电量=（4440–3744）×10=6960（kWh）

动力计费电量=306000–6960=299040（kWh）

峰（8.1）差=742.6–681.2=61.4（kWh）

平（8.2）差=820.6–752.9=67.7（kWh）

谷（8.3）差=393.9–359.4=34.5（kWh）

峰、平、谷差合计=61.4+67.7+34.5=163.6（kWh）

计费峰电量=61.4/163.6×299040=112231（kWh）

计费谷电量=34.5/163.6×299040=63061（kWh）

计费平电量=299040–112231–63061=123748（kWh）

2. 计算电费

基本电费=800×30=24000（元）

力调费=–72（元）

峰电费=112231×1.112= 124800.87（元）

力调费=–361.71（元）

平电费=123748×0.667=82539.92（元）

力调费=–233.62（元）

谷电费=63061×0.322=20305.64（元）

力调费=–53.78（元）

照明电费=6960×0.882=6138.72（元）

力调费=–17.63（元）

电费合计= 257046.41（元）

异常报办：

基本电费。

峰、平、谷电量之和与总电量不等。

其他照明电价执行错误。

电流互感器配置不合适。

处理方法：

基本电费应按 21 天计算。

其他照明电价应按 10kV 电价执行。

电流互感器配置应为 50/5。

【例 2】某制造厂，10kV 供电，高供低计，专变容量 160kVA，电流互感器变比为 200/5，有功铁损为 331kWh，无功铁损为 2398kvarh，无功 K 值 2.13。2012 年 4 月 17 日增容到 400kVA，高供低计，基本电费按需量方式收取，电流互感器变比改为 600/5，有功铁损为 547kWh，无功铁损为 4500kvarh，无功 K 值 2.43，6.4 的抄见值为 2.042，办公照明用电从原来每月定量 1000kWh 调整到增容后的 3000kWh。请计算该客户该年 4 月份的应交电费。160kVA 变压器当月抄表示数及电价信息见表 2–2–2，400kVA 变压器当月抄表示数及电价信息见表 2–2–3。

表 2–2–2　　160kVA 变压器当月抄表示数及电价信息

电量类型	4 月拆表底数	3 月 抄见数	销售电价 （元/kWh）	∑基金及附加单价 （元/kWh）	基本电价 [元/（kW・月）]
有功总	23085	22820	—	0.03771	30

续表

电量类型	4月拆表底数	3月 抄见数	销售电价 （元/kWh）	∑基金及附加单价 （元/kWh）	基本电价 [元/（kW·月）]
高峰	10920	10807	1.445	0.03771	30
平段	10560	10435	0.867	0.03771	
低谷	1605	1578	0.389	0.03771	
正向无功	18173	17934	—	—	
反向无功	1117	1117	—	—	

表 2-2-3　　400kVA 变压器当月抄表示数及电价信息

电量类型	4月	4月装表底数	销售电价 （元/kWh）	∑基金及附加单价 （元/kWh）	基本电价 [元/（kW·月）]
有功总	324	0	—	0.03771	30
高峰	151	0	1.112	0.03771	
平段	148	0	0.667	0.03771	
低谷	25	0	0.322	0.03771	
正向无功	117	0	—	—	
反向无功	0	0	—	—	

解：计费参数发生变化，该户应分两段计算。

（1）变更前。

160kVA 变压器计算：

判断性质，变更前该户为工业客户，容量 160kVA 为普通工业单一制，一般工商业及其他电价类别，计量方式：高供低计；力调标准 0.85。

倍率=200/5=40

① 有功抄见总量=（23085–22820）×40=10600（kWh）

有功铁损=331×17/30=188（kWh）

有功铜损=10600×1.5%=159（kWh）

有功总电量=10600+188+159=10947（kWh）

无功抄见总量=（18173–17934）×40=9560（kvarh）

无功铁损=2398×17/30=1359（kvarh）

反向无功=0

无功铜损=159×2.13=339（kvarh）

无功总电量=9560+1359+339=11258（kvarh）

$$\cos\varphi=\frac{1}{\sqrt{1+\left(\frac{\text{无功电量}}{\text{有功电量}}\right)^2}}=0.7$$

$\cos\varphi$=0.70；应执行 0.85 标准；应调整+7.5%。

② 算计费电量、分时。

照明分表电量=1000×17/30=567（kWh）

扣除分表后电量=10936−567=10369（kWh）

峰、平、谷差之和=113+125+27=265（kWh）

计费峰电量=113/265×10369=4421（kWh）

计费谷电量=27/265×10369=1056（kWh）

计费平电量=10369−4421−1056=4892（kWh）

③ 计算电费。

峰电费=4421×1.445=6388.35（元）

力调费=4421×（1.445−0.03771）×7.5%=466.62（元）

平电费=4892×0.867=4241.36（元）

力调费=4892×（0.867−0.03771）×7.5%=304.27（元）

谷电费=1056×0.389=410.78（元）

力调费=1056×（0.389−0.03771）×7.5%=27.82（元）

其他照明电费=567×0.867=491.59（元）

力调费=567×（0.867−0.03771）×7.5%=35.27（元）

④ 160kVA 变压器电费为 12366.06 元。

（2）变更后。

① 容量 400kVA，工业超过 315kVA，应执行大工业电价，有基本电费，且按需量收取。

供电方式：高供低计；倍率=600/5 =120

力调标准应为 0.90。

② 基本电费计费容量=2.042×120=245（kVA）

③ 有功抄见总电量=（324−0）×120=38880（kWh）

有功铁损=547×13/30=237（kWh）

有功铜损=38880×1%=389（kWh）

有功总电量=38880+237+389=39506（kWh）

无功抄见总电量=（117–0）×120=14040（kvarh）

无功铁损=4500×13/30=1950（kvarh）

无功铜损=389×2.43=945（kvarh）

无功总电量=14040+1950+945=16935（kvarh）

④ $\cos\varphi$=0.92；应执行 0.90 标准；应调整–0.3%。

⑤ 算计费电量、分时。

照明分表电量=3000×13/30=1300（kWh）

扣除分表后电量=39506–1300=38206（kWh）

峰、平、谷差合计=151+148+25=324（kWh）

计费峰电量=151/324×38206=17805（kWh）

计费谷电量=25/324×38206=2947（kWh）

计费平电量=38206–17805–2947=17454（kWh）

⑥ 计算电费。

基本电费=245×40=9800（元）

力调费=9800×（–0.3%）=–29.40（元）

峰电费=17805×1.112=19799.16（元）

力调费=17805×（1.112–0.03771）×（–0.3%）=–57.38（元）

平电费=17454×0.667=11641.82（元）

力调费=17454×（0.667–0.03771）×（–0.3%）=–32.95（元）

谷电费=2947×0.322=948.93（元）

力调费=2947×（0.322–0.03771）×（–0.3%）=–2.51（元）

其他照明电费=1300×0.829=1077.70（元）

力调费=1300×（0.867–0.03771）×（–0.3%）=–3.23（元）

⑦ 400kVA 电费为 43142.14 元。

（3） 该厂本月总电费=12366.06+43142.14=55508.20（元）

异常报办：

基本电费异常。

各类计费参数异常（铁损、照明分表电量）。

处理方法：

基本电费应按照 14 天计算。

400kVA 各类计费参数应按照 14 天计算。

【思考与练习】

1. 某工业客户，10kV 高供高计，总容量 1260kVA，基本电费需量收取，计量点一级为顶级，电流互感器变比为 75/5，计量点二为次级，低压计量，电流互感器变比为 200/5，计量点三为计量点二的子表定量 15000kWh/月，12 月 25 日暂停，2012 年 12 月抄表示数及电价信息见表 2–2–4。请计算 2012 年 12 月份电费。

表 2–2–4　　2012 年 12 月抄表示数及电价信息

电量类型	本月	上月	销售电价（元/kWh）	∑基金及附加单价（元/kWh）	基本电价[元/（kW·月）]
有功总	1863.14	1693.13	—	0.03771	30
有功峰	818.21	743.82	1.112	0.03771	
有功平	713.43	648.66	0.667	0.03771	
有功谷	331.5	300.65	0.322	0.03771	
最大需量	0.495		—	—	40
正向无功	501.81	465.18	—	—	
反向无功	46.56	40.4	—	—	
一级分表	8992.02	8218.39	0.867	0.03771	
二级分表	定量 15000		0.5383	0.04180	

2. 某机械厂，10kV 供电，高供低计，变压器容量 250kVA，电流互感器变比为 400/5，有功铁损为 288kWh，无功铁损 2138kvarh，无功 *K* 值 3.12。该客户每月 25 日电费结算。2013 年 2 月 28 日增容了两台 800kVA 变压器，高供高计，基本电费按容量方式收取，电流互感器变比改为 100/5，办公照明用电从原来每月定比 8%调整到增容后的 5%。请计算该客户 2013 年 3 月份的应交电费。

250kVA 变压器当月抄表示数及电价信息见表 2–2–5。

表 2–2–5　　250kVA 变压器当月抄表示数及电价信息

电量类型	2 月 28 日抄表示数	2 月抄见数	销售电价（元/kWh）	∑基金及附加单价（元/kWh）	基本电价[元/（kW·月）]
有功总	1153.999	1136.43	—	0.03771	30
高峰	549.846	544.55	1.445	0.03771	
平段	464.627	459.88	0.867	0.03771	
低谷	139.526	131.99	0.389	0.03771	
正向无功	820.913	818.74	—	—	
反向无功	11.189	11.09	—	—	

增容后当月抄表示数及电价信息见表 2–2–6。

表 2–2–6　　　　增容后当月抄表示数及电价信息

电量类型	3 月 25 日抄表示数	2 月 28 日装表底数	销售电价（元/kWh）	∑基金及附加单价（元/kWh）	基本电价[元/（kW·月）]
有功总	8.03	0	—	0.03771	30
高峰	4.02	0	1.112	0.03771	
平段	3.42	0	0.667	0.03771	
低谷	0.59	0	0.322	0.03771	
正向无功	2.47	0	—	—	
反向无功	0	0	—	—	

3. 某纺织厂，10kV 供电，受电变压器 400kVA 一台，低压侧计量，按容量计收基本电费，抄表例日为每月 25 日，动力配多功能表一块，电流互感器为 600/5，照明配分表一只。2013 年 5 月 30 日，该客户永久性减容到 160kVA，电流互感器变比改为 250/5，其 5 月 25 日—6 月 25 日抄表示数及电价信息见表 2–2–7。

表 2–2–7　　该纺织厂 5 月 25 日—6 月 25 日期间抄表示数及电价信息

电量类型	6 月 25 日	5 月 30 日	5 月 25 日	销售电价大工业（元/kWh）	销售电价普通工业（元/kWh）	∑基金及附加单价（元/kWh）	基本电价[元/（kW·月）]
有功总	127.29	43.28	26.64	—	—	0.03771	30
高峰	40.16	16.27	10.23	1.112	1.445	0.03771	
平段	51.21	18.67	11.68	0.667	0.867	0.03771	
低谷	35.94	8.34	4.77	0.322	0.389	0.03771	
正向无功	71.38	35.12	23.49	—	—	—	
反向无功	0	0	0	—	—	—	
照明	417	163	30	—	—	—	

注：照明不分摊铁损，分摊铜损。

400kVA 变压器有功铁损为 410kWh，无功铁损为 2880kvarh，无功 K 值=3.58。

160kVA 变压器有功铁损为 202kWh，无功铁损为 662kvarh，无功 K 值=2.73。计算该企业 2013 年 6 月的应交电费。

模块 3　特殊客户核算异常报办及处理（Z26E2003Ⅲ）

【模块描述】本模块介绍自备电厂、转供电、多路电源、分期结算等特殊客户电费核算中异常情况的分析与报办处理。

【模块内容】

【例 1】某化工公司，双电源大工业客户，一路 110kV 供电，容量 40000kVA，基本电费容量方式收取，主表倍率 88000，为大工业非优待电价；分表一倍率 70000，为氯碱离子膜电价；分表二倍率 6000，为氯碱离子膜电价；分表三为每月定量 15000kWh，为其他照明电价。一路 10kV，该户有自备电厂并在 10kV 线路上，主表倍率 2000，并与江苏省电力公司签订并网协议，约定系统备用容量为 200kW；一台 50kVA 所变，直接表，倍率为 1，变压器铁损 137kWh。

2012 年 12 月抄表数据及电价信息见表 2-3-1、表 2-3-2。

表 2-3-1　　2012 年 12 月抄表数据　　单位：kWh

电源类型	电量类型	本月	上月
110kV 主表	有功总	22598.27	22356.89
	有功峰	7409.27	7328.63
	有功平	7483.7	7403.57
	有功谷	7705.3	7624.69
	最大需量	0.3633	
	正向无功	10255.7	10141.58
	反向无功	4.47	4.38
110kV 分表一	有功总	17443.96	17208.23
	有功峰	5656.8	5578.15
	有功平	5724.97	5647.08
	有功谷	6062.19	5982.99
110kV 分表二	有功总	12133.07	11970.63
	有功峰	4096.08	4041.08
	有功平	4088.67	4034.33
	有功谷	3948.31	3895.21

续表

电源类型	电量类型	本月	上月
分表三	其他照明	定量 15000	
10kV	有功总	279.61	277.69
	有功峰	103.14	101.86
	有功平	101.29	100.97
	有功谷	75.18	74.86
	最大需量	0.7407	
	正向无功	174.19	171.63
	反向无功	147.6	147.59
	所变	39723.64	39700.96

表 2-3-2　　2012 年 12 月电价信息

用电类别		销售电价（元/kWh）	∑基金及附加单价（元/kWh）	基本电价［元/（kW·月）］
110kV 大工业非优待	峰电价	1.062	0.03771	30
	平电价	0.637	0.03771	
	谷电价	0.312	0.03771	
110kV 氯碱离子膜电价	峰电价	0.619	0.03771	
	平电价	1.032	0.03771	
	谷电价	0.306	0.03771	
110kV 照明	平电价	0.852	0.03771	
10kV 大工业	峰电价	1.112	0.03771	30
	平电价	0.667	0.03771	
	谷电价	0.322	0.03771	
10kV 所变	平电价	0.867	0.03771	

（一）110kV 电源

（1）大工业客户，高供高计，力调考核值为 0.90；主表倍率为 88000，分表一倍率为 70000，分表二倍率为 6000；主表大工业非优待，两分表都为氯碱离子膜电价，且分时。

（2）基本电费容量收取 40000kVA。

（3）有功总=（22598.27−22356.89）×88000=21241440（kWh）

无功正向=（10255.7−10141.58）×88000=10042560（kvarh）

无功反向=（4.47−4.38）×88000=7920（kvarh）

无功总=7920+10042560=10050480（kWh）

cosφ=0.90；考核标准应为 0.90；增减率=0。

（4）电量计算。

1）表一。

有功总=（17443.96−17208.23）×70000=16501100（kWh）

峰=（5656.8−5578.15）×70000=5505500（kWh）

平=（5724.97−5647.08）×70000=5452300（kWh）

谷=（6062.19−5982.99）×70000=5544000（kWh）

峰+平+谷=5505500+5452300+5544000=16501800（kWh）

计费峰电量=5505500/16501800×16501100=5505266（kWh）

计费谷电量=5544000/16501800×16501100=5543765（kWh）

计费平电量=16501100−5505266−5543765=5452069（kWh）

2）分表二。

有功总=（12133.07−11970.63）×6000=974640（kWh）

峰=（4096.08−4041.08）×6000=330000（kWh）

平=（4088.67−4034.33）×6000=326040（kWh）

谷=（3948.31−3895.21）×6000=318600（kWh）

计费峰电量=330000（kWh）

计费平电量=326040（kWh）

计费谷电量=318600（kWh）

3）分表三。

定量=15000（kWh）

4）分表电量合计。

分表电量合计=16501100+974640+15000=17490740（kWh）

主表扣减分表后电量=21241440−17490740=3750700（kWh）

5）主表峰平谷。

峰=（7409.27−7328.63）×88000=7096320（kWh）

平=（7483.7−7403.57）×88000=7051440（kWh）

谷=（7705.3−7624.69）×88000=7093680（kWh）

峰减峰=7096320–5505500–330000=1260820（kWh）

平减平=7051440–5452300–326040=1273100（kWh）

谷减谷=7093680–5544000–318600=1231080（kWh）

峰加平加谷=1260820+1273100+1231080=3765000（kWh）

计费峰电量=1260820÷3765000×3750700=1256031（kWh）

计费谷电量=1231080÷3765000×3750700=1226404（kWh）

计费平电量=3750700–1256031–1226404=1268265（kWh）

6）电费计算。

① 基本电费=40000×30=1200000（元）

② 电度电费：

a. 总表大工业非优待电价。

峰=1256031×1.062=1333904.92（元）

平=1268265×0.637= 807884.81（元）

谷=1226404×0.312= 382638.05（元）

b. 分表一氯碱离子膜电价。

峰=5505266×1.032=5681434.51（元）

平=5452069×0.619=3374830.71（元）

谷=5543765×0.306=1696392.09（元）

c. 分表二氯碱离子膜电价。

峰=330000×1.032=340560（元）

平=326040×0.619= 201818.76（元）

谷=318600×0.306=97491.6（元）

d. 其他照明电费=15000×0.852=12780（元）

力调费=0

110kV 电源供电的电费合计=15129735.45（元）

（二）10kV 电源

1. 主变

（1） 该路带自发电，收取系统备用容量费，约定值 200kW，10kV 大工业电价，主表倍率为 2000；带一所变，普通工业电价，直接表无倍率。

（2） 抄见需量为 1481.4kW（0.7407×2000），取 1481kW。

1481–200=1281（kW）

应收取系统备用容量费=200+（1281×3）=4043（kW）

（3） 有功总=（279.61–277.69）×=1.92×2000=3840（kWh）

无功正向=（174.19−171.63）×2000=5120（kvarh）

无功反向=（147.6−147.59）×2000=20（kvarh）

无功总=5120+20=5140（kvarh）

$\cos\varphi$=0.60；考核标准应为 0.90；增减率=25%。

（4）电量计算。

峰差=103.14−101.86=1.28（kWh）

平差=101.29−100.97=0.32（kWh）

谷差=75.18−74.86=0.32（kWh）

峰、平、谷差之和=1.28+0.32+0.32=1.92（kWh）

与总相等且无分表，不需要分摊，则

计费峰电量=1.28×2000=2560（kWh）

计费平电量=0.32×2000=640（kWh）

计费谷电量=0.32×2000=640（kWh）

（5）电费计算。

系统备用容量费=4043×30=121290（元）

系统备用容量费不执行力调。

峰电费=2560×1.112=2846.72（元）

峰力调费=2560×（1.112−0.3771）×25%=687.55（元）

平电费=640×0.667=426.88（元）

平力调费=640×（0.667−0.3771）×25%=100.69（元）

谷电费=640×0.322=206.08（元）

谷力调费=640×（0.322−0.3771）×25%=45.49（元）

2. 所变

抄见=39723.64−39700.96=23（kWh）

总有功=23+23×1.5%+137=160（kWh）

电费=160×0.867=138.72（元）

10kV 电源供电的电费合计= 125742.13（元）

（三）电费合计

该户当月电费合计=15255477.58 元。

本题解题过程完全正确，在核算时应注意以下几点。

（1）自备电厂客户不按变压器容量计收基本电费，而是按协议约定备用容量计收系统备用容量费。系统备用容量费不参与功率因数调整。若系统备用容量费执行力调，须报办。

（2）需量超过约定容量值部分应按 3 倍计收备用容量费。

（3）所用变执行普通工业电价，若执行错误，需要报办。

【例 2】上海铁路局某高铁牵引站，总容量 80000kVA，110kV 双电源供电，互为备用，每路 40000kVA，（当月只启用了一路电源），基本电费按需量收取，核准需量值为 17000kW，基本电费分期结算。主表执行 110kV 高铁电价，倍率为 330000，其他照明每月定比有功电量的 1‰。高铁电价执行大工业电价，根据国家核定的电气化铁路配套供电工程还贷标杆电价标准进行加价，本题以加价 0.092 元/kWh 为例。该户分期结算，每月分两次（上半月、下半月）分别抄表结算电费，8 月第一次抄表示数及电价信息见表 2–3–3。（基本电费计算方法按照 2017 年规定执行）

表 2–3–3　　8 月第一次抄表示数及电价信息

电量类型	8 月 16 日	8 月 1 日 0 时	销售电价（元/kWh）	∑基金及附加单价（元/kWh）	基本电价［元/（kW·月）］
有功总	307.25	299.98	—	0.03771	基本电价［元/（kW·月）］
有功峰	102.44	100.23	1.062	0.03771	容量 30
有功平	101.61	99.12	0.637	0.03771	
有功谷	103.19	100.63	0.322	0.03771	
最大需量	0.0519		—	—	需量 40
正向无功	64.58	62.74	—	—	
反向无功	2.08	2.08	—	—	
其他照明	定比 0.0001		0.852	0.03771	

一主一备，不同时用，只有一路基本电费，容量大或者需量大者。

（1）定基本电费计费容量（需量）。

抄见需量数为 17127kW（0.0519×330000）大于 16000kW（40000×40%）。

因分两次结算，先收第一次抄见的一半，即 8563.5（17127/2），按 8563 收取。

（2）有功抄见=（307.25–299.98）×330000=2399100（kWh）

无功抄见=（64.58–62.74）×330000=607200（kvarh）

第一次结算不考核功率因数。

（3）计费电量。

其他照明电量=2399100×0.0001=240（kWh）

扣减其他照明后主表电量=2399100–240=2398860（kWh）

（4）电费。

基本电费=8563×40=342520（元）

其他照明=240×0.852=204.48（元）

动力电费=2398860×0.729=1748768.94（元）

第一次结算电费合计=2091493.42（元）

8 月第二次抄表数据见表 2–3–4。

表 2–3–4　　8 月第二次抄表示数及电价信息

电量类型	8 月末 0 时	8 月 16 日	销售电价（元/kWh）	∑基金及附加单价（元/kWh）	基本电价［元/（kW·月）］
有功总	317.89	307.25	—	0.03771	容量 30
有功峰	105.73	102.44	1.062	0.03771	
有功平	105.31	101.61	0.637	0.03771	
有功谷	106.83	103.19	0.322	0.03771	
最大需量	0.0588	0.0519	—	—	需量 40
正向无功	67.24	64.58	—	—	
反向无功	2.08	2.08	—	—	
其他照明	定比 0.0001		0.852	0.03771	

（1）确定基本电费计费需量=0.0588×330000=19404（kW）

月末需量 19404kW，第一结算已收 8563kW，月末应收 10841kW（19404–8563）。

（2）有功总电量=（317.89–307.25）×330000=3511200（kWh）

全月总有功=3511200+2399100=5910300（kWh）

无功抄见=（67.24–64.58）×330000=877800（kvarh）

全月总无功=607200+877800=1485000（kvarh）

（3）$\cos\varphi$=0.97；功率因率考核标准应为 0.90；增减率–0.75%。

（4）计费电量。

其他照明=3511200×0.0001=351（kWh）

扣减其他照明后动力=3511200–351=3510849（kWh）

（5）电费。

基本电费=10841×40=433640（元）

基本电费力调=（433640+342520）×（–0.75%）=–5821.2（元）

其他照明电费=351×0.852=299.05（元）

其他照明力调电费=（351+240）×（0.852−0.03771）×（−0.75%）
=−3.61（元）

动力电费=3510849×0.729=2559408.92（元）

动力力调电费=（3510849+2398860）×（0.729−0.092−0.03771）×
（−0.75%）=−26562.22（元）

第二次结算电费合计=2960960.94（元）

本题解题过程有错：

按最大需量方式计收基本电费的，电力用户实际最大需量超过合同核定值 105%时，超过 105%部分的基本电费加一倍收取。

本题最后一次 0 时抄表时最大需量为 19494kW，超过核定需量值 17850kW（17000×1.05），实际当月应收需量为 20288kW［17000+（19494−17850）×2］。

第一次结算已收 8563kW，月末应收 11725kW（20288−8563）。

另外，遇到此类问题在核算时还应注意以下几点。

（1）前期分期结算不计算力调电费，力调电费计算应在月度最终结算时按全月电量电费进行。

（2）在计算动力表力调电费时，用相对应的目录电价计算。

【思考与练习】

1. 某市大学，35kV 供电，高供高计，受电变压器 1 台，容量 4000kVA。该户的用电设备中含蓄冰制冷设备，蓄冰制冷设备容量 2500kVA，其用电量在 10kV 侧独立装分表计量。2010 年 8 月、9 月份该户计量表计抄表示数及电价信息见表 2−3−5。请计算该户 2010 年 9 月份的应交电费。

表 2−3−5　　主表抄表示数及电价信息

电量类型	2010 年 8 月	2010 年 9 月	目录电度电价（元/kWh）	∑基金及附加单价（元/kWh）
有功峰	823.19	872.74	—	0.04180
有功平	741.76	788.32	0.5183	0.04180
有功谷	813.63	847.88	—	0.04180
有功总	2378.6	2508.95	—	0.04180
正向无功	619.48	662.27	—	—
反向无功	0	0	—	—

蓄冰制冷分表抄表示数及电价信息见表 2–3–6。

表 2–3–6　　蓄冰制冷分表抄表示数及电价信息

电量类型	2010 年 8 月	2010 年 9 月	目录电度电价（元/kWh）	∑基金及附加单价（元/kWh）
有功峰	14.46	14.87	0.5183	0.04180
有功平	19.03	19.39	0.5183	0.04180
有功谷	915.79	934.81	0.2328	0.04180
有功总	949.28	969.08	—	0.04180
正向无功	455.26	458.38	—	—
反向无功	0	0	—	—

2. 某钢铁有限公司，双路电源同时供电，高供高计，按容量计收基本电费，基本电价为 30 元/（kVA・月），每路电源计量装置均按标准配置，每月末最后一天 24 时抄表。第一路由 110kV 线路供 75000kVA（受电变压器两台，分别为 50000kVA、25000kVA），主电价为大工业非优待，照明电量定量 3000kWh/月，能耗超限额 1 倍以内生产工艺用电量占第一路电源总电量 5.85%；第二路由 35kV 线路供 20000kVA（受电变压器一台，20000kVA），主电价为大工业非优待，照明电量定量 3000kWh/月，能耗超限额 1 倍以上生产工艺用电量占第二路电源总电量 3.69%。该户 2010 年 7 月分两次分别向供电公司预交电费 6200000 元、5600000 元；2010 年 8 月分两次分别向供电公司预交电费 4500000 元、3000000 元。该户 2010 年 6 至 8 月抄表示数及电价信息见表 2–3–7 和表 2–3–8。请计算：

1. 该户 2010 年 7 月、8 月份应交电费并填开电费发票。
2. 该户 2010 年 7 月、8 月份电费预结算比重值。

表 2–3–7　　第一路抄表示数及电价信息

电量类型	2010 年 6 月	2010 年 7 月	2010 年 8 月	目录电度电价（元/kWh）	∑基金及附加单价（元/kWh）
有功峰	428.05	455.58	490.28	—	0.03371
有功平	449.01	484.32	521.18	0.603	0.03371
有功谷	472.87	520.71	573.27	—	0.03371
有功总	1349.94	1460.62	1584.74	—	0.03371

续表

电量类型	2010 年 6 月	2010 年 7 月	2010 年 8 月	目录电度电价（元/kWh）	∑基金及附加单价（元/kWh）
正向无功	461.16	504.4	561.5	—	—
反向无功	1.96	1.96	1.96	—	—
需量峰	0.501	0.489	0.378	—	—
需量平	0.525	0.521	0.396	—	—
需量谷	0.546	0.533	0.400	—	—

表 2–3–8　　第二路抄表示数及电价信息

电量类型	2010 年 6 月	2010 年 7 月	2010 年 8 月	目录电度电价（元/kWh）	∑基金及附加单价（元/kWh）
有功峰	3990.3	4026.07	4059.98	—	0.04180
有功平	4012.39	4049.33	4049.33	0.814	0.04180
有功谷	4427.24	4465.75	4506.37	—	0.04180
有功总	12429.93	12541.16	12650.27	—	0.04180
正向无功	6445.81	6507.83	6562.65	—	—
反向无功	0	0	0	—	—
需量峰	0.299	0.296	0.216	—	—
需量平	0.311	0.301	0.249	—	—
需量谷	0.314	0.307	0.233	—	—

3. 某水泥有限公司（总户号 3101×××××1），采用 10kV 供电，合同容量为 630kVA，按需量结算基本电费。因地理条件原因，该地区有 2 户客户供电企业无法直供到户，经供电企业同意后，由该建材公司转供，供电公司单独安装计量表计。2010 年 6 月 1 日零时抄表信息见表 2–3–9，试计算这几户 5 月份的应交电费。

表 2–3–9　　抄 表 信 息

水泥有限公司（总户号 3101×××××1）						
计量点	主分表关系	电量类型	本月示数	上月示数	乘率	电价说明
1	主表（母）	最大需量	0.510	0.45	1000	
1	主表（母）	正向无功	325.09	217.32	1000	

续表

水泥有限公司（总户号 3101×××××1）						
计量点	主分表关系	电量类型	本月示数	上月示数	乘率	电价说明
1	主表（母）	反向无功	184.05	176.64	1000	
1	主表（母）	有功峰	325.85	217.32	1000	
1	主表（母）	有功平	387.84	276.97	1000	
1	主表（母）	有功谷	167.98	60.26	1000	
1	主表（母）	有功总	882.52	554.55	1000	
2	计量点 1 的办公照明分表	有功总	50661	50123	1	
3	转供子户编号 3101000002	计量点 1				
4	转供子户编号 3101000003	计量点 1				

农业排灌站（总户号 3101×××××2）380V 供电						
计量点	主分表关系	电量类型	本月示数	上月示数	乘率	电价说明
1	主表	有功总	6870	120	1	转供母户 3101000001

连续性生产的纺织有限公司（总户号 3101×××××3）380V 供电						
计量点	主分表关系	电量类型	本月示数	新装示数	乘率	电价说明
1	主表	最大需量	1.330	0	15	转供母户 3101000001
1	主表	需量峰	1.033	0	15	转供母户 3101000001
1	主表	需量平	1.132	0	15	转供母户 3101000001
1	主表	需量谷	1.330	0	15	转供母户 3101000001
1	主表	有功峰	401.20	0	15	转供母户 3101000001
1	主表	有功平	202.21	0	15	转供母户 3101000001
1	主表	有功谷	200.98	0	15	转供母户 3101000001
1	主表	有功总	804.39	0	15	转供母户 3101000001
1	主表	正向无功	80.26	0	15	转供母户 3101000001
1	主表	反向无功	25.32	0	15	转供母户 3101000001

续表

用电类别	电量类型	销售电价（元/kWh）	∑基金及附加单价（元/kWh）	基本电价［元/（kW·月）］
10kV 大工业非优待	峰电价	1.055	0.03371	需量 38
	平电价	0.633	0.03371	
	谷电价	0.291	0.03371	
10kV 办公照明	电价	0.829	0.03371	
不满 1kV 农业排灌	电价	0.471	0.01491	
不满 1kV 普通工业	电价	0.844	0.03371	

第二部分

电费账务处理

第三章

电费账务处理

模块1　暂存款的处理（Z26F1001Ⅰ）

【模块描述】本模块介绍暂存款的分类、审批流程、账务处理流程以及相关管理规定。通过有关流程讲解、了解暂存款的分类和管理要求，掌握暂存款的账务处理方法。

【模块内容】

暂存款是指供电企业收到不明但日后可能转销的款项。暂存款主要包括交费主体不明、交费目的不明的款项等。

一、暂存款的特点与分类

暂存款具有两个方面的特点，一是资金来源性质尚未确定，二是该资金是临时性的。暂存款主要分为退费暂存款和转销暂存款两大类。退费暂存款是指需以现金或转账方式直接退费给客户的暂存款项；转销暂存款是指通过转实收方式，用以冲销应收电费的暂存款项。

二、暂存款的审批流程

由业务部门根据暂存款性质，提请暂存款处理流程，按暂存金额分权限审批后处理。

1. 退费暂存款的审批流程

退费暂存款的审批流程分三步，即交费主体填写申请并提交业务部门审核→部门一般管理人员根据退费金额确定不同领导审批→审批完毕的单据提交财务部门办理退费支付手续。

（1）交费主体填写申请并提交业务部门审核：需办理退费的电力客户，按要求填写“退费申请表”并提供相关资料（如经办人身份证复印件、申请单位盖章确认等），提交给业务受理人员，业务受理部门人员根据该退费申请表中退费事项与金额，审核并确认该退费事项的必要性、真实性和准确性，审核无误后提交部门一般管理人员。

（2）根据退费金额确定领导审批。部门一般管理人员根据客户申请的退费金额多少，提交相应的审批领导进行审批。（退费审批额度参考：10000 元及以下的由本部门分管领导审批退费，10001～50000 元的由部门领导提交公司分管领导审批，50000 元以上的由部门领导提交分管领导审核后，报公司总经理审批）

（3）财务部门根据退费申请表及审批单办理退费支付手续。财务部门经办人根据业务部门传递来的审批手续完善金额无误的客户退费申请表，编制会计凭证，并经部门领导审核无误后办理退费支付手续。

2. 转销暂存款的审批流程

转销暂存款的审批流程分三步，即业务部门审核该退费申请是否需转销或冲账→部门领导根据该转销或冲账事项确定是否审批→审批无误的单据提交财务部门办理退费支付手续。

（1）业务部门审核退费业务：需办理退费转销或冲账的客户，按要求填写“退费审批表”，并提交业务受理人员，业务受理部门人员根据该退费申请表中退费事项与金额，审核该退费事项转销或冲账的必要性，提交部门领导。

（2）部门领导根据业务部门提交的转销或冲账事项必要性等确定是否审批该转销或冲账事项。

（3）财务部门办理退费转销或冲账手续。财务部门经办人根据业务部门传递来的审批手续完善金额无误的客户退费转销或冲账申请表，编制会计凭证，并经部门领导审核无误后办理转销或冲账业务。

3. 退费要求

（1）业务受理部门应严格按规定的流程办理退费审批手续，不得从当天收取的现金电费中直接退费给客户。

（2）客户办理退费时，必须提供收款（客户）方的银行账号、开户行名称、联系人及联系电话，以便财务部门及时办理退费支付。

（3）退费时，原则上应直接退费给交费方。若因特殊原因不能直接退给交费方时，须由收款方取得交费方真实有效的书面同意转移支付证明，方可办理退费手续。

（4）退费时，以转账形式入账的资金原则上不准退现金。

（5）退费时，须收取退费客户方的收款收据和经办者身份证复印件各一张，作为原始凭证入账备查。

（6）财务部门应不定期地抽查退费的各种审批手续，严把退费关口。

三、暂存款的管理

（1）暂存款必须定期清理，逐笔找出暂存原因。

（2）对找出原因的暂存款项，应分类进行管理（如因差错返款、业务费转销电费、业务退费、客户重复交费、我方未达账等），履行相应的审批流程，及时转销或退费。

（3）电费会计按转销或退费的性质，及时做相应的账务处理。

四、暂存款的账务处理

1. 收到暂存款

借：银行存款等科目

　　贷：其他应付款

2. 退还暂存款

借：其他应付款

　　贷：银行存款等科目

3. 暂存款转实收

借：其他应付款

　　贷：应收账款——应收电费

【思考与练习】

1. 暂存款的含义是什么？

2. 简述暂存款的管理规定。

3. 暂存款的账务处理流程包括哪些？

4. 某纺织公司已拆表销户并结清所有电费，但在供电公司暂存款余额还有 65300 万元，现客户办理暂存款退费手续，要求将该款项直接退给与其同一集团、但不同用电户名的另一户，请问此种情况应如何处理？

模块 2　临时电费账务的处理（Z26F1002Ⅰ）

【模块描述】本模块介绍临时电费的含义及账务处理流程。通过概念介绍和流程讲解，掌握临时电费账务的处理流程和账务处理方法。

【模块内容】

根据《供电营业规则》第二章第十二条的规定，对基建工地、农田水利、市政建设等非永久性用电，可供给临时电源。

一、临时电费的含义

临时电费（或称临时用电定金），是指电力客户与供电企业以合同方式约定临时用电期限，并按用电容量、电压等级、用电期限等预交相应的临时电费用。临时用电期限一般不超过 3 年，在合同约定期限内结束临时用电的，预交的临时电费全部退还客户，确需超过合同约定期限的，由供用电双方另行约定，如可约定超过约定期限的，每日扣减临时电费的 1‰～3‰，若超过约定期限 1 年的，则临时电费不再退还客户。

二、临时电费的处理流程

1. 临时电费受理

（1）临时电费的受理由供电营业厅（客服中心）负责受理。

（2）供电营业厅（收费员）负责收费或提供收费银行信息。

（3）供电营业厅（开票员）对已收取款项的临时电费开具有关票据（收据）。

（4）电费会计根据银行进账单、现金交款单、收据记账联进行相关账务处理。

2. 退还临时电费

（1）由客户提出临时电费的退还申请。

（2）电费会计负责核对退费金额相关信息。

（3）营销部门负责临时电费退费的审批。

（4）财务部门负责办理款项清退工作。

（5）电费会计负责退费的账务处理工作。

三、临时电费的账务处理

临时电费作为押金性质处理，应将其交入基本户。收到时做其他应付款处理，到期退回时再从其他应付款对应的单位退回。

1. 收到客户临时电费款项

借：银行存款

　　贷：其他应付款——临时电费

2. 退还客户临时电费

借：其他应付款——临时电费

　　贷：银行存款

3. 临时电费转电费

借：其他应付款——临时电费

　　贷：应收账款——应收售电收入——电费——××单位

将冲转电费的临时电费转入电费专户，基本户做银付凭证。

借：银行存款——电费专户——××银行

　　贷：银行存款

4. 根据合同到期未退还客户临时电费

借：其他应付款——临时电费

　　贷：主营业务收入——临时接电收入

　　　　应交税费——应交增值税（销项税额）

同时，借：营业税金及附加——城建税
——教育费附加
——地方教育费附加
贷：应交税费——应交城建税
——应交教育费附加
——应交地方教育费附加

【思考与练习】

1. 临时电费指的是什么？

2. 临时电费的账务处理流程包括哪些？

3. 如何进行临时电费的账务处理？

4. 某客户预交临时电费 30000 元，供用电双方约定临时用电期限为 3 年，若逾期结束，则每日扣除临时电费的 1‰。客户逾期 50 天结束临时用电，请问可以退还多少临时电费？

模块 3 违约电费的账务处理（Z26F1003 Ⅰ）

【模块描述】本模块介绍客户违约电费的分类、收取客户违约电费的处理流程和审批流程，以及违约电费的账务处理方法和注意事项。通过概念讲解和流程介绍，掌握违约电费处理和审批流程、账务处理的方法及有关注意事项。

【模块内容】

按照《中华人民共和国合同法》第一百七十六条，供用电合同是供电人向用电人供电，用电人支付电费的合同。供电企业与电力用户一般应签订供用电合同，明确双方的权利、义务与经济责任。由于电力用户未履行上述合同，供电企业对电力用户违约行为加收的违约金、滞纳金等称为违约电费。

一、违约电费的类别

1. 违约金

违约金是指供电企业对用电客户的违约用电、窃电等行为收取的违约费用。

（1）违约用电。违约用电行为是指危害供用电安全、扰乱正常供用电秩序行为。供电企业对查获的违约用电行为应及时予以制止，并按照《供电营业规则》规定，不同违约用电行为者，应承担其相应的违约责任。

（2）窃电。窃电是指盗窃电能的行为。供电企业对查获的窃电者，应予以制止，并可当场中止供电。窃电者应按所窃电量补交电费，并承担补交电费三倍的违约使用电费。拒绝承担窃电责任的，供电企业应报请电力管理部门依法处理。

2. 滞纳金

滞纳金是指供电企业对用电客户逾期未交纳用电费用根据未交纳金额按照一定比例收取的费用。

二、违约用电窃电的处理流程和审批流程

1. 违约用电窃电的处理流程

（1）窃电违约用电处理实行查处分离、分级审批的原则。

（2）营销部门用电检查人员依据检查结果和相关规定、资料，认真核算追补电量、追补电费和违约使用电费，填写“客户违约用电、窃电处理审批单”，按处理权限的规定分别报领导审批。

（3）经领导审批后，用电检查人员应填写“违约用电、窃电交费通知书”。

（4）对一次难于交清的，可与客户签订《追补电费和违约使用电费的还款协议》，制订还款计划。协议应明确规定第一次交款到账数额不低于应交款项的25%，客户交纳的追补电费及违约使用电费按电费管理要求执行。

（5）反窃电办公室应按月填报“追补电费、违约金台账”，月底上报供电企业营销部。

（6）在用电检查和处理过程中的停送电工作中应按照谁停谁送的原则办理，填写“内部工作联系单”，并经领导批准后进行“停/复电”。

（7）情节恶劣的应向当地电力行政主管部门汇报，构成犯罪的，提请司法部门追究刑事责任。

2. 违约用电窃电的审批流程

违约用电窃电按照金额和性质分为一般、重大、特大三类。

（1）对于一般窃电违约用电事件，由用电检查人员依据相关规定，计算出追补电量及违约使用电费，由反窃电办公室主任审批后处理。

（2）对于重大窃电违约用电事件，由用电检查人员依据相关规定，计算出追补电量及违约使用电费，交由反窃电办公室主任审核，报经供电公司营销部主任审批后处理。

（3）对于特大窃电违约用电事件，由用电检查人员依据相关规定，计算出追补电量及违约使用电费，交由供电企业营销部主任审核，报经分管副总经理审批后处理。

三、滞纳金的处理流程和审批流程

1. 滞纳金的处理流程

滞纳金按照《供电营业规则》规定结算，并随用电客户交纳电费时一并收取，在实收日报表单列滞纳金项目，做到账款相符。

2. 滞纳金的冲销审批流程

（1）滞纳金一般不得冲销，但以下情况经批准后可予以冲销：

1）电量电费差错造成的滞纳金；

2）因银行原因，进账时间延迟造成的滞纳金；

3）因供电企业自身原因、营销信息系统问题造成的滞纳金；

4）因其他原因造成的滞纳金。

（2）营销部门催费人员提出冲销滞纳金申请，填报滞纳金冲销申请并说明原因，按级审批后，由营销部门统一处理。

（3）滞纳金的冲销按金额大小实行分级审批。对于金额较大的，报经供电企业办公会议审批后处理。

四、违约电费的账务处理

收到违约金、滞纳金做营业外收入处理，追补电费应并入当期应收账款处理。

1. 违约金的处理

收到违约金时计入营业外收入，对于收取的违约金要在收取当月缴纳各项税金。

借：银行存款

　　贷：营业外收入——违约金

　　　　应交税费——应交增值税（销项税额）

　　　　　　　　——城建税

　　　　　　　　——教育费附加

　　　　　　　　——地方教育费附加

2. 追补电费的处理

（1）借：应收账款

　　　　贷：主营业务收入——××

　　　　　　应交税费——应交增值税（销项税额）

（2）借：营业税金及附加

　　　　贷：应交税费——城建税

　　　　　　　　　　——教育费附加

　　　　　　　　　　——地方教育费附加

（3）借：银行存款

　　　　贷：应收账款

3. 滞纳金的处理

借：银行存款

　　贷：营业外收入——滞纳金——××

应交税费——应交增值税（销项税额）
　　　　——应交城市维护建设税
　　　　——教育费附加
　　　　——地方教育费附加

五、违约电费的注意事项

（1）应建立违约电费的明细台账。

（2）应具体核对其收取的正确性和合理性，并检查违约金收取、冲销是否符合规定的程序。

（3）营销部门在审核、检查违约电费的账目时，应特别注意发生过退票或冲账的客户违约电费的计收情况。

【思考与练习】

1. 违约电费包括哪几种类型？
2. 哪些特殊情况下可以冲销滞纳金？
3. 如何进行违约电费的账务处理？

模块4　现金交款单的填写（Z26F1004Ⅰ）

【模块描述】本模块介绍现金交款单的相关填写项目。通过案例介绍和技能训练，掌握现金交款单的填写方法和要求。

【模块内容】

现金交款单又称现金解款单，单位要把现金存到银行账户上，需要先填写现金交款单。现金交款单属于原始凭证，是编制记账凭证的原始依据。

现金送存的一般程序是：由收费人员清点票币；账款核对无误后，填写现金交款单存入电费专户。

一、现金交款单填写的一般项目

（1）存款日期：填写现金交款的当天日期。

（2）存款人全称：填写收款单位或收款人的全称。

（3）存款人账号：填写收款人在开户银行的账号。

（4）存款人开户行：填写存款人的开户行名称。

（5）款项来源：填写存入银行的款项来源，如电费、临时电费、赔表费等。

（6）交款人：填写交款人的个人姓名。

（7）金额大（小）写：填写交款的现金金额。

（8）币别和数量：填写实际交款的各类币别数量及金额。

二、现金交款单的填写要求

现金交款单分为一式三联或一式二联，第一联为回单，此联由银行盖章后退回存款单位；第二联为收入凭证，此联由收款人开户银行作凭证；第三联为附联，作附件，是银行出纳留底联。在填写现金交款单时，具体填写要求如下。

（1）必填项目：存款日期、存款人全称、存款人账号、存款人开户行、金额大（小）写。

（2）交款日期必须填写交款的当天日期。

（3）存款人全称就是供电公司在开户行登记的名称，填写的名称必须与在开户行登记的名称完全相符。

（4）填写的账号必须与存款人在开户行的账号完全相同。

（5）金额的大（小）写的书写要标准，所写金额要一致。

（6）款项来源及交款人要如实填写。

三、现金交款单填写实例

现金交款单的格式见表 3–4–1（以中国工商银行为例）。

表 3–4–1　　　　中国工商银行现金存款凭条

中国工商银行现金存款凭条

2015 年 8 月 14 日

存款人	全称	××供电公司												
	账号	13131001114845											款项来源	电费
	开户行	工行××支行											交款人	李三
金额（大写）壹佰肆拾元整													金额（小写）140.00	
票面	张数	十	万	千	百	十	元	票面	张数	千	百	十	元	备注
壹佰元	1				1	0	0	伍角						
伍拾元								贰角						
贰拾元								壹角						
拾元	3					3	0	伍分						
伍元	1						5	贰分						
贰元	2						4	壹分						
壹元	1						1	其他						

【思考与练习】

1. 现金是如何进行送存的？
2. 现金交款单的填写项目包括哪些？
3. 现金交款单的填写要求有哪些？

模块 5 收取客户银行转账支票注意事项（Z26F1005 Ⅰ）

【模块描述】本模块介绍支票的定义和种类、收取客户转账支票的注意事项。通过要点介绍，掌握支票的种类、使用范围、审核内容和有关账务处理流程。

【模块内容】

支票是由电费回收业务最主要的结算工具之一，应加强对该单据的审核。

一、支票概述

支票是由出票人签发的，委托办理存款业务的银行或其他金融机构，在见票时无条件支付确定的金额给收款人或者持票人的票据。通俗地说，支票就是存款人开出的付款通知。

二、支票的种类

1. 现金支票

现金支票是开户单位用于向开户银行提取现金的凭证。现金支票只能用于支取现金，它可以由存款人签发用于到银行为本单位提取现金，也可以签发给其他单位和个人用来办理结算或者委托银行代为支付现金给收款人。

2. 转账支票

转账支票是用于同城单位之间的商品交易、劳务供应或其他款项往来的结算凭证。转账支票只能用于转账，而不能用于提取现金。它适用于存款人给同一城市范围内的收款单位划转款项，以办理商品交易、劳务供应、清偿债务和其他往来款项结算。

3. 普通支票

普通支票既可以用于支取现金，也可以用于转账。

4. 划线支票

普通支票正联的左上角斜划两条平行线，只能用于转账，不能用于提现。

三、收取客户银行转账支票注意事项

按照规定，凡是在银行开立账户的企事业单位和个体经营户等，其在同一城市或票据交换地区的商品交易、劳务供应、债务清偿和其他款项结算等均可使用支票。

在收取客户银行转账支票时需注意以下事项：

（1）收到付款单位交来的转账支票后，首先应对支票进行审查，以免收进假支票或无效支票。对支票的审查应包括以下内容。

1）支票填写是否清晰，是否用墨汁或碳素墨水填写。

2）支票的各项内容是否填写齐全，是否在签发单位盖章处加盖单位印鉴，大小写金额和收款人有无涂改，其他内容如有改动是否加盖了预留银行印鉴。

3）支票收款单位是否为本单位。

4）支票大小写金额填写是否正确，两者是否相符。

5）支票是否在付款期内（支票的付款期限是10天）。

6）背书转让的支票其背书是否正确，是否连续。

（2）转账支票审核完毕并确认无误后，在支票背面被背书栏内加盖本单位财务专用章和法人章（预留银行印鉴），并填写一式两联进账单，连同支票一并送交其开户银行。开户银行审核无误后即可在进账单第一联上加盖“转讫”章退回收款单位。收款单位根据银行盖章退回的进账单第一联编制记账凭证。

【思考与练习】

1. 何为支票？
2. 支票包括哪几种？
3. 收取银行转账支票时应注意哪些事项？

模块6 电费现金管理要求（Z26F1006Ⅰ）

【模块描述】本模块介绍现金管理一般规定和电费现金管理要求。通过要点讲解，掌握电费现金管理的相关规定和要求。

【模块内容】

电费现金管理是营销会计的一项主要工作，需按照国务院《现金管理暂行条例》的办法执行。

一、现金管理一般规定

营销部门收入现金应于当日送存开户银行，当日送存确有困难的，由开户银行确定送存时间。营业单位支付现金，可以从本单位库存现金中支付或从开户银行提取，不得从本单位的现金收入中直接支付，即不得“坐支”现金，因特殊情况需要坐支现金的单位，应事先报经有关部门审查批准，并在核定的范围和限额内进行，同时，收支的现金必须入账。

营销部门从开户银行提取现金时，应如实写明提取现金的用途，由财务部门负责人签字盖章，并经开户银行审查批准后予以支付。此外，不准用不符合制度规定的凭证顶替库存现金，即不得“白条顶库”；不准谎报用途套取现金；不准用银行账户代其他单位和个人存入或支取现金；不准将单位收入的现金以个人名义存入储蓄，不准保留账外公款，即不得“公款私存”，不得设置“小金库”等。

二、电费现金管理要求

目前，仅营业厅门市收费员收取的居民客户的电费是以现金进行结算的（特殊边远地区或特殊服务对象采用上门走收电费的除外），要求营业厅门市收费员对收取的现金日清月结，每日营业终了，应将当日收取的现金交入银行指定的电费账户。

（1）除门市收费员外，其他人员不得收取客户电费现金（特殊边远地区或特殊服务对象采用上门走收电费的除外）。

（2）各营业厅的现金保管应设置专门场所、采用专业的保险柜，布置监控设备，并安排人员值班，严格遵守财务关于现金保管的相关制度。

（3）每日营业前，应先行对保管的现金、备用金、电费充值卡进行清点，核对无误后，再行开展每日正常营业工作。

（4）客户在营业厅柜面交纳电费时，营业厅收费人员应准确录入客户户号信息（如无法提供户号，可根据户名、用电地址等信息进行模糊查询），与客户核对基本信息（户号、户名、地址等）一致后，告知客户电费年月、电费金额及应交纳违约金等，客户确认后，方可正常收取。

（5）客户交纳现金后，应做好清点，对 50 元、100 元纸币应使用验钞机进行检验，小于 50 元的纸币及硬币应采用人工方式进行判别，对疑似假币应要求客户给予更换。对破损、污损较严重或难以辨识的纸币及硬币，应要求客户给予更换。清点完成后，按照余额找还客户，并请客户给予清点、查收。收费过程实行唱收唱付。如客户愿意将剩余金额作为暂存款，则按照预交电费处理。

（6）收取的现金应及时放入保险箱保管。保险柜应设专人管理，保险柜要配置两把钥匙，一把由营业厅专人保管，另一把交由市公司安全监察部（保卫部）封存，以备特殊情况下经有关领导批准后开启使用。保险柜中放置备用金、解交后收取的少量现金、发票收据、印章、现金解款单、支票、汇票、本票等，柜中严禁放置私人财物。

（7）门市收费员收取的电费现金必须与当日下班前交存指定的电费专户，不得私自截留、过夜，不得私存或挪作他用。各营业厅原则上每个工作日保管的现金不得超过 3000 元，周六、周日保管金额不得超过 5000 元。在国庆节、春节等长假期间，每日保管的现金不得超过 8000 元。

（8）各营业厅对当日无法解交的现金、剩余柜面备用金等应由专人及时进行保管，确保资金安全。任何人不得以任何理由，自行保管营业厅现金。

（9）每日收费盘点账目清晰，系统销账正确，账、票、表金额一致。

（10）24h 自助供电营业厅应安排人员 24h 值班，移动供电营业厅、现场供电服务收费点应配备保险柜及防盗抢设备，做好安全保卫工作，确保现金安全。移动营业厅、现场服务收费点的相关人员出门前，携带的备用金不得超过 1000 元。

【思考与练习】

1. 简述电费现金管理的要求。

2. 简述现金管理的一般规定。

3. 什么叫“公款私存”？

模块 7 电费交账的要求（Z26F1007Ⅰ）

【模块描述】本模块介绍电费交账的要求和相关注意事项，通过要点讲解，掌握企业电费资金管理规定及电费交账的要求。

【模块内容】

电费交账是指电费出纳定期向电费会计移交相关凭证的过程。根据收费方式不同，可分为柜台收费、现场收费、银行代扣、合作单位代收、银行托收等电费交账。

一、电费交账的要求

1. 柜台收费

（1）所有以现金方式收取的电费必须当日交存公司指定的电费专户，不得私自截留、过夜，不得私存或挪作他用。

（2）应核对进账金额和系统销账金额一致，对银行进账回单、发票存根、作废发票（收据）进行核对，按要求编制电费实收日报。

（3）移交收费凭据。将实收电费报表及银行进账回单、现金交款单、发票存根等收费凭据转交电费会计，履行签收手续。

2. 现场收费

（1）所有以现金方式收取的电费必须当日交存公司指定的电费专户，不得私自截留、过夜，不得私存或挪作他用。

（2）应及时进行交费客户的系统销账。销账前，应核对客户的户名、户号、地址等基本信息，确保系统销账正确。

（3）应核对进账金额和系统销账金额一致，对银行进账回单、发票存根、未收电费发票、作废发票（收据）进行核对，按要求编制电费实收日报。

（4）移交收费凭据。将实收电费报表及银行进账回单、现金交款单、发票存根等收费凭据转交电费会计，履行签收手续。

3. 银行代扣

（1）应每日接收银行返回的解款单及批量扣款详细数据。

（2）应每日核对银行返回的解款单金额、批扣详细笔数、金额至账平。银行按协议约定的划款期限，将代扣的电费款项划入供电方指定的电费专户。

（3）应按要求编制电费实收日报。

（4）移交收费凭据。将实收电费报表及银行进账回单、发票存根等收费凭据转交电费会计，履行签收手续。

4. 合作单位代收

（1）应每日接收合作单位返回的解款单及代收电费客户数据。

（2）应每日对合作单位返回的解款单金额、代收详细笔数、金额核对至账平。合作单位按协议约定的划款期限，将代收的电费款项划入供电方指定的电费专户。

（3）应按要求编制电费实收日报。

（4）移交收费凭据。将实收电费报表及银行进账回单、发票存根等收费凭据转交电费会计，履行签收手续。

5. 银行托收

（1）手工托收方式的应根据银行返回的托收凭证或扣款磁盘文件进行销账；电子托收方式的，一般由银行方完成销账工作，应每日接收银行返回的托收电费客户数据。

（2）应核对进账金额和系统销账金额一致，对银行托收凭证、进账进额、发票存根、作废发票（收据）进行核对。

（3）按要求编制电费实收日报。

（4）移交收费凭据。将每日实收日报及银行进账单、托收凭证等收费凭据转交电费会计履行签收手续。

二、电费交账注意事项

（1）电费会计向财务交账必须提供完整的应收、实收、余额、预收报表。

（2）实收报表及所附原始单据必须与银行对账单核对一致。

（3）电费会计向财务报送的各项报表必须经营销部门审核确定并加盖单位公章。

（4）电费交账要有规范的交接手续，以便备查。

（5）当日不能交账，于次日单独交账。

【思考与练习】

1. 电费交账包括哪些要求？

2. 电费交账应注意哪些事项？

模块 8　开具发票的注意事项（Z26F1008Ⅰ）

【模块描述】本模块介绍电费普通发票的领用、开具、保管以及有关注意事项。

通过比较分析、要点讲解，掌握电费发票管理的有关规定和注意事项。

【模块内容】

发票是由于销售业务的发生而开具给客户的相关单据，是电费会计经常处理的一种单据，要加强管理。

一、电费普通发票的使用范围

电费普通发票（高、低压）适用于供电企业供电范围内的一般电力客户。

二、发票的领用

（1）供电企业的电费发票应设专人管理。

（2）发票管理人应根据发票的实际使用情况来进行订购发票，按照发票的使用期限的规律性，分期分批订购。订购时应申报计划，报营销部门审核批准后，由财务部门按《中华人民共和国发票管理办法》（2019 年修正）向税务部门领取和购买发票。增值税专用发票的领取应按《增值税专用发票使用规定》相关规定执行。

（3）一切管理发票、使用发票的单位和个人，均应设专项逐一记载发票的领、用、存的情况。发票使用部门应建立专用报表记录发票领、用、存的情况，并实施严格的分工负责考核制度。

（4）发票管理人向财务部门统一领用电费发票并建立发票领用登记簿，再向电费发票的各使用单位或班组发放发票。

（5）各使用单位或班组应指定专人办理领用手续，并负责保管和按规定使用，领用时应做好签领记录手续，每次领用发票数量不宜太多，一般按 1 个月的用量领用。

（6）各使用单位或营销部门门市收费员对新领取的电费发票，要认真做好使用登记工作，注明领取时间、数量和领取人姓名。领用电费发票时应当场查验各联是否齐全。

（7）各使用单位或营销部门门市收费员在调离收费岗位时必须将已用发票存根、作废发票、未用空白发票进行清理统计，办理移交手续。

三、发票的开具

（1）在发生经营业务确认营业收入时开具发票，未发生经营业务一律不准开具发票。

（2）在开具发票时，应按号码顺序填开。

（3）在开具发票时，对于发票上所示的项目要全面、完整、准确、真实，各项目内容填写齐全、内容正确无误。

（4）客户名称（单位或个人）应该填写全称，不能任意简化或更改。

（5）全部联次一次开具上下联内容，金额税额一致。

（6）在开具发票时，字迹要清晰、不得涂改发票。

（7）发票不得虚开、代开，如果虚开、代开，当事人必须承担一切后果。

（8）任何单位和个人不得转借、转让、代开发票；不得自行扩大专业发票使用范围。

（9）对规定的“机开发票”严禁手工填写。

四、发票的保管

（1）各使用单位或班组均设有专人，建立发票使用登记制度，设置发票登记簿即“上月电费票据使用情况”，其内容包括：已用票据本数、起讫号码、作废票据、空白未用票据的起讫号码。对作废的发票不得随意丢弃，应在废票写明作废后，并将废票的所有的联次收回，按发票号码顺序存放。

（2）各使用单位或班组应对每百张打印完毕的发票分别记录下区间编号及打印（开具）时间。对已开具发票的存根联、记账联合并后按每百张装订一册，每百张按顺序集中保管，中间不得缺号，并加上封面，封面上写明：发票起讫号码、总份数、作废份数、作废号码，交由电费管理中心保管，并在登记簿上注明还票情况。

（3）月末，发票管理人核实各使用部门的发票领用、使用情况，编制各类发票、收据领用、使用、回笼情况月报表，向营销部门、财务部门报告发票使用情况。

（4）财务部门负责定期向主管国家税务机关报告发票使用情况。

（5）空白发票必须妥善保管，不得遗失，如果遗失，必须立即向主管领导汇报，并于丢失当日由财务部书面报告主管税务机关，并在报刊和电视等传播媒介上公告声明作废。

（6）普通电费发票的票根保管期限为5年，增值税发票的票根保管期限为10年。保存期满，由财务部门报经税务机关查验后销毁，不得擅自损毁。开具发票的电子数据应当以电子储存介质完整保存。

五、电费普通发票开具的注意事项

（1）凡不属于电力产品收入的科目，不得使用电费发票开具或列入电费发票内代开。电力产品收入包含电费收入、重大水利工程建设基金、农网还贷资金、库区建设基金、城市公用事业附加等。

（2）电费普通发票由各使用单位或班组（供电企业所属）在用电客户交清款项时向用电客户开具。

（3）电费普通发票一般由系统读取数据自动打印，应按不同的用电客户类型，分别开具高压电费普通发票和低压电费普通发票。

（4）收费员开具发票时，应当按照规定的时限、顺序、逐栏、全部联次一次性如实开具，均应加盖“发票专用章”和填制人签章。

（5）如客户本次实交金额小于本次应收金额，则计入部分收款，系统部分销账，不足部分转入欠费，不得开具电费发票，根据客户要求按实际交款数额开具“交款凭证”。

（6）客户预存资金时，开具收款凭证，待月末结算电费后，方可向客户开具电费发票。

六、增值税开票规范性的监测处理

增值税发票分为增值税普通发票和增值税专用发票。目前国家税务总局公告批准可自行下载打印增值税电子普通发票。

增值税电子普通发票是国家税务局认可的以电子方式存储的有效收付款凭证，其法律效力、基本用途以及使用规定同增值税普通发票（纸质），可自行下载打印。发票号码采用全国统一编码，可通过所在地的国税局或者地税局网站查询，也可拨打当地的12366（税务热线电话）查询。

当出现以下任意一种情况时无法开具电子发票：本期电费未全部结清；开票金额小于等于0；本期电费已打印过纸质发票。

增值税专用发票是由国家税务总局监制设计印制的，只限于增值税一般纳税人领购使用的，既作为纳税人反映经济活动中重要会计凭证又是兼记销货方纳税义务和购货方进项税额的合法证明；是增值税计算和管理中重要的决定性的合法的专用发票。

电子发票打印、开具与效力：

（1）发票开具完成后，可发送至客户指定的邮箱，自行下载打印，其效力、基本用途以及使用规定同增值税普通发票（纸质）。

（2）每种类型的发票仅能开具一次，且开具后无法再开具其他类型的发票。目前增值税专用票、增值税普通票（纸质）需前往营业厅开具；线上最多可开具并查询近一年的电子发票和记录。

【思考与练习】

1. 在电费普通发票使用过程中应注意哪些事项？
2. 发票开具时应注意哪些事项？
3. 发票保管有哪些要求？

模块9　应收、实收、未收的账务核对（Z26F1009Ⅰ）

【模块描述】本模块介绍应收、实收、未收电费的核算内容和核算流程，日常核对机制。通过要点介绍，掌握应收、实收、未收的账务核对的流程与方法。

【模块内容】

电费会计应对电费的应收、实收、未收情况进行及时有效的核对，以保证款项的准确性。

一、账务核对的基本原理

应收、实收、未收的账务核对，主要依据权责发生制，保证应收、实收、未收的账务处理与实际营销业务一致。

应收、实收、未收的数额应满足下列恒等式

未收=应收–实收

电费会计每月与财务部进行核对，建立日常核对机制，确保每月电费应收、实收营销与财务数据的一致性。

二、账务核对的重点

（1）应收核对的重点包括主营业务收入及各项代征价外费用；

（2）实收核对的重点包括进账核对和资金分类核算；

（3）未收核对的重点包括余额、欠费的核对及差异原因分析。

三、账务核对的主要内容

（1）实收电费明细与银行对账单核对；

（2）月度的应收账款、实收要与应收月报、实收月报相核对；

（3）财务余额与营销余额核对，并分析产生差异的原因。

四、账务核对的流程

（1）应收电费封账之后，营销部门编制电力销售明细表或电力销售总传票，确认电费应收收入，按照售电类别，编制电费分类明细表，核对量、价、费一致性，确保应收电费有否漏列或应减未减应收款项。

（2）营销部门编制实收、未收总账，核对实收日报与实收明细是否一致，核对实收款与银行进账是否一致，核对预收款转为实收电费是否有误，已收电费退款处理是否正确。

（3）财务部门根据营销部门提供的应收、实收、未收总账，汇总审核。并对销售月报、电价执行报表和销售明细表之间数据核实，分析电价、电费异动情况。

（4）财务部门逐笔核对银行进账单，并与网银进账流水核对，对超过一周的未达账项和月底的未达账项应立即查询。

（5）月末封账后，财务部门统计月末应收余额，并与营销部门提供的未收总账进行核对，分析两者之间的差异原因。

（6）营销部门、财务部门核对月度各类指标，确保一致。

【思考与练习】

1. 账务核对的重点是什么？
2. 账务核对的主要内容是什么？
3. 账务核对的流程是什么？

模块 10 电费账务建立和分类（Z26F1010Ⅰ）

【模块描述】本模块介绍电费账务建立与分类。通过要点介绍，熟悉电费账务建立方式和分类方式。

【模块内容】

电费账务的建立需关注其内容的完整性和准确性。

一、电费账务的建立

（1）建立总账和明细账。总账由财务部门负责建立，明细账由营销部门负责建立。

（2）建立收费统计台账和银行存款备查账。在登记录入时必须按照营业单位、电费出纳、客户、进账时间、到账类型、进账银行、进账金额等内容进行。

（3）建立应收账款台账。通过营销信息管理系统实时统计应收电费，根据应收电费统计结果进行考核。

（4）建立核销电费总账、预收电费总账和相关明细账。

二、电费账务的分类

电费账务主要分为应收电费核算、实收电费核算、预收电费核算、坏账处理、差错处理、电费违约金账务处理及暂存款的处理等。

【思考与练习】

1. 电费账务的建立需建立哪些资料？
2. 电费账务分为哪几类？

模块 11 手工账务、微机账务的核对（Z26F1011Ⅰ）

【模块描述】本模块介绍手工电费账务和微机电费账务核对的流程，账务核对的内容、基本要求。通过流程和要点讲解，掌握手工账务、微机账务的核对的程序、方法和关键时间节点。

【模块内容】

手工账务是指以手工记录电费结算、收交情况以及报表数据的账务处理方法。

微机账务是指应用会计软件输入会计数据，由电子计算机对会计数据进行处理，并打印输出会计账簿和报表。

一、手工账务登记的一般规定

（1）采用统一的登记账簿并用碳素或蓝黑墨水逐条登记，总账和各部门分账应同步登记。

（2）登记要做到及时、内容完整、数字准确、摘要清楚、书写工整，无漏、重、错账。

（3）登记账簿要做到日清月结，当月发生数额要求做“本月合计”和“本月累计”，并在下面画单红线，表示本月结束。年末要求做“本年合计”和“本年累计”，并在下面画双红线，表示本年结束。

（4）启用新账本时，应结转“上年余额”，账页记满后要办理“承前页”“过次页”手续。

二、手工账务、微机账务的核对内容

手工账务、微机账务的核对内容主要包括应收电费明细台账、总账，预收账款的明细账、总账，银行存款日记账与微机进账记录是否相符。

三、手工账务、微机账务的核对流程

1. 应收电费的明细台账、总账核对流程

微机账务根据手工抄录数据建立，每月及时将抄表数据、收款数据录入微机，通过系统处理生成应收电费明细账和总账，保证微机账务和手工抄录的一致性，如在手工登录账务的过程中发现微机账务有误，应及时更改，确保两者一致。

2. 预收账款的明细账、总账核对流程

手工账务对预收账款客户应单独造册，明细记录到户，及时记录实收及冲转金额，并结出余额，并与微机收录情况核对一致。

3. 银行存款日记账与微机进账记录核对流程

电费会计每日到银行取回电费专户的进账单据，并手工登记银行存款日记账，同时根据进账单据进行微机销账等处理，生成每日进账统计表，并与银行日记账核对一致。

四、手工账务、微机账务的核对基本要求

1. 应收电费的明细台账、总账

（1）应收电费明细账一般以电费抄表区为单位设立，应包括客户户号、客户名称、执行电价类别、分类电量及应收电费金额等。最后以抄表区为单位进行汇总，汇总数据包括明细表内总户数、应收电费总额等。

（2）对通过手工方式建立的应收电费明细账，营销部门应有专人负责保管，并禁止对其进行涂改。应收电费明细账应当反映营业单位、抄表本号、催费员等相关信息。

（3）手工建立的应收电费明细账应与营销系统应收电费明细账保持一致。

（4）电费会计对应收账页按汇总、当年、历欠分资金进行开设。应收账页根据应收、实收月度汇总进行登记，并计算出期末欠费，反映公司客户电费应收、实收、欠费情况。各账页资金合计栏数据应与分项资金之和保持一致。汇总账页数据应与分年数据之和保持一致。

（5）台账每月登记计算后，要与营销支持系统和财务部门数据核对一致。月末已做实收未能及时入账的进账单先登记入账并注明。下月初进账后单独上交财务部门并注销。月末结出余额，并与财务部门账面数保持一致。

2. 预收账款的明细账、总账

（1）电费会计对电费账页按汇总与分户，按预收、冲转、余额三栏开设账页。账页根据预收、冲转凭证逐笔登记分户台账，台账汇总数据应与分户数据之和保持一致。

（2）台账每月登记计算后，要与营销支持系统和财务部门数据核对一致。

3. 银行存款日记账与微机进账记录

根据银行进账单登记银行存款日记账，各银行单独建账。营业单位每日将收费日报表及银行进账回单、发票记账联等收费凭据转交电费会计。电费会计根据每日收到进账单逐笔登记录入。登记录入时必须按照营业单位、电费出纳、客户、进账时间、进账单类型、进账银行、进账金额等内容进行。电费收入记录在借方，电费支出（退款、上交上级单位电费）记录在贷方。

五、手工账务、微机账务的关键时间节点

除银行存款日记账与微机进账记录应每日核对外，应收电费明细台账、总账和预收账款的明细账、总账均应在每月结账完成后进行核对。

六、说明

由于手工记账出错率高、审核工作量大、管理效率低下，因此，替代手工记账是会计电算化的目标之一。中央直属企业应根据国务院业务主管部门的规定，在微机记账与手工记账并行三个月以上（一般不超过六个月），且微机记账与手工记账的数据相一致的情况下，应尽快采用微机记账替代手工记账。

替代手工记账的单位，应具备以下条件：

（1）配备了适用的会计软件和相应的计算机硬件设备；

（2）配备了相应的会计电算化工作人员；

（3）建立了严格的内部管理制度。

【思考与练习】

1. 手工账务、微机账务的核对内容有哪些？
2. 手工账务、微机账务的核对基本要求有哪些？
3. 替代手工记账的单位，应具备哪些条件？
4. 手工账务、微机账务的关键时间节点是什么？

模块 12 常用电费回收渠道、方法和结算方式（Z26F1012Ⅰ）

【模块描述】本模块包含常用交费渠道、方式和资金结算方式的介绍等内容。通过概念描述、术语说明、流程讲解、要点归纳、示例介绍，掌握各类简单电费回收方式的工作内容及处理流程。

【模块内容】

电费回收渠道、交费方式、资金结算方式与电费回收、优质服务等重点工作息息相关。

一、收费渠道

电费交费渠道是供电企业销售电能，获得收入的渠道。电费交费的方式层出不穷，根据参与交费过程的收费服务提供商的不同，客户交纳电费的渠道可以分为以下三类。

1. 供电企业

供电企业作为电能产品的供应商，也是多年来电能的唯一销售商，是历史最悠久、最被客户认知的电费交费渠道。

2. 金融机构

各银行为拓展业务能力，树立金融品牌形象，与供电企业合作开通代收电费业务，成为电力客户交纳电费的新渠道。随着邮局、银联等特殊金融企业的加入，该交费渠道服务的客户群体范围得到了更全面纵深的发展。

3. 非金融机构

随着代收电费中间业务的发展，电信等通信行业、大型商场、超市、特殊行业的连锁专卖店、通过保证金授权的个体经营者等各类社会化代收电费渠道纷纷诞生，并不乏取得巨大经济效益和社会效益的成功案例，现已成为十分受客户欢迎的交费渠道。

4. 网络渠道

随着网络技术的不断发展，近年来，通过网上银行、支付宝等网络渠道交费以其方便、快捷的特点，日益为电力客户所接受，特别是年轻客户群体。

二、常见交费方式及业务处理

1. 坐收

坐收是指收费人员在设置的收费柜台使用本单位收费系统以现金、POS 刷卡、支票、汇票等结算方式，收取客户电费、违约金或预交费用，并出具收费凭证的一种收费方式。

坐收的场所大多在供电营业窗口，供电企业在本单位以外的区域通过 VPN 虚拟专网、无线通信等通信技术与内部系统通信，还可实现“移动坐收”，如在人流量大的社区、超市租用场地指派工作人员开展坐收，或通过改装车、无线通信便携电脑组合，设立移动收费车坐收电费。坐收业务处理流程如下。

（1）受理交费申请。根据客户编号查询客户应交电费、违约金，确认交费或预收电费。

（2）票据核查及费用收取。收取费用，根据客户交纳资金的不同形式，审验资金（详见本篇后续章节），确认资金的有效性。

（3）确认收费并开具收费凭证。根据客户交款性质（结清电费、部分交费、预付电费），为客户开具电费发票或收据。

（4）日终清点。一日收费终止，统计生成当日各类坐收资金的实收报表，将收款笔数、金额与已开具的电费发票、收据及实际资金进行盘点，如果不相符，须查找原因，处理收费差错，直至报表、票据、资金三账完全相符。最后，清点各类票据、发票存根联、作废发票、未用发票等。

（5）解款。根据不同资金形式解款的方法将资金进账到指定的电费收入账户。

（6）票据交接。将资金解款的原始凭据以及“日实收电费交接报表”等上交相关人员，票据交接须双方签字确认。

坐收电费成本较高，自然收费的实收率较低，但却是知晓度最高且必不可少的一种方式。

坐收电费面对的客户群体，通常是时间充裕、周转资金少的低端低压客户或未办理自动划拨电费的高压客户群体，当一个区域内坐收客户比例较高时，说明该区域内开通的交费方式不够丰富，应努力创新收费渠道。

供电企业窗口收费人员在开展坐收电费时，应注意以下事项：

（1）电费收取应做到日清月结，及时解款，票款相符，按期统计实收报表，财务资金实收与业务账相符。（《营业抄核收工作管理规定》第二十四条）

（2）不得将未收到或预计收到的电费计入电费实收。

（3）为提高收费效率，可以对客户电费进行调尾处理。调尾的额度可以是角或元，采用取整或舍去尾数的方式。

（4）当允许坐收在途电费时，对于处在走收或代扣等方式在途状态的应收电费，坐收收费人员应主动询问客户是否继续收费，尽可能避免引起重复收费，减少客户不满。

（5）因卡纸等原因造成发票未完整打印，需重新补打印时，应注意作废原发票，保障发票不被重复发放。

2. 走收

走收是指收费员带着打印好的电费发票到客户现场或设置的收费点手工收取电

费的收费方式，收费结束后，核对所收款项，存入银行，并将相关票据及时交接。走收电费的业务流程如下。

（1）确定走收对象，按台区、抄表段等方式准备单据（包括应收清单、收款凭证、电费发票等）。

（2）走收收费人员领取票据，核对应收。检查领取的发票和应收费清单是否相符，对于一户多笔电费的高压客户，检查发票累计是否与实际要求客户交款的收款凭证相符。

（3）现场收费。对客户交付的现金、支票按不同资金结算方式的清点要求进行审核、清点，确认无误后将发票提交给客户，做到票款两清，不允许多收少收。

（4）银行解款。核对所收各类资金是否与已收费发票的存根联金额一致，应收、未收票据及实收资金是否相符，不一致应查找原因。核对正确后，将资金及时存入指定电费资金账户。解款后，在收费清单上注明所解款电费的解款日期。

（5）票据交接与销账。收费人员在规定时间内返回单位，将已收发票存根、未收发票、资金进账凭据交相关人员审核，确认无误后相关人员在营销系统内登记销账。

（6）日终清点。相关人员统计生成实收报表，再次与应收清单、资金进账凭据、已收费发票存根、未收发票等凭据进行平账，做到应、实、未收相符，确认无误后，交接双方应签字确认，出现差错的，配合收费人员及时查找原因并处理。

（7）客户未交电费的发票处理。重新走收时，电费违约金发生变化的，将原发票作废，重新打印发票。没有发生变化的，可以使用原先的发票。

走收方式需逐户上门，效率较低，且资金在途风险较大，主要适用于以下两类客户：① 农村或偏远地区的低压客户，无就近的交费网点，交纳的电费资金多为现金；② 交费不方便的特殊服务对象（如残疾客户、孤寡老人等）。

开展走收电费工作时，应注意以下事项。

（1）电费收取应做到日清月结，并编制实收电费日报表、日累计报表、月报表，不得将未收到或预计收到的电费计入电费实收。（《营业抄核收工作管理规定》第二十四条）

（2）按收费片区固定上门收费时间，需要调整的应提前通知客户。

（3）开展走收的单位，应事先明确每个走收人员负责的客户范围。走收电费的应收清单和发票打印、实收销账等工作应由专人负责，并与走收人员核对确认，保障对走收工作质量的有效监督。

（4）收取的电费资金应及时全额存入银行账户，不得存放他处，严禁挪用电费资金。

（5）收费人员在预定的返回日期内应及时交接现金解款回单、票据进账单、已收费发票存根、未收费发票等凭据，及时进行销账处理。

3. 代扣

代扣是指客户与供电企业或银行签订委托自动扣划电费的协议，银行按期从供电企业获取客户待交电费信息，从客户账户扣款，并将扣款结果返回给供电企业的一种销账收费方式。

委托代扣交费方式又分为两种：① 文件批扣模式。客户与供电企业签约，指定扣款账户，应收电费产生后，供电企业生成批量扣款文件，向指定银行申请扣款，银行返回扣款结果，供电企业依据扣款结果批量销账，未成功划款的形成欠费。② 实时请求模式。客户与银行签约，委托银行不定期向供电企业查询欠费，发现有未结清电费，则通过代收方式从客户指定账户扣划电费，交纳到供电企业账户中。

实时请求模式的收费业务处理与供电企业无关，这类客户在供电企业被视为柜台交费客户，供电企业只需负责客户对应收电费疑问的答复及欠费催收工作，当抄核收人员查出有超期未交电费时，可直接对其进行催费。

代扣模式的流程如下。

（1）签约。客户到供电营业窗口或银行柜面，填写委托代扣协议，柜面人员登记协议，并将协议资料记录到供电企业的系统中。

（2）代扣处理。供电企业查询出所有代扣客户的未结清电费，按银行生成批量扣款文件，发送到银行（或由银行按约定时间提取），银行进行批量扣款，生成扣款结果文件，返回给供电企业进行批量销账，不成功户还原为欠费。

（3）收费整理。供电企业汇总每批扣款文件的应收、实收、欠费是否相符，查收银行实际到账资金是否与系统登记实收相符，对不符账项查明原因，及时处理，并在系统内登记实收资金。

（4）欠费催收。责任催收人员对扣款不成功客户进行分析，对于账户错误的，与客户联系核实账户，另行扣款；对于资金不足的通知客户及时存款再扣，仍不能解决的，由催费人员上门催收。

（5）客户取票。确认电费交纳成功后，客户到供电营业窗口或约定银行网点索取电费发票，也可由供电企业主动邮寄或银行直接送达客户，具体方式由各地区供电企业与当地合作银行协商确认业务流程，并通过业务系统实施。

代扣方式扣款效率高，大大减轻手工收款工作量，服务成本低，并能为银行带来资金沉淀，但要求供电企业在客户的开户银行设立电费资金账户。

目前，几乎国内所有商业银行都有与供电企业开通代扣电费业务的实例，邮局也因其网点广泛、服务于低端客户群体的特性，在代收电费业务中占有一定比例。近年来，随着供电企业与银联的合作，具有银联标识银行卡客户，在任何银行签订代扣协议，供电企业都可通过银联扣划电费，这将使代扣业务发展更为迅速、广泛。

4. 代收

代收是指供电企业以外的金融、非金融机构或个人与供电企业签订委托协议，代为收取电费的一种收费方式。代收电费可以采取脱机方式（买票收费，独立于供电企业之外），也可以采取联网方式。目前最常用的是供电企业与代收机构间中间业务平台互联，实现实时联网收取电费的联网方式。

代收电费模式的推出与应用日趋成熟，使供电企业的营业窗口得到了无限拓展，营业时间从 8 小时发展到了 24 小时，窗口形式从固定柜台发展到自助柜台、电话服务站、网上商户、移动服务终端、空中充值平台等各种形式。代收电费给代收机构带来宣传效应，为供电企业延伸了柜面，只要代收电费资金安全且手续费成本合理，这种方式是值得大力推广的。

三、常用的电费资金结算方式

1. 现金交款

现金交款是指用现金来交纳电费的一种资金形式，主要用于居民或电费额度不高的低压非居民客户。收费人员接受客户的现金后，应当面认真地检验票面的真伪，防止因收到假钞而带来不必要的损失。日终收费结束后，应清点资金，打印或填写现金解款单，及时进账到指定的电费资金账户中。

2. POS 刷卡

POS 刷卡是指在收费柜台安装 POS 机具，通过客户刷卡消费方式，将应交电费从客户银行卡账户划转到供电企业指定电费资金账户的一种结算方式。

POS 收费的业务处理包括以下内容。

（1）每日上班前，检查打印部件并进行 POS 机具签到，做好刷卡收费准备，日终 POS 收费结束时，进行签退。

（2）开展 POS 收费时，根据合作方规定的验卡常识验卡；确认卡有效后在 POS 机具上确认交费金额，要求客户确认金额，输入密码，完成交费；交费成功后，打印出当笔交易的 POS 凭条，柜面收费员再次确认凭条打印的卡号是否与卡面卡号一致，防止伪卡消费；确认后请客户在存根凭条上签字确认消费金额；收费员将客户在凭条上的签名与交费的银行卡背书签名核对，核对无误后，交易完成，将客户的银行卡退还给客户。

（3）POS 存根保存。按合作方规定，按日装订保管好带有客户签名的 POS 交易凭条存根联，随时备查。

在开展 POS 收费时，还应注意按金融行业验卡要求进行验卡，保障交易资金安全到账。验卡一般要求如下。

（1）确认持卡人出示的卡为银联（合作银行）识别的银行卡。

（2）确认卡正面的卡号印制清晰且未被涂改。

（3）确认卡背面的签名清晰且未被涂改，签名条上没有“样卡、作废卡、测试卡”等非正常签名的字样。

（4）确认银行卡无打孔、剪角、毁坏或涂改的痕迹。

（5）如是信用卡，确认银行卡是在有效期内使用。

3. 支票

支票是指由出票人签发的，委托办理支票存款业务的银行或者其他金融机构在见票时无条件支付确定金额给收款人或者持票人的票据。支票是目前客户用于交纳电费最常见的一种票据形式。

按支票的功能分，支票通常可以分为现金支票、转账支票、普通支票。其中现金支票上印有“现金支票”字样，用于提取现金；转账支票上印有“转账支票”字样，用于账户转账，普通支票未印有现金或转账字样，既可以作为现金支票使用，又可以作为转账支票使用。通常在电费收费工作中最常见到的是现金支票和转账支票。

收费人员在收到支票后，首先应审核支票的有效性，防止因支票填写问题导致退票，影响电费资金回收。支票验票通常应核对支票的收款人、付款人的全称、开户银行、账号等填写是否准确、规范、无涂改；金额大小写是否一致、正确；出票日期是否在有效期内；印鉴是否完整、清晰；对于背书转让支票，还应审核被背书人是否确为供电企业收款账户收款人，背书是否连续，无“不准转让”字样，支票付款账户与收款账户是否在同一属地。支票审验合格，确认收费后，应尽快到银行办理进账手续。

现金支票只能到付款账户开户银行提取现金，收费人员使用现金支票提取现金后，应立即存入供电企业指定的资金账户中。

转账支票进账可以到付款账户开户行或收款账户开户行办理。直接到客户开户行进账，银行柜面不但可以验明票据的有效性，还可审核账户余额是否充足，一般银行确认后即进账成功，基本上不会发生退票，资金转账安全、高效，建议收费员采用这种方式进账。

在转账支票进账时还需填写进账单，进账成功后，银行将确认支票进账行为的进账单回执联盖章退还给进账人作为进账依据。当从付款账户开户行进账，收款人信息填写不正确或进账单左右联转账金额不相符时，也可能导致收款账户银行退票，收款人银行将资金退还到付款人银行并上账到付款账户，出现这种问题时，资金周转期较长，将严重影响电费回收，因此进账单填写也同样重要，收费员一定要认真对待。

有些地区的供电企业为规范资金管理，要求客户交纳电费时不直接交纳支票，而是交纳支票从其开户银行进账后的进账单回执联，供电企业确认收到资金后再进行实收销账。采用这种方式电费资金到账安全、及时，实收销账准确、可靠，值得推广。

4. 银行直接划转

客户通过网上银行、转账汇款、银行柜面电子兑对等形式直接将资金进账到供电企业指定的电费资金账户中的电费资金回收形式即为银行直接划转。客户在成功进账后，将通过各种方式通知供电企业交费事实，收费人员只需审核确认资金到账属实，即可登记当笔到账资金并进行电费销账。

通过代收机构交纳电费的客户，其电费资金由代收机构及时进账到供电企业指定的电费账户中，其资金形式也为银行直接划转。由于机构代收电费多采用实时交易模式，在代收的同时也对供电企业系统内电费进行了销账，因此无须另行销账。

银行直接划转这种电费资金回收形式确保了先回收资金、再销账，不但资金安全可靠，业务流程也科学合理，是一种值得推广使用的资金结算形式。但在实际收费工作中，还应注意及时查收落实资金，进行电费销账，避免出现已交费客户被催费停电而引起客户服务差错事故。

四、电费回收的特殊处理

1. 多种交费方式混用

随着代扣代收电费业务的多样化发展，客户经常变更交费方式或多种方式混用，例如，签订代扣协议的客户可直接通过代收网点交纳电费，采用充值交费的客户到柜面交清电费尾款等。客户通过不同方式成功交纳的每笔电费，供电企业均完整、清晰地记录其日期、收费人员、收取金额等重要交易信息，以准确进行电费销账及备查。

2. 多种资金结算形式混合收费

为方便客户，一笔电费可以通过多种资金形式交纳，例如，一部分现金、一部分支票，业务处理时，可以对每笔实收资金如实收计入客户预存电费中，待足额后通过预收转电费的形式进行电费销账。

3. 关联交费

根据用电客户的委托交费协议，多个客户可以委托一个客户交费。若供电企业与客户签订了该类交费协议，应主动建立（变更、终止）委托交费对象的关联关系，当关联客户有新电费发行时，可由委托交费对象交费。通常一个客户需要支付多个下属用电客户的电费或一批低压客户希望集中交费时，可以通过这种方式并笔交费、销账、出票，既简化了操作，也方便了客户。

五、案例

以下是某供电公司代收电费业务开通及发展情况实例。

某供电公司是国网公司下属的特大型供电企业，营业户数 200 万户以上，户数每年增长约 10%，低压客户占公司营业户数的 98.7%，其中，低收入、低文化程度客户群体占50%以上，营业窗口配套建设远不能满足客户增长的需要，交费难问题一直困扰着该供电企业。

从2002年起，率先与招商银行合作，开通代收电费业务。在短短几年时间内，代收电费的合作银行发展到9家，业务范围涉及柜面、电话银行、网上银行。同时，为解决低收入、高年龄层客户群体，开通邮政网点代收电费业务，一时间，该地区交纳电费的营业网点延伸到1000个以上，通过代收代扣方式交纳电费的客户达到60%以上。

从2006年起，为从根本上解决交费难问题，该公司对市场进行了深入的分析、研究、调查，确定了开辟非金融行业的社会化代收电费合作伙伴的方针，先后与通信行业、大型商业企业、网络支付平台运营商合作，开辟新的代收电费渠道，较好地满足了现金交费客户群体的需求。

为进一步方便居民客户交费，从2007年起，该公司设计、制作并销售电费充值卡，电费充值卡可通过电话、网络、短信等多种渠道进行充值交费。

与此同时，该公司注意到中国银行卡业务的兴起和快速发展，与银联公司合作，将代收电费业务移植到银联公司开发的公共支付平台，实现了国内商业银行全面代收电费功能，并基于银联公共支付平台，研发、推广了一批具有自助交纳电费功能的自助终端机、移动POS等设备，代收电费业务被广泛地应用于银联合作商户的衍射产品中，如固网支付、手机钱包业务等，代收电费业务整合各类合作方的资源优势，交费渠道拓展的能力、宽度、速度远远超出了公司自身的规划。

该公司通过发展多种收费方式，彻底解决了交费难问题，同时得到社会公众的广泛认同。

【思考与练习】

1. 请简述客户交纳电费的渠道有几种？
2. 试述坐收电费的业务流程，并简述开展坐收电费应注意哪些业务规范。
3. 请阐述坐收、走收、代扣、代收几类收费方式收取电费的利与弊。
4. 采用POS刷卡收费时应如何验卡？
5. 请简述收到支票后如何审验支票的有效性？
6. 请简述常用的电费资金结算形式有哪些？

模块13 收费业务处理（Z26F1013Ⅰ）

【模块描述】本模块包含电费、业务费收取、退费及调账等内容。通过概念描述、术语说明、流程图解示意、要点归纳、计算示例，掌握收费业务处理。

【模块内容】

供电企业面向客户的收费业务范围包括电费及业务费收取，其中业务费是供电企业办理客户用电时根据国家有关政策所收取的必要开支，是保障业务正常开展的必要环节；电费回收是供电企业获得销售收入、实现利润目标的途径。收费业务开展不好，将引起供电企业流动资金周转缓滞，再生产受阻，经营成本增加，利润减少等一系列后果，电费回收考核等指标已成为衡量各级供电企业经营水平的一个重要考核标准。

一、电费回收

（一）基本概念

电费回收工作内容：按电费通知、电费收交、欠费催收、欠费停复电、欠费司法救济、电费坏账核销顺序开展应收电费的收取、催收、欠费处理工作，保证供电企业主营收入任务的全面完成。

电费回收目标：当年不发生新欠电费，陈欠电费逐年下降，确保应收电费余额下降。

电费回收基本要求：采取任何方式收取的电费资金应做到日清月结，并编制实收电费日报表、日累计报表、月报表，不得将未收到或预计收到的电费计入电费实收。（《国家电网公司营业抄核收工作管理规定》第二十四条）

电费回收考核指标：电费回收工作质量的好坏，通常用电费回收率、应收电费余额、在途资金控制额、电费回款周期、电费风险可控率等五个指标来考核。

1. 电费回收率

$$电费回收率=实收电费/应收电费\times 100\%$$

根据应、实收电费性质，电费回收率又分为当月电费回收率、当年累计电费回收率、陈欠电费回收率，分别对应于当月、当年累计、历史欠费的当前实收。

2. 应收电费余额

应收电费余额是指按财务口径在月末、年末24点时的应收电费账面余额。其中，应收电费是指当期按国家规定向客户征收的全口径电费。包括目录电费、农网还贷资金、库区建设基金、农网维护费、城市公用事业附加费等国家规定的代征费。

3. 在途资金控制额

在途资金控制额是指在上级考核部门对供电企业在次月规定日期的允许本年度累计欠费控制数。

4. 电费回款周期

电费回款周期是指电费销账与电费发行之间的天数，天数越短，说明电费回收速度越快。

5. 电费风险可控率

对电力客户应大力推广预结算方式，预结算比例的高低反映了一个公司对电费风险的预控能力。电费风险可控率可用全公司所有客户的电费预收金额与电费应收金额之比来反映。

（二）电费通知

1. 电费通知的方式

（1）主动通知。供电企业通过各种手段，在电费发行后，主动通知客户应交电费信息。例如“电费通知单”上门送达、“电费通知书”邮寄、“电费账单”电话或传真通知等。

（2）被动通知。供电企业不主动通知客户，保持抄表日程相对固定，提供电费查询平台，使客户自觉在抄表结算期查询电费后及时交费。目前，全国各地区的电力“95598”客户服务系统均已实现自动语音电量电费及欠费查询功能。

（3）委托通知。电力公司委托第三方，通过其特殊资源，通知客户应交电费信息。例如，与移动、联通、电信等通信运营商合作，通过其语音、短信平台发布电费通知信息；又如，通过代收机构的网点、特殊服务方式对其客户群体发布电费通知信息等。

2. 电费通知的内容

（1）当期电量、电价、应交电费信息；

（2）客户交费期限、当前交费方式、当前预存余额等信息；

（3）代扣客户当前欠费退票原因。

（三）电费收交

电费通知到位后，收费员可根据各种收费方式的业务流程开展电费收费工作。各类收费方式的业务流程、工作内容、相关规定等详见电费回收渠道方法及结算方式等模块。

（四）电费催收管理

在规定的交费期限内，客户未按约定的交费方式交纳电费，则形成欠费。供电企业必须通过各种催收手段开展电费催交，才能保证电费顺利、足额回收。

《电力供应与使用条例》第二十七条、第三十九条规定，对于逾期不交纳电费的客户，供电企业可以采取两种催收手段：加收违约金或终止供电。通过这两种手段，绝大部分欠费能及时回收，为充分用好电费回收手段，以下分别介绍与电费催收相关的法规、基本概念及方法。

1. 电费的交费期限

根据《供电营业规则》第八十二条中的描述，用户应按供电企业规定的期限和交费方式交清电费，不得拖延或拒交电费。法规中对供电企业规定的客户交纳电费的期限未做明确说明，通常该期限以与客户签订的《供用电合同》为准。因此，在与客户签订《供用电合同》时，应充分考虑不同客户类型、区域抄表日程因素，使确定的期限既合理又能保障电费在较短周期内回收，降低资金风险，提高回收效率。

2. 电费违约金的计算

电费违约金是客户在未能履行供用电双方签订的《供用电合同》，未在供电企业规定的电费交纳期限内交清电费时，应承担电费滞纳的违约责任，向供电企业交付延期付费的经济补偿费用，又称为电费滞纳金。电费违约金是法定违约金，是维护供用电双方合法权益的措施之一。

《供电营业规则》第九十八条规定，电费违约金从逾期之日起计算至交纳日止。每日电费违约金按下列规定计算：① 居民用户每日按欠费总额的1‰计算。② 其他用户：一是当年欠费部分，每日按欠费总额的2‰计算；二是跨年度欠费部分，每日按欠费总额的3‰计算。③ 电费违约金收取总额按日累加计收，总额不足1元者按1元收取。

在违约金计算时还应注意以下事项。

（1）欠费金额为当笔电费的实欠金额，当客户有预存电费或采取分期结算已回收部分电费时，应将当笔应收电费扣减已收部分后作为欠费，计算违约金。

（2）计算应以每笔电费为依据，按当笔电费执行电价为判断标准，不足1元取1元。

（3）电费违约金只能计算一次，不得将已计算的违约金数额纳入欠费基数再次计算违约金。

（4）经催交仍未交付电费者，供电企业可依照规定程序停止供电，但电费违约金应继续按规定计收。

3. 欠费分析与催收

欠费分析与催交工作的主要内容是确定欠费催交责任人、考核指标，由责任人按要求有计划地开展欠费的分析及催费工作。

（五）欠费停复电

《电力供应与使用条例》第三十九条规定，自逾期之日起计算超过30日，经催交仍未交付电费的，供电企业可以按照国家规定的程序停止供电。停电催费的程序应遵守相关法规。

（六）欠费风险防范

对于通过欠费停电程序催费后仍未交纳电费的客户，供电企业建立电费风险防范的预警制度，按其欠费性质、额度分类管理，并运用法律手段追讨电费。关于欠费风险防范及欠费追讨的法律手段，详见后续模块。

（七）电费坏账核销

电费坏账是指经法院依法宣告破产的欠费、因企业关停、倒闭或企业被工商部门注销以及账龄超过三年以上的经确认难以收回的电费。电费坏账作为电力企业的无法追回的债权性资产损失，需进行“账销案存”（核销）处理。

所谓账销案存资产，是指企业通过清产核资经确认核准为资产损失，进行账务核销，但尚未形成最终事实损失，按规定应当建立专门档案和进行专项管理的债权性、股权性及实物性资产。

为规范和加强资产管理，促进账销案存资产的清理回收，盘活不良资产，防止国有资产流失，国务院国有资产监督管理委员会下发了《关于印发中央企业账销案存资产管理工作规定的通知》（国资发评价〔2005〕13 号），国家电网有限公司也出台了《国家电网公司账销案存资产管理实施办法》，对电费坏销的清查、核销做出了明确规定，现将电费坏账核销的必要认定条件及办理程序介绍如下。

1. 必要认定条件

（1）电费债务单位被宣告破产的，应当取得法院破产清算的清偿文件及执行完毕证明。

（2）电费债务单位被注销、吊销工商登记或被政府部门责令关闭的，应当取得清算报告及清算完毕证明。

（3）电费债务人失踪、死亡（或被宣告失踪、死亡）的，应当取得有关方面出具的债务人已失踪、死亡的证明及其遗产（或代管财产）已经清偿完毕、无法清偿或没有承债人可以清偿的证明。

（4）涉及诉讼的，应当取得司法机关的判决或裁定及执行完毕的证据；无法执行或债务人无偿还能力被法院终止执行的，应当取得法院的终止执行裁定书等法律文件。

（5）涉及仲裁的，应当取得相应仲裁机构出具的仲裁裁决书，以及仲裁裁决执行完毕的相关证明。

（6）与债务人进行债务重组的，应当取得债务重组协议及执行完毕证明。

（7）电费债权超过诉讼时效的，应当取得债权超过诉讼时效的法律文件。

（8）清欠收入不足以弥补清欠成本的，应当取得清欠部门的情况说明及企业董事会或总经理办公会等讨论批准的会议纪要。

（9）其他足以证明债权确实无法收回的合法、有效证据。

2. 办理程序

（1）供电企业内部相关业务部门提出销案报告，说明对账销案存资产的损失原因和清理追索工作情况，并提供符合规定的销案证据材料。

（2）供电企业内部审计、监察、法律或其他相关部门对资产损失发生原因及处理情况进行审核，并提出审核意见。

（3）供电企业财务部门对销案报告和销案证据材料进行复核，并提出复核意见。

（4）供电企业销案报告报经总经理办公会等决策机构审议批准，并形成会议纪要（单项资产备查账簿账面金额在5000万元以上的，报国家电网有限公司总部核准）。

（5）根据本单位决策机构会议纪要、上级单位核准批复及相关证据，由供电企业负责人、总会计师（或主管财务负责人）签字确认后，进行账销案存资产的销案。

（6）财务销案后在电力营销业务系统中进行核销登记。

电费坏账核销涉及抄核收人员的主要工作是根据实际用电环境，认真分析、甄别陈欠电费，确定需申报坏账，收集必要的认定证明材料，在完成账销案存资产的销案程序后，进行业务系统内的销账。抄核收人员应当充分认识到电费收入作为国有资产的重要性质，与管理人员一起，对清产核资中清理出的各类欠费资产损失进行认真剖析，查找原因，明确责任，提出整改措施，同时应当按照《国有企业清产核资办法》规定，组织对账销案存资产进行进一步清理和追索，通过法律诉讼等多种途径尽可能收回资金或残值，防止国有资产流失。对账销案存资产清理和追索收回的电费资金，应当按国家和国家电网有限公司有关财务会计制度规定及时入账，不得形成“小金库”或账外资产。账销案存资产备查账簿是辅助会计账簿，用于辅助管理，各单位不得通过备查账截留资金收入。

二、业务费收取

1. 业务费的基本概念

供电企业在核准的供电营业区内享有电力经销专营权，有依法向客户收取电费和相关费用的权利。

2. 业务费收取的工作内容及流程

业务费收取的方式有坐收和银行代收两种，其工作内容为通过各种方式收取费用，进行收取资金的平账、解款与交接，流程如图3–13–1所示。通常供电营业窗口坐收的方式被更为普遍地使用。

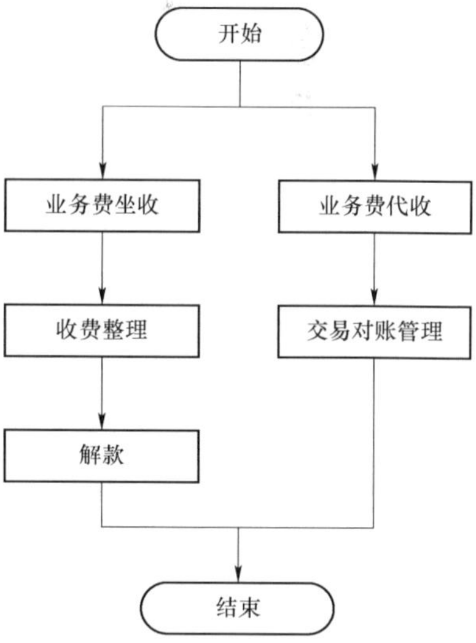

图3－13－1　业务费收费流程图

3. 业务费坐收

收费人员在收费柜台使用本单位收费系统查询出客户应交业务费，以现金、POS刷卡、支票、汇票等结算方式，完成收交，并出具收费凭证。

4. 业务费代收

金融机构和非金融机构代为收取用电客户业务费。代收业务费可以采取脱机方式（买票收费，独立于供电企业之外），也可以采取联网方式，实时从供电企业获取代收业务费信息，收费并为客户开具业务费发票。

代收单位未给交费客户出具业务费发票的，供电企业应凭交费凭证为客户换取业务费发票，需要增值税发票的应按国家有关增值税发票的规定开具。

采取代收方式收取业务费，应及时与代收单位进行交易对账，核对交费数据，如果有单边账应及时处理，保障代收业务费资金与代收业务费记账相符。

三、收费的特殊业务处理

1. 错收业务处理

（1）处理方法。出现错收电费或业务费时通常有以下几种处理方法。

1）当日冲正。当日解款前发现的错收费用可进行冲正处理，撤销当笔错误操作，重新按正确客户及金额收取费用。冲正处理时记录冲正原因，如果发票已打印的，收回并作废。冲正只能全额操作，不允许部分冲正。

2）隔日退费。当错收电费已确认实收并解款后，无法撤销错误操作，可在次日或发现差错的当日申请退费，经过规定的审批流程后，确认退费，按当笔收费的资金形式退还费用，日终实收报表将如实反映当日实际收款及退款情况。

3）隔日调账。当错收电费已确认实收并解款后，无法撤销错误操作，但当笔收费系客户确认错、所收资金正确时，可在次日或发现差错的当日申请调账，经过规定的审批流程后，确认调账，将错收电费调减，重新收取到应收客户的相关费用中。这种方式当日实收款汇总不发生变化，只是将费用从一个客户调到另一个客户。

4）资金冻结。在极特殊的情况下，收费人员发现错收事实，但不知道当笔费用实际应计到哪个客户时，应将当笔费用转至预存中并冻结起来，待查出应计或应退客户后再行处理。

（2）处理原则。退费、调账是收费差错处理与考核的关键环节，关系到电费资金的准确安全，在业务处理中应始终坚持以下原则。

1）谁收谁退原则。退费、调账必须由当事人核准确认差错后处理，确保处理正确，防止错退、错调电费（业务费）引起的差错风险。对于银行或其他机构代收引起的差错，应由代收机构核准并出具书面说明后，由供电企业代收对账员统一审核后，以代收机构身份处理。

2）原资金结算形式退费原则。确认退费、调账后，收费人员应查明收取当笔费用的资金结算形式，在审批流程通过后按原资金结算形式将错收费用退还给客户，以防止出现支票、POS 刷卡交费后通过现金退费等违规套现行为。

3）确认到账后处理原则。对于采取支票等非现金方式错交的电费，应在确认资金到账后方能进行退费处理，防止出现空套现象。

4）严格审批手续原则。若退费调账不经审批手续，则随时可能出现新欠费，导致过去实收不准、考核不准，被利用为虚假上报回收指标完成的工具，因此，严格的审批流程是十分重要的，通过审批流程，还可以对收费差错予以精确考核。

为方便处理，搞好被错收电费客户的服务工作，退费、调账处理一般按金额、资金形式实行分级审批，简化那些出现较频繁、资金量小、服务时限要求高的小额退费调账业务流程，扁平透明化控制大额特殊退费及调账业务。各地区的退费、调账审批流程由网省级供电单位制定并监督执行。

5）客户确认原则。在办理退款、调账时，应确认客户身份证明，要求客户在退款凭证上签字，已为客户开具发票的还应收回原发票（或开具红字发票由客户签字确认）。

2. 处理流程

错收电费退费、调账的处理流程包括申请、审批、打印凭据、确认处理几个环节，对于退费，由账务部门从经费账户中列支，以现金或支票等形式支付给客户，并收回客户签字确认的退款凭证。

为保障供电企业合法的营业外收入，有效制约违约行为，违约金、违约使用电费等费用不得随意减收或免收，必须经过严格的审批流程方能执行。审批权限按待减收金额分为多个级别，分别由营业班长、营业所主任、县市公司电费分管领导、地市公司分管领导等审核。具体流程设计制定由省级供电单位确定。

四、违约金计算示例

【例 1】某居民客户与供电公司签订供用电合同，条款中约定“抄表例日为每月15日，客户方应在供电方抄表计费后当月内结清电费，否则按相关规定加收违约金。经催交仍未交付电费达30天及以上者，依照规定程序停止供电”。2013年5月、6月期间，客户因工作原因未能按期交纳电费，两个月电费金额分别为88.24元及145.54元，7月5日，该客户到附近供电营业厅交纳电费，请计算该客户应交纳多少违约金？

分析：客户欠两个月电费，将超过免交违约金的合同约定日期，其中5月电费迟交35天［合同约定当月内结清电费，从6月1日起收取，共35天（30+5）］，6月电费迟5天（从7月1日算起），因其为居民客户，按1‰收取，因此，分别计算两月的违约金如下：

5月：88.24×35×0.001=3.09（元）

6月：145.54×5×0.001=0.73（元）

不足1元取整到1元，两月违约金累计4.09元。

【例 2】某企业在申请用电时，与供电企业签订电费结算协议，采用分期结算方式交纳电费，每月 5 日、15 日定额交纳 5 万元电费，月末 25 日抄表后结算尾款，多退少补。合同双方约定在抄表后 7 日内结清尾款电费，付费方式为银行电子托收，若未按期交纳，从退票之日起加收违约金。该企业为一茶叶加工制作企业，用电性质为普通工业，2012 年年底，资金出现问题，从 11 月起连续三个月出现欠费，供电企业经催交后仍未能收回电费，于 2013 年 2 月实施停电，2013 年 4 月 10 日，客户前来供电营业窗口交纳电费并申请复电，表 3–13–1 列举了其 2012 年 11 月以来的欠费及交费情况，请计算其应交纳的违约金金额。

表 3–13–1　　　　2012 年 11 月以来的欠费及交费情况

月份	电费金额（元）	5 日交费金额（元）	15 日交费金额（元）	25 日应交金额（元）	退票日期	实际结清日期
2012 年 11 月	121992.15	50000.00	50000.00	21992.15	2012 年 11 月 27 日	2012 年 12 月 5 日
2012 年 12 月	70806.96	50000.00	0.00	20806.96	2012 年 12 月 27 日	2013 年 4 月 10 日
2013 年 1 月	39117.77	0.00	0.00	39117.77	2013 年 1 月 29 日	2013 年 4 月 10 日

分析：

（1）2012 年 11 月应收的电费违约金。

从表 3–13–1 可以看出，2012 年 11 月，客户虽未结清尾款，但次月首次分期结算款到账，按欠费管理规定，该首次分期结算款应首先冲抵 11 月所欠电费，因此，11 月结清电费日期为 2012 年 12 月 5 日，为电费产生后第 10 日，大于 7 天，应加收违约金，超期天数从退票之日算起，天数为 9 天（4+5），且为当年非居民欠费，加收违约金执行标准 2‰，违约金金额为

$$21992.15\times9\times0.002=395.86\text{（元）}$$

（2）2012 年 12 月应收的电费违约金。

2012 年 12 月 5 日分期结算的电费，扣除 11 月应结清欠费后，实际余下预存电费为

$$50000-21992.15-395.86=27611.99\text{（元）}$$

2012 年 12 月实际欠费为

$$70806.96-27611.99=43194.97\text{（元）}$$

2012 年 12 月欠费超期天数共为 105 天（5+31+28+31+10），因其为跨年度欠费，加收违约金执行标准 3‰，违约金金额为

$$43194.97\times105\times0.003=13606.42\text{（元）}$$

（3）2013 年 1 月应收的电费违约金。

2013 年 1 月欠费超期天数为 72 天（3+28+31+10），因其为当年欠费，加收违约金执行标准 2‰，违约金金额为

$$39117.77\times72\times0.002=5632.96\text{（元）}$$

根据以上计算，2013 年 4 月共应收取电费 82312.74 元（43194.97+39117.77），收取违约金金额 19239.38 元（13606.42+5632.96）。

【思考与练习】

1. 电费回收的基本要求是什么？电费回收的主要考核指标有哪些？
2. 请简述电费回收的工作内容。
3. 请简述退费调账的处理原则。
4. 请叙述电费坏账核销的办理程序。
5. 某企业与供电企业签订电费结算协议，月末 25 日抄表，合同双方约定在抄表后 7 日内结清电费，付费方式为银行电子托收，若未按期交纳，从退票之日起回收违约金。该企业用电性质为商业用电，累计欠 2008 年 4 月、5 月电费分别为 4233.60 元、4692.24 元，退票日期分别为 29 日、27 日。6 月 18 日客户结清电费，请计算其应交纳的违约金金额。

模块 14 预收账款科目的会计处理（Z26F1014Ⅱ）

【模块描述】本模块介绍收到预收账款、退还预收账款、预收账款转实收、客户补付预收电费及有证据无法退回客户的预收电费的相关账务处理。通过账务处理介绍和案例分析，掌握预收账款科目的会计处理方法。

【模块内容】

预收账款是指经买卖双方协议商定，由购货方预先支付一部分货款给供应方而发生的一项负债。

“预收账款”科目的贷方，反映预收的货款和补付的货款；借方反映应收的货款和退回多收的货款；期末贷方余额，反映尚未结清的预收款项，借方余额反映应收的款项。

供电企业按照规定向客户预收的电费通过“预收账款”进行核算，预收电费种类主要包括负控购电业务、费控购电业务、IC 卡售电业务、电费充值卡、银行预划拨等业务。

一、预收电费的收取

企业收到向客户预收的电费时。

借：银行存款等科目

　　贷：预收账款

二、退还预收电费

如涉及多收的款项，退还时应按实际退还数。

借：预收账款

　　贷：银行存款等科目

三、客户补付预收电费

收到客户补付的预收电费时。

借：银行存款等科目

　　贷：预收账款

四、预收账款转实收账款

销售实现时，按实现的收入和应交增值税销项税额，借记“应收账款”等科目，按实现的营业收入，贷记“主营业务收入”科目，按专用发票上注明的增值税额，贷记“应交税费——应交增值税（销项税额）”等科目。

同时借记“预收账款”科目，贷记“应收账款”等科目。

收到购货单位补付的款项时，借记“银行存款”科目，贷记“预收账款”科目；退回多付的款项，做相反的会计分录。

五、实收账款转预收账款

（1）销售实现时，按实现的收入和应交增值税销项税额，借记“应收账款”等科目，按实现的营业收入，贷记“主营业务收入”科目，按税法规定应交纳的增值税额，贷记“应交税费——应交增值税（销项税额）”等科目。

（2）收到应收电费款项时，借记“银行存款”科目，贷记“应收账款”科目。

（3）因差错等原因，多记应收电费，做与（1）相反的会计分录。

（4）经用电客户同意，将多收取的电费款项转入其暂存电费。

借：应收账款

　　贷：预收账款

六、有证据无法退回客户的预收电费

当发生有证据无法退回客户的预收电费时。

借：预收账款

　　贷：营业外收入

【例1】2012年11月6日，长江供电公司收费日报表上反映的预收黄河公司（系外地来长江市施工企业）磁卡表电费100万元，款项已收。黄河公司11月份发生电费50万元（含税、价外附加），并且于11月29日停止用电，剩余款项已于12月2

日退回给客户。要求编制相关会计分录（单位以万元表示）。

（1）预收电费时。

借：银行存款	100	
贷：预收账款——黄河公司		100

（2）月末预收转实收。

借：预收账款——黄河公司	50	
贷：应收账款		50

（3）12 月 2 日退回。

借：预收账款——黄河公司	50	
贷：银行存款		50

【思考与练习】

1. 预收账款的核算内容包括哪些？
2. 预收账款转实收账款是如何进行核算的？
3. 简述客户补付的预收电费的记账方式。

模块 15　电费收入及基金、附加的税务处理（Z26F1015Ⅱ）

【模块描述】本模块介绍电费核算中涉及的各项电费收入及价外基金的所涉及的税种、处理原则和处理方法。通过对增值税、城建税、教育附加等概念讲解，熟悉电费收入及基金、附加的税种，掌握各税种的计算和账务处理方法。

【模块内容】

随电价征收的政府性基金和附加主要有重大水利工程建设基金、水库移民后期扶持基金（大中型库区后期扶持基金、地方库区扶持基金）、农网还贷资金、城市公用事业附加、可再生能源电价附加、差别电价、农村电网维护费。

一、增值税的处理

按照《电力产品增值税征收管理办法》（2018 年 6 月修正）的规定，生产、销售电力产品的单位和个人为电力产品增值税纳税人，并按该办法规定缴纳增值税。

电力产品增值税的计税销售额为纳税人销售电力产品向购买方收取的全部价款和价外费用，但不包括收取的销项税额。价外费用是指纳税人销售电力产品在目录电价或上网电价之外向购买方收取的各种性质的费用。供电企业收取的临时电费，凡逾期（超过合同约定时间）未退还的，一律转作收入计提缴纳增值税。

根据《中华人民共和国增值税暂行条例》（2017 年 11 月修订）第五条的规定，纳税人发生应税销售行为，按照销售额和该条例第二条规定的税率计算并向购买方收取的增值税额，为销项税额。

根据《财政部税务总局海关总署关于深化增值税改革有关政策的公告》（财政部税务总局海关总署公告 2019 年第 39 号）规定，自 2019 年 4 月 1 日电力产品增值税从 16%下调为 13%。（2018 年 5 月 1 日之前为 17%；2018 年 5 月 1 日至 2019 年 3 月 31 日为 16%）

销项税额=不含税销售收入×税率（一般是 13%）

也就是说，一般纳税人在销售货物时要收两部分钱，一部分是不含税价款，另一部分是销项税额。

按照现行规定，对于供电企业来说，除农维费外，电费及各项附加均征收 13%的销项税。同时，地市公司在地方上按一定的比例进行预交，省公司统一核算汇交。

【例 1】甲供电公司（分公司）2013 年 10 月营销部门提供的电费电量报表包含的电费收入（不含增值税）构成如下。

纯电费收入 10000 万元，农村电网维护费 100 万元，随征重大水利工程建设基金 235 万元，农网还贷资金 364 万元，大中型库区后期扶持基金 151 万元，地方库区扶持基金 9 万元，可再生能源电价附加 18 万元，城市公共事业附加资金 91 万元，差别电价收入 100 万元。增值税税率 17%。

要求：编制收入确认相关的会计分录（单位以万元表示）。

会计分录为：

借：应收账款——售电收入——电费收入　　11700（税费合计）
　　　　　　——重大水利工程建设基金　　274.95（税费合计）
　　　　　　——农网还贷资金　　425.88（税费合计）
　　　　　　——大中型库区后期扶持基金　　176.67（税费合计）
　　　　　　——地方库区后期扶持基金　　10.53（税费合计）
　　　　　　——城市公共事业附加　　106.47（税费合计）
　　　　　　——可再生能源附加　　21.06（税费合计）
　　　　　　——农村电网维护费　　100
　　　　　　——差别电价　　117（税费合计）

贷：主营业务收入——售电收入——电费收入　　10000
　　　　　　　　——重大水利工程建设基金　　235
　　　　　　　　——农网还贷资金　　364
　　　　　　　　——大中型库区后期扶持基金　　151
　　　　　　　　——地方库区后期扶持基金　　9
　　　　　　　　——城市公共事业附加　　91

——可再生能源附加　18
——差别电价收入　100
其他应付款——农村电网维护费　100
应交税费——应交增值税（销项税额）　1864.56

【例 2】以【例 1】数据，2013 年 11 月收回 10 月全部电费及价外基金，收到款项编制会计分录（单位以万元表示）。

会计分录为：

借：银行存款　12932.56
　贷：应收账款——售电收入——电费收入　11700
　——重大水利工程建设基金　274.95
　——农网还贷资金　425.88
　——大中型库区后期扶持基金　176.67
　——地方库区后期扶持基金　10.53
　——城市公共事业附加　106.47
　——可再生能源附加　21.06
　——农村电网维护费　100
　——差别电价　117

二、城市维护建设税的处理

城市维护建设税（以下简称“城建税”）的纳税人包括缴纳增值税、消费税、营业税的各类企业、单位、个体经营者和其他个人（不包括外商投资企业、外国企业和外国人）。

城建税和教育费附加是根据流转税（增值税、营业税和消费税）计提的。有应交流转税的，就要交城建税。

按照现行规定，重大水利工程建设基金暂时免征城建税。

城建税按照纳税人的所在地实行差别税率：市区税率为 7%，县城、建制镇税率为 5%，其他地区税率为 1%。此税以纳税人实际缴纳的增值税、消费税、营业税为计税依据，分别与上述三种税同时缴纳。应纳税额计算公式为

$$应纳税额=计税依据\times适用税率$$

如不考虑增值税进项税额，会计分录为

借：营业税金及附加　1864.56×7%（或 5%、1%）
　贷：应交税费——应交城市维护建设税　1864.56×7%（或 5%、1%）

三、教育费附加、地方教育费附加的处理

教育费附加是国家为了发展我国的教育事业，提高人民的文化素质而征收的一项

费用，按照企业缴纳流转税的3%计算，并与流转税一起缴纳。

地方教育费附加（部分地区收取）是为多渠道筹集教育经费、改善中小学办学条件，加快基础教育发展而征收的一项费用，按照企业缴纳流转税的1%计算，并与流转税一起缴纳。

按照规定，重大水利工程建设基金暂时免征教育费附加及地方教育附加。

教育费附加及地方教育附加统一由各级地税部门负责征收，资金交入同级国库，纳入预算管理。各级地税部门征收地方教育附加所需经费，由同级财政部门统筹安排解决，不再从地方教育附加中提取或支付代征费用。

如不考虑增值税进项税额，会计分录为

借：营业税金及附加　　1864.56×（3%+1%）

　　贷：应交税费——应交教育费附加　　1864.56×3%

　　　　　　　　——应交地方教育费附加　　1864.56×1%

【思考与练习】

1. 供电企业随电价征收的各种价外基金包括哪些？

2. 供电企业电费收入应缴纳哪些税费？

3. 销项税额的计算公式是什么？

模块16　错收电费账务处理（Z26F1016Ⅱ）

【模块描述】本模块介绍错收电费的类别、审批流程和账务处理流程以及相关管理规定。通过流程讲解，掌握错收电费账务处理的方法及注意事项。

【模块内容】

错收电费是指由于抄表电量错误、电价执行不正确或收费人员过失行为导致的多收电费、少收电费、电费串户等情况。

一、错收电费的类别

1. 多收电费

多收电费是指由于抄表错误或收费员疏忽的原因向客户多收取的电费。

2. 少收电费

少收电费是指由于抄表错误或收费员疏忽的原因向客户少收取的电费。

3. 电费串户

电费串户包括两种情况：一是客户将电费交存进了其他账户，而不是专门用途的电费账户（专用账户）；二是将A客户电费误入B客户。

为了尽可能避免电费的错收，公司应加强电费抄、核、收各环节管理，特别是电费复核环节的收费前的复核，有助于减少抄表电量错误、电价执行不正确产生的错误电费，同时收费人员综合素质的提高，有助于降低错收电费的主观因素，减少正确电费的错收行为的发生。

二、错收电费的审批流程

错收电费必须由营销部门出具电费错收证明，确认无误后进行退款或调账处理。

1. 错收电费退款受理

（1）对于电量电费差错引起的退款业务，按职责分工由各部门办理电费退款申请。

（2）对于业务变更（如销户等）引起的退款业务，由客户服务中心办理电费退款申请。

（3）对于由于客户自身原因（如客户多交电费）引起的退款业务，由电费管理中心办理电费退款申请。

（4）对于政府批准的退款业务，由电费管理中心办理电费退款申请。

（5）履行退款时，单位客户需加盖公章，个人客户需提供身份证复印件。

2. 错收电费退款按金额大小实行分级审批

对于金额较大的，报经供电公司办公会议审批后处理。

3. 电费会计必须在确定客户付款到达相关银行账户后才能从退款账户办理退款

对于个人客户可采用现金或现金支票退款，对单位客户一律开具转账支票退款。客户小额现金退款可从备用金退款。

4. 退款手续办理结束后，电费管理中心处理营销管理信息系统中退款账务信息。

三、错收电费的账务处理

（1）多收电费。

借：银行存款（红字）

　　贷：应收账款（红字）

（2）少收补收。

借：应收账款

　　贷：主营业务收入

　　　　应交税费——应交增值税（销项税额）

借：银行存款

　　贷：应收账款

（3）A 客户电费误入 B 客户情况，可直接在营销系统处理，财务无须做账务处理。

（4）电费误入其他非电费专户，营销部门应及时通知财务部，并提供相应支撑附件，由财务部做账户资金调整。

四、注意事项

（1）当日解款前发现的错收电费可进行冲正处理，并记录冲正原因，如果发票已打印，应收回并作废。冲正只能全额冲正，不允许部分冲正。

（2）当日解款后发现的错收电费不允许进行冲正处理，应通过“退费管理”进行相应的处理，不允许部分冲正。

（3）错收电费时应严格审查退费数据，应认真复核客户电量电费，应及时汇总上报电量电费差错月报表。

【思考与练习】

1. 错收电费分为哪几种情况，产生的原因是什么？
2. 如何进行错收电费账务处理？
3. 简述错收电费的审批流程。

模块 17　现金溢余会计处理（Z26F1017Ⅱ）

【模块描述】本模块介绍现金溢余的概念以及现金溢余和短缺的账务处理的方法。通过方法介绍和案例讲解，掌握现金溢余和短缺的账务处理方法。

【模块内容】

在企业资产中现金特别容易出差错，因此特别强调对现金加强管理。但是即使加强了管理，由于种种原因也会发生现金的溢余或短缺。

一、现金溢余的基本概念

现金溢余是指现金在盘点过程中发生的多于账面数额的现金，现金短缺是指在盘点现金过程中发生的少于账面数额的现金。

二、现金溢余的账务处理

1. 现金溢余的账务处理

如果发现现金实际余额大于账面余额，多出的现金应借记“库存现金”科目，贷记“待处理财产损溢”科目。处理完账务之后要查找原因，找出原因根据不同情况进行调整。如为现金溢余，属于应支付给有关人员和单位的：

借：待处理财产损溢

　　贷：其他应付款——应付现金溢余（××个人或××单位）

确实无法查明的溢余现金，报经领导批准后，转入营业外收入科目。

借：待处理财产损溢

　　贷：营业外收入

2. 现金短缺的账务处理

如果发现现金实际余额小于账面余额，短缺的现金应借记“待处理财产损溢”科目，贷记“库存现金”科目。处理完账务之后要查找原因，找出原因根据不同情况进行调整。如为现金短缺，属于应由相关人员赔偿的部分：

借：其他应收款

　　贷：待处理财产损溢

【例1】2013年1月31日某企业电费出纳在对现金进行盘点时，发现现金盘盈100元。

借：库存现金　100

　　贷：待处理财产损溢　100

【例2】经查实，该笔盘盈的款项属于应支付给A企业（客户）的多余电费。

借：待处理财产损溢　100

　　贷：其他应付款——A企业　100

【例3】如【例1】，经查实，该笔盘盈的款项属于无法查明，已报经领导批准。

借：待处理财产损溢　100

　　贷：营业外收入　100

【例4】2013年1月31日某企业电费出纳在对现金进行盘点时，发现现金盘亏100元。

借：待处理财产损溢　100

　　贷：库存现金　100

【例5】如【例4】，经查实，该笔盘亏的款项应由出纳员A赔偿。

借：其他应收款——出纳员A　100

　　贷：待处理财产损溢　100

【思考与练习】

1. 什么是现金溢余？
2. 现金溢余是如何进行账务处理的？
3. 现金短缺是如何进行账务处理的？

模块18　账有银无、银有账无的处理（Z26F1018Ⅱ）

【模块描述】本模块介绍账有银无、银有账无的含义和银行存款余额调节表的编制方法，以及未达账项的清理要求和管理方法。通过以上内容讲解，掌握账有银无、银有账无的相关处理方法和要求。

【模块内容】

电费会计在进行对账时经常会出现企业账户余额与银行账户的余额不符，发现该现象需进行相应的处理。

一、账有银无、银有账无的含义

产生账有银无、银有账无的原因在于未达账项，即电费出纳在与银行等金融机构进行对账时，发现企业账户余额与银行账户的余额不符。

账有银无是指企业已入账，但银行无相应款项进账。

银有账无是指银行已入账，但企业无相应款项进账。

二、“银行存款余额调节表”的编制

电费会计于次月初与银行进行对账，并编制“银行存款余额调节表”，列出未达账项明细。

1. 手工对账

电费会计在月末“银行日记账”登记完毕后，根据进账单日期、金额与银行对账单进行对账，对上的使用“√”作标记，没有对上的根据类别分别登记在“银行存款余额调节表”中。

2. 电子自动对账

月末“银行日记账”、银行对账单录入完毕后，实现电子对账，对账结束，自动产生“银行存款余额调节表”，列出未达账项。

3.“银行存款余额调节表”的编制方法

在银行对账单余额与企业账面余额的基础上，各自加上对方已收、本单位未收账项数额，减去对方已付、本单位未付账项数额，以调整双方余额使其一致。“银行存款余额调节表”的编制方法有三种，其计算公式为

企业账面存款余额=银行对账单存款余额+企业已收而银行未收账项–企业已付而银行未付账项+银行已付而企业未付账项–银行已收而企业未收账项

银行对账单存款余额=企业账面存款余额+企业已付而银行未付账项–企业已收而银行未收账项+银行已收而企业未收账项–银行已付而企业未付账项。

银行对账单存款余额+企业已收而银行未收账项–企业已付而银行未付账项=企业账面存款余额+银行已收而企业未收账项–银行已付而企业未付账项

通过核对调节，“银行存款余额调节表”上的双方余额相等，一般可以说明双方记账没有差错。如果经调节仍不相等，或者是未达账项未全部查出，或者是一方或双方记账出现差错，需要进一步采用对账方法查明原因，加以更正。调节相等后的银行存款余额是当日可以动用的银行存款实有数。对于银行已经划账，而企业尚未入账的未达账项，要待银行结算凭证到达后，才能据以入账，不能以“银行存款调节表”作

为记账依据。

“银行存款余额调节表”的格式见表 3–18–1。

表 3–18–1　　银行存款余额调节表

<table>
<tr><td>银行账号</td><td colspan="3"></td><td colspan="4">日期：</td></tr>
<tr><td colspan="2">银行对账单余额：</td><td colspan="2"></td><td colspan="2">企业银行存款余额</td><td colspan="2"></td></tr>
<tr><td colspan="4">加：单位收银行未收</td><td colspan="4">加：银行收单位未收</td></tr>
<tr><td>日期</td><td>摘要</td><td>凭证号</td><td>金额</td><td>日期</td><td>摘要</td><td>凭证号</td><td>金额</td></tr>
<tr><td></td><td></td><td></td><td></td><td></td><td></td><td></td><td></td></tr>
<tr><td></td><td></td><td></td><td></td><td></td><td></td><td></td><td></td></tr>
<tr><td></td><td></td><td></td><td></td><td></td><td></td><td></td><td></td></tr>
<tr><td colspan="4">合计：</td><td colspan="4">合计：</td></tr>
<tr><td colspan="4">减：单位付银行未付</td><td colspan="4">减：银行付单位未付</td></tr>
<tr><td>日期</td><td>摘要</td><td>凭证号</td><td>金额</td><td>日期</td><td>摘要</td><td>凭证号</td><td>金额</td></tr>
<tr><td></td><td></td><td></td><td></td><td></td><td></td><td></td><td></td></tr>
<tr><td></td><td></td><td></td><td></td><td></td><td></td><td></td><td></td></tr>
<tr><td></td><td></td><td></td><td></td><td></td><td></td><td></td><td></td></tr>
<tr><td colspan="4">合计：</td><td colspan="4">合计：</td></tr>
<tr><td colspan="2">调整后银行余额</td><td colspan="2"></td><td colspan="2">调整后企业银行存款余额</td><td colspan="2"></td></tr>
</table>

三、未达账项清理要求

1. 单位已收，银行未收款项

电费会计应查看银行回单进账日期，如进账日期为下月日期或本月月底的与银行核对是否在下月初进账，如没有，则通知电费管理人员查明原因。

2. 单位已付，银行未付款项

电费会计应咨询银行是否漏划，或放在下月初划出。如没有，则由付款单位查明原因。

3. 银行已付，企业未付款项

电费会计应立即咨询银行查明原因，并做相关处理。

4. 银行已收，单位未收款项

电费会计应通知电费管理人员查明原因，并做相关处理。

四、营销部门需核实的内容

1. 账有银无

营销部门应先检查销账处理是否有误，如有误，则应撤回销账处理，账务由专人与银行结算中心联系，核对单位已销账金额在银行何时入账，并将相关信息反馈至财务部门。

2. 银有账无

营销部门应查询进账款项所属客户名称，如属进账单据丢失，应及时联系开户行补做进账单据，做出相应销账处理；如不能查明进账款项所属客户名称，则应先做暂存款处理。

五、账有银无、银有账无的两种情况下银行回单的传递处理方式

月末，财务部对账有银无、银有账无的未达账项，分别不同情况处理如下。

（1）财务账面已入账，银行尚未入账，需要联系银行查明尚未入账的原因，作为当月未达账项管理。

（2）银行对账单已收，而财务尚未收到银行进账通知单，需联系银行查明原因，如属进账单遗失，补打进账单并经银行盖章确认；如属其他原因造成进账单未能及时传递，作为当月未达账项管理。

【思考与练习】

1. 何为账有银无和银有账无？

2.“银行存款余额调节表”是如何进行编制的？

3. 营销部门需核实的未达账项的内容有哪些？

模块 19 电费出纳和门市收费款项交接（Z26F1019Ⅱ）

【模块描述】本模块介绍电费出纳和门市收费款项交接的流程、内容和注意事项。通过流程讲解，掌握电费款项交接的基本流程与注意事项，确保电费资金的安全和责任的划分。

【模块内容】

款项交接是指电费出纳和门市收费之间进行的款项交接程序，主要包括相关单据的交接。

一、款项交接的流程

（1）门市收费员以现金方式收取的电费必须当日交存供电公司指定的电费专户，不得私自截留、过夜，不得私存或挪作他用。

（2）电费出纳负责每天收取门市收费的款项交接单和银行进账单；门市收费员每

天统计生成的交费明细汇总，并与款项交接单金额核对一致。

（3）交接前，门市收费人员应对现金交款单、发票存根、作废发票（收据）进行核对，按要求编制电费实收日报、电费预收日报和违约金日报。

（4）电费出纳应审核收费凭据的张数与实收报表一致。

（5）电费出纳应核对银行进账金额和系统销账金额一致。

（6）移交收费凭据。门市收费人员将实收电费报表及现金交款单、发票存根等收费凭据转交电费出纳，履行签收手续。

二、电费款项交接的内容

电费款项交接的内容主要包括：现金交款单、发票存根、作废发票（收据）、电费实收日报、电费预收日报和违约金日报等。

三、款项交接的注意事项

（1）交接前，门市收费人员应审核现金交款单、转账回单等与实收报表一致。

（2）电费出纳审核收费凭据（现金交款单、转账回单和银行票据等）的单据张数以及收款类型、金额等与实收报表的一致性。不一致时，门市收费人员必须限期查清后方可交接。

（3）款项单据交接时，双方需书面签字确认，确保电费资金的安全和明确责任。

【思考与练习】

1. 电费出纳和门市收费款项进行交接有哪些内容？
2. 电费出纳和门市收费款项进行交接有哪些注意事项？
3. 款项交接的流程是什么？

模块 20　款项交接单的审核（Z26F1020Ⅱ）

【模块描述】本模块介绍款项交接单所包含的内容、交接流程和审核要求。通过相关内容介绍，掌握款项交接单的审核内容、流程和方法。

【模块内容】

电费会计根据交费明细汇总与款项交接单审核门市收费情况，并依此进行销账处理；要求交费明细汇总与款项交接单的实收金额一致。库存现金、银行存款、相关票据必须与会计账簿等记录保持一致。

一、款项交接单的含义

款项交接单是指电费出纳每日收取电费金额的汇总单，用于与电费会计的交接。

二、款项交接单的内容

款项交接单的内容主要包括客户名称、客户编号、应收金额、实收金额、预收金额、违约金、滞纳金、交费方式、欠费状态、备注信息、移交人员、接收人员和制单日期等。

三、款项交接单的审核流程

（1）电费会计应核对款项交接单实收金额及交款方式与所附原始单据、银行进账单据一致性。

（2）电费会计应核对款项交接单客户信息、进账金额、销账金额等与系统一致性。

（3）电费会计应核对款项交接单应收电费、实收电费、预收电费、违约金、滞纳金等金额与系统一致性。

（4）款项交接单上应有接收人、移交人签字。

四、款项交接单的审核要求

（1）每日收费盘点账目清晰，系统销账及时、正确，账、票、表金额一致。

（2）应核实银行进账回单、发票存根、未收电费发票一致。

（3）应及时进行交费客户的系统销账。销账前，应核对客户的户名、户号、地址等基本信息，确保系统销账正确。

（4）应核实进账金额与系统销账金额一致。

（5）应按要求编制电费实收日报、电费预收日报和违约金日报。

（6）应按日审核移交收费凭据，确保正确无误并双方签字确认。

【思考与练习】

1. 简述款项交接单的含义和内容。
2. 款项交接单的审核流程包括哪些？
3. 款项交接单的审核要求包括哪些？

模块 21 增值税专用发票的使用（Z26F1021Ⅱ）

【模块描述】本模块介绍增值税发票与普通发票的区别、增值税发票的开具及使用的有关规定。通过比较分析、要点讲解，掌握电费增值税发票使用的有关规定和注意事项。

【模块内容】

电费发票除了电费普通发票（高、低压）之外，还包括电费增值税专用发票。按照规定，具有增值税一般纳税人资格的企业可以到主管国税部门申请领购增值税专用发票，并通过防伪税控系统开具。具有增值税一般纳税人资格的企业可以凭增值税专用发票进行增值税的抵扣。增值税的小规模纳税人、非增值税纳税人以及全部销售免税货物的纳税人，不得领购和使用增值税专用发票。

一、增值税专用发票与普通发票的区别

增值税专用发票是我国为了推行新的增值税制度而使用的新型发票，与日常经营过程中所使用的普通发票相比，有以下区别。

1. 发票的印制要求不同

根据新的《中华人民共和国税收征收管理法》第二十二条规定："增值税专用发票由国务院税务主管部门指定的企业印制；其他发票，按照国务院主管部门的规定，分别由省、自治区、直辖市国家税务局、地方税务局指定企业印制。未经前款规定的税务机关指定，不得印制发票。"

2. 发票使用的主体不同

增值税专用发票一般只能由增值税一般纳税人领购使用，小规模纳税人需要使用的，只能经税务机关批准后由当地的税务机关代开；普通发票则可以由从事经营活动并办理了税务登记的各种纳税人领购使用，未办理税务登记的纳税人也可以向税务机关申请领购使用普通发票。

3. 发票的内容不同

增值税专用发票除了具备购买单位、销售单位、商品或者服务的名称、商品或者劳务的数量和计量单位、单价和价款、开票单位、收款人、开票日期等普通发票所具备的内容外，还包括纳税人税务登记号、不含增值税金额、适用税率、应纳增值税额等内容。

4. 发票的联次不同

增值税专用发票有四个联次和七个联次两种，第一联为存根联（用于留存备查），第二联为发票联（用于购买方记账），第三联为抵扣联（用于购买方扣税凭证），第四联为记账联（用于销售方记账），七个联次的其他三联为备用联，分别作为企业出门证、检查和仓库留存用；普通发票则只有三联，第一联为存根联，第二联为发票联，第三联为记账联。

5. 发票的作用不同

增值税专用发票不仅是购销双方收付款的凭证，而且可以用于购买方扣除增值税的凭证；而普通发票除运费、收购农副产品按法定税率做抵扣外，其他的一律不予做抵扣用。

二、增值税专用发票的开具范围

一般纳税人销售货物（包括视同销售货物在内）、应税劳务等，必须向购买方开具增值税专用发票。发生下列情况不得开具专用发票：

（1）向消费者销售应税项目；

（2）销售免税项目；

（3）销售报关出口货物，在境外销售应税劳务；

（4）将货物用于非应税项目；

（5）将货物用于集体福利和个人消费；

（6）提供非应税劳务（应征增值税的除外）转让无形资产或销售不动产；

（7）向小规模纳税人销售应税项目；

（8）商业零售的烟、酒、食品、服装、鞋帽（不包括劳保专用的部分）、化妆品等消费品。

三、增值税专用发票的使用

增值税专用发票的使用应严格遵守国家税务总局下发的《增值税专用发票使用规定》的要求。

1. 增值税专用发票的打印规定

各单位需使用专用电脑安装防伪税控系统，开具发票时要注意，系统开具的发票是顺号的，在打印实物发票之前必须将系统开具发票的号码与从税务机关购得的实际发票号码核对一致。打印税票需使用专用打印机，确保存根联、抵扣联、发票联字迹清楚。开具后的存根联应当按照顺序装订成册。

2. 增值税发票各项目的填写要求

（1）项目齐全，与实际交易相符；

（2）字迹清楚，不得压线、错格；

（3）发票联和抵扣联加盖财务专用章或者发票专用章；

（4）按照增值税纳税义务的发生时间开具。

对不符合上列要求的专用发票，购买方有权拒收。

3. 开具红字发票的规定

（1）增值税一般纳税人开具增值税专用发票（以下简称“专用发票”）后，发生销货退回、销售折让以及开票有误等情况需要开具红字专用发票的，视不同情况分别按以下办法处理。

1）因专用发票抵扣联、发票联均无法认证的，由购买方填报“开具红字增值税专用发票申请单”（以下简称“申请单”），并在申请单上填写具体原因以及相对应蓝字专用发票的信息，主管税务机关审核后出具“开具红字增值税专用发票通知单”（以下简称“通知单”）。购买方不做进项税额转出处理。

2）购买方所购货物不属于增值税扣税项目范围，取得的专用发票未经认证的，由购买方填报申请单，并在申请单上填写具体原因以及相对应蓝字专用发票的信息，主管税务机关审核后出具通知单。购买方不做进项税额转出处理。

3）因开票有误购买方拒收专用发票的，销售方须在专用发票认证期限内向主管税务机关填报申请单，并在申请单上填写具体原因以及相对应蓝字专用发票的信息，同时提供由购买方出具的写明拒收理由、错误具体项目以及正确内容的书面材料，主管税务机关审核确认后出具通知单。销售方凭通知单开具红字专用发票。

4）因开票有误等原因尚未将专用发票交付购买方的，销售方须在开具有误专用发票的次月内向主管税务机关填报申请单，并在申请单上填写具体原因以及相对应蓝字专用发票的信息，同时提供由销售方出具的写明具体理由、错误具体项目以及正确内容的书面材料，主管税务机关审核确认后出具通知单。销售方凭通知单开具红字专用发票。

5）发生销货退回或销售折让的，除按照《开具红字增值税专用发票通知单》的规定进行处理外，销售方还应在开具红字专用发票后将该笔业务的相应记账凭证复印件报送主管税务机关备案。

（2）税务机关为小规模纳税人代开专用发票需要开具红字专用发票的，比照一般纳税人开具红字专用发票的处理办法，通知单第二联交代开税务机关。

（3）为实现对通知单的监控管理，税务总局正在开发通知单开具和管理系统。在系统推广应用之前，通知单暂由一般纳税人留存备查，税务机关不进行核销。红字专用发票暂不报送税务机关认证。

4. 作废增值税专用发票的管理

因开具错误等原因需作废增值税专用发票的，应将所有联次收集齐全，加盖作废章，与其他存根联一起存放。

5. 税控系统的使用要求

税控系统统一按照当地税务部门要求进行安装，为方便客户，可在营销部门安装使用税控系统，开票人员应经当地国税部门培训，取得开票证件方可上岗。

四、电费增值税专用发票开具的注意事项

（1）需开具增值税专用发票的电力客户必须具备一般纳税人资格，需提供税务登记证副本、开户银行、账号等资料。开票时，必须严格按照国税局有关规定审核客户的一般纳税人资格证及税务登记证（副本）原件，认真审查客户资格证的年审期限；核对税票应税金额应与交费凭证一致。

（2）客户持电费普通发票换开电费增值税专用发票时，要求客户必须退回原开具的电费普通发票，供电公司不得同时向客户开具电费普通发票和电费增值税专用发票。

（3）多个客户合用一台总表，其中部分客户需要开具电费增值税专用发票的客户，可持由转供方和被转供方共同认可的月用电量、月电费的确认函（需加盖双方公章方可有效）及电费普通发票、税务登记证副本，经税务部门同意后，到供电企

业开具。

（4）具备一般纳税人资格的农村电力客户，按《关于农村电网交护费核定及免征增值税有关问题的通知》规定，开具的增值税企业发票不包含农村电网低压维护费。

（5）增值税企业发票大写金额只能是本期电费发生额（扣减居民生活用电电费）。预收电费、违约使用电费等非增值税应税收入的营业外收费项目，不得开具电费增值税企业发票。

（6）增值税企业发票抵扣有效期为三个月，因此对已开具的增值税企业发票应及时通知客户领取。

【思考与练习】

1. 简述增值税专用发票的开具范围。

2. 电费增值税专用发票的开具方法和规定包括哪些内容？

模块 22　电费票据的保管与销毁（Z26F1022Ⅱ）

【模块描述】本模块介绍电费票据的保管与销毁的规章制度。通过规定和流程介绍，掌握电费票据的保管与销毁管理要求，使之符合营销会计基础资料管理的要求。

【模块内容】

电费票据的保管与销毁必须严格按规定进行。

一、电费票据的保管

（1）各使用部门均应设专人保管，建立发票使用登记制度，设置发票登记簿即“上月电费票据使用情况”，其内容包括：已用票据本数、起讫号码、作废票据、空白未用票据份数、起讫号码。对作废的发票不得随意丢弃，应在废票上写明作废后，并将废票的所有的联次收回，按发票码顺序存放。

（2）各使用部门应对每百张打印完毕的发票要分别记录下区间编号及打印（开具）时间。对已开具发票的存根联、记账联合并后按每百张装订一册，每百张按顺序集中保管，中间不得缺号，并用白纸做封面，封面上写明发票起讫号码、总份数、作废份数、作废号码，交由电费管理中心保管，并在登记簿上注明还票情况。

（3）月末，电费管理中心核实各使用部门的发票领用、使用情况编制各类发票、收据领用、使用、回笼情况月报表，向营销部门、财务部门报告发票使用情况，并接受财务部门核查。

（4）财务部门负责定期向主管税务机关报告发票使用情况。

（5）普通电费发票的票根和发票登记簿保管期限为 5 年，增值税发票的票根和发票登记簿保管期限为 15 年。

二、电费票据的销毁

1. 电费票据销毁的规定

（1）电费票据保存期满，由财务部门报经税务机关查验后销毁，不得擅自损毁。已开具的发票存根联和发票登记簿，应当保存5年。保存期满，报经税务机关查验后销毁。开具发票的电子数据应当以电子储存介质完整保存5年。

（2）电费发票存根及空白发票需销毁时，要进行分类整理、登记造册，填制“发票清理销毁（申请）表”，经主管税务机关进行查验批准后，送到指定的地点销毁，销毁现场须有两名以上发票管理人员进行监督销毁。

（3）对于保管期满但未结清的债权债务原始凭证和涉及其他未了事项的原始凭证，不得销毁，而应当单独抽出立卷，保管到未了事项完结时为止。

2. 电费票据销毁的流程

首先由供电企业的电费票据填开及保管部门对需要销毁的电费发票进行清理，并分类登记造册，然后将清理结果书面报送本企业的财务部门。由财务部门根据票据保管期限的要求，按照税务机关票据销毁的规定，填报“发票清理销毁（申请）表”一式三份，并携带公章、需要交销的发票及票据需销毁明细清单、使用过的最后一份及其后一份空白增值税专用发票复印件，到供电企业的主管税务机关进行查验后，送达销毁地点办理销毁手续。

【思考与练习】

1. 简述电费票据保管的要求。
2. 简述电费票据销毁的规定。
3. 简述电费票据销毁的流程。

模块23　电费发票遗失的处理（Z26F1023Ⅱ）

【模块描述】本模块介绍发票遗失的处理方法。通过对方法和流程介绍，掌握电费发票遗失时的正确处理程序和方法。

【模块内容】

发生电费发票遗失时，应严格按照相关规定进行处理。

一、电费空白发票遗失的处理

根据《中华人民共和国发票管理办法》规定，空白发票必须妥善保管，不得遗失，如果遗失，必须立即向主管领导汇报，并于丢失当日书面报告主管税务机关，并在报刊和电视等传播媒介上公告声明作废。

二、供电企业用电客户电费发票遗失的处理

供电企业用电客户的电费发票遗失后，根据遗失票据的不同分别按以下情况处理。

1. 供电企业用电客户遗失电费普通发票

（1）用电客户若为单位，需提供一份以单位名义出具的电费发票遗失情况书面说明，并加盖单位公章，到供电企业的收费营业大厅（非代收点），查询已交费并已打印票据的交费信息后，由营业厅收费人员打印一份与原票据格式相同（相近）的电费使用清单或将原电费发票存根联复印件，注明“因客户票据遗失，提供遗失票据上的用电信息，不做报销发票，仅作交费证明之用”字样，同时加盖供电企业“电费专用章”后，提交用电客户做遗失证明。

（2）用电客户若为个人，需提供一份以个人名义出具的电费发票遗失情况书面说明，并有申请人自己签名（不能签字可以手印代替）后，带上个人的身份证原件，到供电企业收费营业大厅（非代收点），查询已交费并已打印票据的交费信息后，由营业厅收费人员打印一份与原票据格式相同的电费使用清单或向客户提供原电费发票存根联复印件，注明“因客户票据遗失，提供遗失票据上的用电信息，不做报销发票，仅作交费证明之用”字样，同时加盖供电企业“电费专用章”后，提交用电客户做遗失证明。

2. 供电企业用电客户遗失电费增值税专用发票

根据国家税务总局关于增值税专用发票的遗失管理规定，供电企业用电客户（增值税一般纳税人）丢失已开具增值税专用发票“发票联和抵扣联”的，该用电客户需提供一份以丢失增值税专用发票的“一般纳税人企业”名义出具的电费增值税专用发票遗失情况书面说明，并加盖单位公章，提交至供电企业的收费营业大厅（非代收点）增值税专用票据开具处，由增值税专用票据开具人员查验确定情况属实后，提供给该用电客户与丢失增值税专用发票相对应的专用增值税专用发票“记账联”复印件，交客户到供电企业所在地主管税务机关办理增值税票据认证等相关手续。

【思考与练习】

1. 简述电费空白发票遗失的处理方法。
2. 简述供电企业用电客户电费普通发票遗失的处理方法。
3. 简述供电企业用电客户电费增值税专用发票遗失的处理方法。

模块 24　电费账务管理的流程及基本环节（Z26F1024Ⅱ）

【模块描述】本模块介绍电费账务管理内容和管理的基本环节。通过概念介绍、

要点介绍，掌握电费账务管理流程及基本环节。

【模块内容】

电费账务管理流程是指供电企业发生电力销售行为及与其相关业务之后财务管理的过程。

一、电费账务管理的内容

电费账务管理包括电费资金账户管理、电费账务的审核管理、电费收入的核算、电费资金的回收等内容。具体环节有：电费收入与资金回收的确认、电费的对账管理、发票与印章的管理、监督与检查，以及涉及电费资金等业务报表、凭证和台账。通过加强电费账务管理，确保供电企业的收入实现与资金回收及时，并提供真实、准确、完整的财务信息。

二、电费账务管理基本环节

1. 电费资金账户管理

（1）电费资金账户的开设或变更，由电费管理部门根据实际工作需求提出，由财务部门按照账户管理开设审批流程进行报批。

（2）电费资金专户纳入财务部门统一管理。

2. 电费收入的确认核算

（1）月度电费封账之后，电费管理部门编制电力销售明细表或电力销售总传票确认电费收入，并按时报送归口部门。

（2）对电费封账后出现的电费错账，电费管理部门应通过电量电费的退补的方式在次月电费账务中进行处理并体现。

（3）对经税务部门批复的电费坏账，电费管理部门在营销管理信息系统设立标志，并建立已核销电费的总账和明细台账。

3. 电费资金回收的核算

（1）电费资金回收的核算包括电费实收、预收、违约金和坏账核算。

（2）电费管理部门负责签收审核各收费单位的收费日报、现金交款凭证及支票回单，并及时交单位财务部门作为编制收款凭证的依据。

（3）电费管理部门按照账销案存管理制度，对回收的核销电费单独纳入核销电费核算。

（4）电费退款业务应由相关责任部门提交退费申请，报营销部门审核批准。财务部门须在核实款项进账后，方可办理退费。

4. 电费对账管理

（1）电费管理部门按照电费结算时点及时统计电费，确认收入。

（2）电费管理部门按日审核各收费单位上报的收费日报、现金进账单及支票回单，确保实收电费明细与银行进账单数据的一致性、各类发票及凭证与报表数据的一致性。

（3）电费管理部门每日核对各代收电费单位的收费数据，监控代收电费单位将电费资金及时足额入账，确保银行对账单金额、营销管理信息系统实收金额、财务入账金额三者一致。

（4）月末终了，营销部门、财务部门严格执行电费应收、实收、未收、预收的内部对账制度，做到总账与各明细账逐项核对相符，达到电费账证相符、账账相符、账实相符。

（5）电费会计编制“银行余额调节表”，并对电费在途资金进行统计、分析，及时清理未达账项。

三、电费账务的监督与检查

（1）营销部门依据电费账务管理考核制度，定期对电费账务管理情况进行监督与检查。

（2）营销部门定期检查电费应收、实收、欠费数据。

（3）营销部门定期检查电费未达账项的处理情况。

【思考与练习】

1. 电费账务管理流程包括哪些？
2. 电费账务管理的基本环节有哪些？
3. 简述电费账务的监督与检查的内容。

模块 25 电费账务的清核重点（Z26F1025Ⅱ）

【模块描述】本模块介绍电费账务的清核重点。通过要点讲解，掌握应收和实收总账与明细账、电费实收与银行进账、预收总账与明细账、财务系统与营销系统数据核对一致的要求。

【模块内容】

根据营销部门与财务部门对电费管理的职责划分，营销部门管理电费明细账，财务部门管理电费总账，每月月末营销部门的电费明细账与财务部门的电费总账核对，填报应收电费余额核对情况表，余额不一致的需查明原因，并详细说明。

一、电费账务清核的含义

电费账务清核包括电费应收、实收（包括预收）、欠收的审核及管理，根据不同业务，编制相应的会计分录，记录明细账和总账，跟踪每笔资金的到账情况，确保电费业务会计处理的真实性、合理性和及时性，实现电费账证相符、账账相符、账实相符。

二、电费账务清核重点

电费账务的清核应不定期地开展，一般每季度不得少于一次。

1. 应收总账与明细账核对

（1）核查应收总电量、总电费是否等于明细电量、电费之和，核查应收分类总电量、总电费是否等于明细分类电量、分类电费之和，核查分类电量、分类电价、分类电费对应关系是否相符。

（2）核查电量、电费的统计是否真实完整，有无存在人为调整电量、用电结构，从而调整线损、调节收入的情况，核查应收电费是否有漏列应收账或应减未减应收账，注销或减退电量与电费的审批手续是否完备。

（3）核查应收电费减注销电费后，与统计报表中的应收电费数是否相符。

2. 实收总账与明细账核对

（1）核查实收电费与统计报表中的实收电费数据应一致，核查实收总账是否等于明细实收账之和，核查欠收总账是否等于明细欠费账之和，核查应收总账是否等于欠收总账与实收总账之和。

（2）核查长期未收回的电费回收情况，分析未收回的原因，防止形成呆账甚至坏账，减少供电企业的电费损失。

（3）核查未收电费数据与欠费户清单是否相同。

3. 电费实收与银行进账核对

（1）核查电费实收是否等于银行进账总和，核查电费实收与实收报表是否相符。

（2）核查电费是否存入电费专户，核查未按期到账的电费款，并查明原因，核查是否存在电费分款私存、挪用或贪污电费现象。

（3）核查实收电费及各项业务收入之和，与银行对账单（除上期结转金额外）及库存现金（除备用金外）相加的数据是否吻合。

4. 预收总账与明细账核对

（1）核查本期预收总额是否等于明细预收之和，核查预收期初余额、本期预收、预收期末余额是否相符。

（2）核查实收电费是否出现预收电费与实收电费不对应的客户，预收款转为实收电费是否有误，退出已收电费账务处理是否正确。

5. 财务系统与营销系统核对

（1）核查应收总电费是否相同，核查分类基金、附加是否相同。

（2）核查应收电费余额是否相同，核查预收期初余额、本期预收、预收期末余额是否相同。

（3）核查银行存款余额是否相同。

【思考与练习】

1. 电费账务清核内容包括哪些？

2. 电费账务清核的重点包括哪些？

3. 应收总账与明细账如何核对？

模块 26 电费呆坏账的账务处理（Z26F1026Ⅱ）

【模块描述】本模块介绍发生电费坏账的账务处理流程、发生坏账的确凿证据及省公司、税务部门的批复文件的组成，电费坏账审批程序及如何加大催收力度防止坏账发生。通过要点介绍，掌握电费呆坏账的账务处理方法。

【模块内容】

电费呆坏账由呆账和坏账组成。

一、呆坏账的含义

呆账是指已过偿付期限，经催讨尚不能收回，长期处于呆滞状态，有可能成为电费坏账的应收款项。

坏账是指供电企业无法收回或收回的可能性极小的应收款项。一般认为，债务人被依法宣告破产、撤销（包括被政府责令关闭）、吊销工商营业执照、死亡、失踪，其剩余财产或遗产确实不足清偿；债务人逾期三年以上未清偿且有确凿证据表明已无力清偿债务；因自然灾害、战争及国际政治事件等不可抗力因素影响，确实无法收回的应收款项，都可以向税务部门申请核销处理。

二、坏账准备

供电企业应当定期或者至少于每年年度终了，对应收款项（包括应收账款、其他应收款）的可收回性进行全面分析、评估，预计可能发生的坏账损失，采用账龄分析与个别认定相结合的方法确定具体计提标准，对应收款项合理计提坏账准备。

1. 账龄划分

采用账龄分析法计提坏账准备时，按债权发生之日至当期期末的期间确定账龄。营销部门应提供欠费账龄分析法给财务部门。

2. 坏账准备计提比例

采用账龄分析法计提坏账准备的比例为：

（1）1 年（含 1 年）以内的应收款项，按 5%计提坏账准备；

（2）1～2 年（含 2 年）的应收款项，按 10%计提坏账准备；

（3）2～3 年（含 3 年）的应收款项，按 50%计提坏账准备；

（4）3～4 年（含 4 年）的应收款项，按 80%计提坏账准备；

（5）4～5 年（含 5 年）的应收款项，按 90%计提坏账准备；

（6）5 年以上的应收款项，按 100%计提坏账准备。

3. 个别认定法

对企业应收非关联方的款项，有确凿证据表明该项应收款项不能收回或收回的可能性很小，如债务单位撤销、破产、资不抵债、现金流量严重不足、发生严重的自然灾害等导致停产，在短时间内无法偿付的；债务人死亡或者被依法宣告失踪、死亡，其财产或者遗产情况不明的；应收款项逾期5年以上等，应全额计提坏账准备。营销部门应提供客户欠费说明及相关证据给财务部门。

三、呆坏账的核销

供电企业对符合规定条件的呆坏账，报上级主管部门同意，经中介机构确认后报当地税务主管机关批准。

在呆坏账核销申报工作过程中应遵循谨慎性原则、客观性原则和及时性原则，确保拟申报电费损失的真实性，对年度内发生的各项电费损失，必须及时收集相关证据，及时申报、备案，不能跨会计年度。

1. 税务批复文件下达后，账务处理规定

借：坏账准备——应收账款

　　内部往来——应交上级——减少数

　　其他应交款——城市公用事业附加

　　贷：应收账款——应收售电收入——电费

　　　　　　　　　——重大水利工程建设基金

　　　　　　　　　——农网还贷资金

　　　　　　　　　——大中型库区后期扶持基金

　　　　　　　　　——地方库区后期扶持基金

　　　　　　　　　——城市公共事业附加

　　　　　　　　　——可再生能源附加

　　　　　　　　　——农村电网维护费

　　　　　　　　　——差别电价

2. 税务批复文件下达后，营销部门处理规定

（1）在税务批复文件下达时，营销部门建立已核销电费坏账明细台账，记录核销时间和核销金额。

（2）有条件的单位，在营销信息系统中对客户资料做核销标记，建立已核销电费的明细电子台账。

四、已核销电费坏账回收

供电企业应按“账销案存”的原则，明确营销、财务部门管理职责，加强对已核销电费坏账的后续管理工作。营销部门负责向财务部门提供已核销电费坏账回收情

况。财务部门依据回收情况，做相应的账务处理。

借：应收账款——应收售电收入——电费

——农网还贷资金

——农村电网维护费

贷：坏账准备——应收账款

借：应收账款——应收售电收入——重大水利工程建设基金

——城市公用事业附加

——大中型库区移民后期扶持基金

——地方库区移民后期扶持基金

——可再生能源附加

——差别电价

贷：其他应交款——重大水利工程建设基金

——城市公用事业附加

——大中型库区移民后期扶持基金

——地方库区移民后期扶持基金

——可再生能源附加——本单位支出

——差别电价收入

【思考与练习】

1. 呆账、坏账有什么区别？
2. 呆账、坏账的核销流程包括哪些？
3. 呆账、坏账如何进行账务处理？

模块 27 复杂电费回收的方法和结算方式（Z26F1027Ⅱ）

【模块描述】 本模块包含复杂的交费方式及资金结算方式等内容。通过概念描述、术语说明、要点归纳，掌握各种特殊方式下电费回收业务流程及工作内容。

【模块内容】

一、较复杂的电费回收方法

1. 特约委托

特约委托收费方式是指根据客户、银行、供电企业三方签订电费结算协议，供电企业委托电费开户银行向客户收取电费，从客户银行账户上扣款交纳的一种方式，俗称“托收”。

银行通常只针对对公账户开放特约委托收费业务，根据付款性质，特约委托收费可分为两种，分别是“无承付”和“承付”。其中托收无承付是指客户账户开户银行见凭证后不经账户所有人同意，即按凭证所需将款项划出的一种支付方式；托收承付是指客户账户开户银行见凭证后，需经账户所有人同意后，方可按凭证所需将款项划出的一种支付方式。采取无承付方式时，供电企业享有更高的划款优先权。

（1）依据扣款形式的不同，特约委托又可分为电子托收及手工托收两种方式。

1）电子托收与代扣业务流程相似，由供电企业以文件形式发起扣款请求，经银行电子清算系统进行扣款，供电企业根据返回文件进行实收销账及未收处理，对于客户账户与供电企业电费账户不属同一开户银行的，委托银行可通过人民银行小额支付系统进行电子清算。

2）手工托收方式，供电企业必须先填写（打印）特约委托收款凭证、电费发票等票据，按客户开户银行（以下简称“付款人银行”）分类汇总封包，送供电企业开户银行（以下简称“收款人银行”），与银行共同审核票据及应收款汇总金额、笔数，确认后交接封包，收款人银行将封包送人民银行清算，各付款人银行到人民银行提取清算票据，逐笔按凭证划转电费（签订承付协议的银行方还需与客户确认是否允许扣款），扣款完成后，将扣款成功的凭证回执联及扣款不成功的原始票据（注明退票理由）全部返还到人民银行清算中心，由收款行提票送达给供电企业，供电企业依据返回票据确认业务系统收费。这一过程环节众多，周期较长，通常需求 2～5 天，有时因付款银行处理不及时等原因，周期甚至可能超过 10 天，极端情况下还会出现清算票据遗失，即无退票也无返回的情况，当出现超期时，收费人员应及时与银行取得联系，追查票据，催办划款，才能保障电费如期回收。在有些地区，手工托收流程也实现了电力方的电子化处理，即在供电企业向收款人银行交接清算票据同时提供电子扣款文件，付款人银行负责根据清算完成后的票据登记实收及退票，通过电子文件方式返回清算结果，方便供电企业电子销账。特约委托手工托收方式虽然操作复杂、周期长，但满足了托收承付客户的需要，因此也是必不可少的。

（2）特约委托业务处理中的常见问题处理。

1）增值税客户：增值税发票不能随托收凭证一起送银行，这类客户在委托收款时打印普通电费发票或销货清单，待收款成功后，客户凭普通发票或销货清单到供电企业办理换票。

2）分次划拨客户：对采用分次划拨的客户，前几次托收时打印收据，月末最后一次结算电费时打印电费发票及明细账单。

3）分期结算客户：采用分期结算的客户，每次结算都开具发票并委托收费，在月末最后一次结算时，除打印电费发票外还需提供全月电费清单一并封包至收款银行办理扣款。

4）退票处理：对于银行退票，应如实登记退票信息，对因客户账户错误而导致的扣款不成功电费进行核查处理；对因资金不足而导致扣款不成功的，通过 95598 业务处理或催费人员及时通知客户尽快交纳电费。

5）重新托收：退票核实原因后，需要重托的，若电费违约金发生变化的，应将原发票作费，重新打印发票后托出。

6）并笔托收：多个用电客户可以通过一个银行账号进行托收。发票上的单位名称可以被托收的付款单位名称开具。供电企业可以为这些客户确定关联交费关系，并笔打印托收凭证，并笔申请划款。

7）托收管理人员应及时到电费开户银行索取银行的到账通知单，以便及时销账。

8）未退未回处理。超过正常日期未返回托收回单的，托收人员应联系收、付银行，尽可能追回票据，重新处理，对于确实无法找回票据的，应登记未退未回信息，通知客户。同时，找出相应电费发票存根联，复印作为发票，补齐收款凭证后按退票的操作方式重新托出电费，或转入其他收费方式尽快回收电费。

（3）电费付款授权书样例见表 3–27–1。

表 3–27–1　　电费付款授权书样例

电费付款授权书
委托人：×××××钢铁厂（以下称委托人） 地址：××省×××市××××路 22 号电话：××××××××× 法定代表人（负责人）：××××××（个人免填） 付款代理人：××省××××银行××××分行（以下称付款代理人） 地址：××省××市××路 90 号电话：×××××××× 法定代表人（或负责人）： 为保证电费收费工作的顺利进行，提高供用电双方的工作效率，本着平等合作的原则，委托人授权付款代理人办理下列事务： 一、委托人以其在××省××××银行××××分行银行开设的账户（户名为××××××钢铁厂、账号为×××××××××××××××××）作为划拨电费的指定账户（以下称指定账户），供电公司通过付款代理人从指定账户上支付电费，付款代理人无须事前通知委托人，由此产生的法律后果和法律责任由委托人承担。 二、委托人应在其指定账户中保留足够余额，因指定账户余额不足支付电费而产生的经济纠纷和违约责任由委托人承担。 三、委托人若决定终止委托，应携带本授权书原件及书面终止委托申请书到付款人营业机构办理终止委托手续，并告知供电公司，因委托人未告知原因所造成的经济纠纷和违约责任由委托人承担。 四、本授权书一式三份，委托人、付款代理人、供电公司各执一份。 五、本授权书自委托人签章之日起生效，在委托人终止委托之日起失效。 委托人签章（单位预留签印） 2019 年 3 月 18 日

2. 购电

为防范电费风险，客户采取“先付后用”的方式支付电费的一种收费方式。购电通常有两种处理方式。

（1）购电方式：客户申请购电，供电企业根据客户预购电金额，计算出电量，直接发行，做电费应收、实收处理并为客户开具电费发票。

（2）预收方式：客户申请购电，供电企业根据客户预购电金额，做预收处理，为客户开具预存电费收据。

采用购电方式结算电费的客户主要包括以下类别。

（1）负控购电。负控购电是指客户在营业网点预购电量，供电企业通过电能量采集控制功能传送给电能采集系统，管理控制客户用电的交费方式。

负控购电一般为预购方式，即客户在接收到“购电余额不足”提示时，通过各种方式购买电量，计入电能量采集系统，待供电企业抄表计费后，再如实结算电费，结清电费后，供电企业为客户出具电费发票。如遇收费差错，采用冲回处理，重新将客户交纳金额折算成可用电量，进行电能量采集控制管理。

购电方式在收取客户电费资金环节与其他柜面收费方式类似，与其他收费方式不同的是，购电方式在正常收取了电费资金后，还需向卡表、费控或负控系统写入客户交费折算的电量电费信息。

供电企业可以对交纳电费信誉等级较差等电费风险较大的电力客户，采取以合同方式约定实行预购电制度。（《国家电网公司营业抄核收工作管理规定》第二十二条）

（2）费控购电。

远程费控是指借助信息通信技术，通过实时费控、营销业务应用、用电信息采集等系统及手机短信、语音电话等互动平台，采集费控智能电能表信息，进行电费测算，远程下达电费预警、停复电等指令及信息，实现可用电费余额自动测算、余额信息自动预警、停复电指令自动发送的一种用户用电远程互动方式。

首先，对新增用电户，全面推广费控预结算方式。

（1）远程费控实行范围。

1）已安装费控智能电表并实现用电信息采集系统自动化抄表、远程停复电功能的高低压电力客户均可实行远程费控。

2）优先实行远程费控客户范围：有意愿实施远程费控的客户；一年之内两次及以上拖欠电费、窃电、违约用电等信誉不良客户；租赁户、临时用电等用电主体变化较频繁的客户；季节性用电客户、频繁办理各类用电业务的客户；申请新装、变更户名、变更电价等业务的非居民客户。

（2）远程费控管理策略。

1）基本策略。

一是客户在申请办理远程费控业务时，为防止发生接电后立即停电的情况，应告知客户根据实际用电情况交纳预置电费。

二是根据客户类型及月电量电费情况设置预警阈值，居民客户宜按高峰月份电费的 20%设置，高压客户、低压非居民客户宜按高峰月份电费的 25%设置；停电阈值通常应设置在–5%～0，也可根据客户需要设置为大于 0 的约定阈值。

三是对远程费控客户运行情况开展现场巡视，每年至少巡视一次，确保远程费控系统运行正常。

2）测算策略。

一是按营销业务应用系统中客户执行的电价标准和自动采集电量，对远程费控客户进行电量电费测算。

二是对远程费控客户的测算频度为每天测算一次。必要时可以进行当日实时召测测算。

三是测算方法：两部制用电客户基本电费按采集日期还原当时变压器实际使用情况，按实际使用天数统计变压器容量或最大需量。测算天数=本次采集时间–上次抄表时间（上一次营销结算抄表时间），如果变压器在这个时间段有启停业务，则按实际启停天数测算；电度电费=（本次采集示数–上次营销系统结算示数）×倍率×电价，执行峰谷分时电价客户取各分时电度电费之和测算；功率因数考核标准按照本次采集示数与上次营销系统结算示数之差确定，功率因数考核电费为基本电费和电度电费的功率因数考核电费之和。

四是当客户交费引起可用余额发生变化时，应实时进行测算。

3）预警策略。

一是预警通知可采用短信、微信、95598 语音或人工现场通知等方式。用电客户在签订协议时可自行选择预警告知方式，并有责任确保告知渠道的畅通。

二是对选择银行代扣方式的客户，在剩余电费金额小于或等于预警阈值后，首先发起代扣流程，通过营销业务应用系统进行代扣处理，代扣成功给客户发送成功短信（内容包括客户编号、用电地址、本次代扣金额等），代扣失败给客户发送失败提醒短信（内容包括客户编号、用电地址、代扣失败原因等）。

三是对选择非银行代扣方式的客户，在剩余电费金额小于或等于预警阈值后，应按约定方式给客户发送预警告知提醒。

四是采用短信或语音通知预警时，如果已经进行预警通知，之后经测算若仍处于预警状态，则再次发送，告知达到三次后，则不再继续发送预警告知，采取电话或上门等方式，向客户进行告知。

五是告知时间及内容应充分考虑用电客户的服务感知及隐私要求，避免引发舆情事件。

4）停电策略。

一是当客户剩余电费金额小于或等于停电阈值后，应采用与客户约定的方式，向客户发送停电告知。

二是对选择银行代扣方式的客户，在剩余电费金额小于或等于停电阈值后，不再发起代扣请求，存在在途代扣流程的，在该代扣流程结束后再次进行电费测算，如客户剩余电费金额仍小于或等于停电阈值，则按约定方式向客户发送停电告知。

三是停电应保证客户用电和人身安全，对用电高峰期、重要客户或特殊客户（如重症病人）进行停电前，除正常告知以外，还应电话通知，确认无误后方能实施停电。

四是到达停电时限后，自动或人工发起停电操作指令，系统再次实时测算确认客户剩余电费金额小于或等于停电阈值后，系统执行远程停电任务。执行完成后按约定方式向客户发送已停电告知。

五是远程停电任务执行失败的，安排人工现场停电并发起故障处理工单。

六是夜间及节假日原则上不执行远程停电操作。

5）复电策略。

一是复电策略采用执行复电方式，即经实时测算客户大于停电阈值的，自动下发复电信息数据到用电信息采集系统，由用电信息采集系统下发指令执行复电。

二是复电应首先保证客户用电安全，实施远程复电前 5～10min，应按照约定方式告知客户。对用电高峰期、重要客户或特殊客户（如维修期间）进行复电前，除正常告知以外，还应上门或电话通知客户，确认无误后，方能实施复电。

三是远程费控投运后首次复电需进行人工现场确认复电是否成功。

四是远程复电执行失败，应在 15min 内确认相关信息，2h 内安排运维人员完成现场故障处理工作并恢复供电，应重新对计量设备、通信设备进行维护及调试。

五是各市、县公司应向远程费控客户告知 24h 值班电话、安排夜间及节假日远程费控客户复电工作。

六是远程费控客户复电（含现场复电）不收取复电费。

6）监控策略。

一是每日应对用电信息采集系统、远程费控信息系统的通信成功率、费控终端在线率进行监控，发现异常及时发起故障处理工单。

二是每日应对远程费控信息系统终端的远程停电、复电操作成功率进行监控，发现操作失败的及时发起故障处理工单。

三是每日应对远程费控信息系统终端剩余电费余额进行监控，根据客户余额变化情况及时开展提醒和催交。监控客户预警策略、停电策略的发起和执行情况，发现异常及时发起故障处理工单。

7）策略触发条件。根据远程费控信息系统电费测算结果，结合客户剩余电费金额以及客户所处状态，确定需要执行的策略，具体规则如下。

停电阈值小于剩余电费金额大于等于预警阈值，执行预警策略；剩余电费金额小于等于停电阈值，执行停电策略；剩余电费金额大于停电阈值且客户为停电状态，执行复电策略。每日按要求执行监控策略。信息系统对电量突变引起的预警客户或停电客户要予以提示，需经人工核实，不得自动发送短信或执行停电指令。

其次，对用电容量在 50kVA（kW）及以上的用电客户，办理新装、增容业务时，原则上采取购电预结算方式。

最后，重要客户和 315kVA 及以上容量的大工业用电客户也可每月按客户实际用电量实行分次预结算电费方式。每月 6 日按实预结算 1—5 日使用电量（或上月抄表日至本月 5 日电量），14 日按实预结算 6—13 日使用电量，22 日按实预结算 14—21 日使用电量，月末最后一天（次月 1 日）或正常抄表日结清当月电费。

（3）卡表客户。适用 IC 卡表计量计费的客户。客户持卡在营业网点或具备购电条件的银行网点购电，通过读写卡器将客户购买的电量电费信息写入电卡，卡表中电量近零时报警，若未及时续购电，电表自动断电。

有些供电企业对 IC 卡表客户也采取按期抄表的预收方式结算电费。

在办理卡表购电业务时，还应注意对以下特殊问题的处理。

1）办理卡表新装、换表，读写异常换卡、读入异常换卡、卡表清零等业务后，需要分别处理预置电量、剩余电量、购电信息。预置电量是指在新装、换表或对卡表做清零时给电表预置一定量的电量，使得客户能正常用电。供电单位需要对预置电量额度进行严格控制和管理。剩余电量是指卡表换表时旧表剩余电量或电表清零时电表的剩余电量。

2）对于卡表换普通表，和卡表客户销户的情况，卡表的剩余电量形成负应收，相应的金额转为预收。

3）购电当日，在电量未输入电表的情况下，客户可以申请取消最后一次售电，并将电卡信息还原。

3. 自助交费

自助交费是指客户通过电话、公共网站、自助型终端设备等各种媒介自主交纳电费的一种交费方式。

自助交费方式大多都是非供电企业的各交费渠道代收电费的一种形式，其实现原理与其他代收方式完全相同。例如，招商银行自助服务区开通的自助终端签约、交纳电费等业务与招行柜面开通的代收电费业务完全相同，不同的是客户不再面对服务人员，而是根据自助设备操作提示交纳电费。

各类自助交费收取的电费资金均与对应渠道柜面实时收费、预约社区坐收等其他交费形式一起归集到供电企业指定的电费资金账户中，供电企业每日按不同渠道进行代收电费的对账（详见营销信息化相关章节）。

自助交费的形式主要有以下几类。

（1）自助终端机。客户通过银行、银联、非银行机构、供电公司的自助终端机按照界面提示步骤交纳电费。

（2）电话银行。客户通过拨打持卡银行的电话，根据语音提示交纳电费。

（3）网上交费。客户通过登录持卡银行或银联的网上银行、代收机构网上商铺、供电企业网上营业厅等网站，根据提示交纳电费。

（4）手机短信。客户将手机与银行卡绑定，开通“手机钱包”，同时，银联等代收电费机构的公共支付平台将电力客户编号与银行卡绑定，实现手机短信指令交纳电费。

（5）电费充值卡。供电企业自建“95598”充值平台，或借助手机充值平台，开通充值业务后，客户购买充值卡，拨打指定充值电话，根据语音流程提示交纳电费。

（6）固网支付。购买具有刷卡功能的电话，开通固定电话公共支付功能，实现“足不出户，轻松交费”。目前，电信公司已在一些地区与银联合作，开通这一功能。

（7）微信支付。客户关注“国网江苏电力”微信公众号，绑定用电户号后，即可直接通过微信支付交纳电费。

（8）支付宝支付。支付宝交纳电费有三种模式，第一种是客户登录供电企业自建“95598”网站，通过“支付宝缴费”菜单进行缴费；第二种是客户登录支付宝网站上直接交纳电费；第三种是通过手机支付宝 App 直接交纳电费。

（9）网银预存预付电费。由江苏省内电力用户自主通过各银行的网上银行向各地供电公司发起电费预充值，实现资金即时清算、信息实时传送、电量快速下发的一项特色业务。

（10）银行卡代扣电费。居民用户在与银行签订银行卡代扣协议后，银行每月即会根据欠费信息自动从用户银行卡上扣取电费。

4. 分次划拨电费

分次划拨电费是指根据加强电费风险控制与管理要求，对月用电量较大的电力客户实行每月分次划拨电费，月末抄表后结清当月电费的收费方式。分次划拨电费的业务处理流程如下。

（1）供电企业与客户签订分次划拨协议，在协议中约定每月电费划拨次数，每次交款的金额、交款所采用的方式等。在划拨协议中，一般每月划拨次数不少于三次，每次划拨金额计算方式有定额（固定金额）、系数（按上月电量的一定比例）两种方式。

（2）根据客户分次划拨协议，按日或按月生成分次划拨计划并形成应收，划拨计划包括客户编号、年月、期数、金额、划拨违约金计算日期等。

（3）客户根据分次划拨协议按时交纳每期的划拨金额，计预存电费中，供电企业为客户出具收据。对于逾期未交的，供电企业采用各种策略开展催费。

（4）记录分次划拨实收信息，在月末抄表电费发行后根据前期交费情况计算尾款，生成交费明细清单，请客户补交剩余部分电费，如果有溢收，可以作为预收，在下月分次划拨时扣除本部分预收，或者直接退还给客户。结清电费后，为客户开具全额电费发票。

在办理分次划拨电费业务时，应注意以下问题。

（1）在签订分次划拨电费协议期间，具体划拨期数、额度的确定要与客户充分协商，既不能期中交费金额太小，不足以控制风险，又不能定得太大，占用客户资金。

（2）供电企业收费人员应注意检查分次划拨情况，对于没有按计划执行的，查明原因并及时处理。

（3）月底统计本期分次划拨计划应收及实收，对分次划拨客户数量增减进行分析，保障电量较大客户电费资金的安全回收。

二、复杂的电费资金结算方式

1. 汇票

汇票是指出票人签发的，委托付款人在见票时或者在指定日期无条件支付确定的金额给收款人或持票人的票据。汇票是委托证券，其付款日可有见票即付、定日付款、出票后定期付款、见票后定期付款 4 种方式，出票时将载于汇票上。其中除见票即付方式外，其余三种均为远期付款方式。通常汇票分为银行汇票和商业汇票。其中，银行汇票是指汇款人将款项交存当地银行，由银行签发给汇款人持往异地办理转账结算或支取现金的票据，多用于付款人异地办理转账结算，其出票人、付款人均为银行。商业汇票是指由收款人或存款人签发，由承兑人承兑，并于到期日向收款人或被背书人支付款项的一种票据。按其承兑人不同，商业汇票又分为银行承兑汇票和商业承兑汇票。银行承兑汇票利用银行的资金信誉，由银行向收款人承诺，具有更高的安全性。商业汇票作为远期汇票，承兑期限由交易双方商定，一般为 3～6 个月，最长不得超过 9 个月，远期商业汇票必须以商品交易为基础，以防止利用商业汇票拆借资金、套取银行贴现资金。

多数汇票为远期付款，客户若要求以汇票形式结算电费，电费资金将存在承兑风险，为保障资金安全，供电企业需安排熟悉凭证票据管理的专业财会人员办理汇票的结算，并制定严格的内部处理流程，约定汇票收取、处置办法。内部处理流程应包括以下基本要素。

（1）客户申请以汇票方式结算电费。

（2）基层收费人员向分管领导或上级主管部门提交客户申请。

（3）分管领导审批同意结算的，通知收费人员收取汇票，不同意则要求收费员通知客户以其他方式交纳电费。对于远期汇票，收费人员应提示客户签发金额中需承担远期支付电费相应的违约金。

（4）收费人员收到汇票，按汇票审验的一般要求审验汇票，不合格退回付款单位重新签发。

（5）收费人员将收到的合格汇票上交单位（或上级主管单位）财务部门，并办理交接手续，登记备查。

（6）财务部门按汇票使用程序办理结算。

（7）结算成功的，通知基层收费人员做电费销账处理，未成功的，通知催收电费。

由于汇票的结算程序专业性强，操作复杂，且由专业账务人员处理，因此在此不做详细讲解。另外，根据以上讲解，商业承兑汇票的结算具有极大的风险性，因此在电费回收工作中，应尽可能避免客户以该方式结算电费，一些供电企业甚至明文规定不允许使用商业承兑汇票。

2. 本票

本票是指出票人签发的，承诺自己在见票时无条件支付确定的金额给收款人或者持票人的票据。根据出票人的不同，可以将本票分为银行本票和商业本票。

银行本票是银行签发的，承诺自己在见票时无条件支付确定的金额给收款人或者持票人的票据。银行本票是银行提供的一种银行信用，见票即付，可当场抵用。银行本票的提示付款期限自出票日起一个月。

商业本票又称一般本票，是指企业为筹措短期资金，由企业署名担保发行的本票。商业本票的发行多采用折价方式，根据其发行目的，又可分为交易商业本票和融资商业本票两种。

本票作为一种“预约证券”，其实际资金结算存在着一定的风险，因此接收本票作为交纳电费的资金也需要经过严格的审批确认手续，其操作流程与汇票大致相同。同时，由于两类本票的资金风险不一样，其中银行本票资金风险小，建议在电费回收工作中，避免接收商业本票。

除按上述流程办理本票结算电费手续外，收费员在收取本票时，还需注意审验以下事项：

（1）收款人是否确为本单位或本人；

（2）银行本票是否在提示付款期限内；

（3）必须记载的事项是否齐全；

（4）出票人签章是否符合规定，不定额银行本票是否有压数机压印的出票金额，并与大写出票金额一致；

（5）出票金额、出票日期、收款人名称是否更改，更改的其他记载事项是否由原记载人签章证明。

3. 内部账单

客户交纳的电费资金若以各种形式反映到供电企业经费账户或直接上划到上级主管单位时，电费实收销账以相应账务部门收到款项后的内部账单为依据。供电企业收费人员在收到账务部门或上级主管部门转来的内部账单并审核确认有效后，进行电费实收销账并为客户开具电费发票。

收费人员收到该类电费结算凭据时，应注意与相应账务部门及时沟通，核实交款事实，以防止错销电费。

4. 列账单

当客户需要通过物电互抵方式交纳电费时，应与供电企业就抵交电费金额及相应物资进行协商，达成协议后，形成列账单并经双方审批确认后，办理物资转移手续，所有手续完成后，供电企业收费人员使用具有审批权限的财务部门出具的列账单作为收费依据进行相应电费销账。

三、收费业务的发展趋势

随着金融行业的飞速发展和金融产品的不断丰富，电费支付的电子化程度将不断提高。例如，非收款银行或付款银行的第三方网点支票进账、特约委托完全电子化清算等电子化支付形式都将成为可能。同时，随着各行业与金融行业的空前合作，跨行业支付业务的互通技术已完全成熟，基于共赢经营理念的跨行业合作将直接施惠于最终客户。

【思考与练习】

1. 试述特约委托业务的常见分类及相应处理流程？
2. 结合工作实际，谈谈在特约委托收费过程中遇到的常见问题及处理方法。
3. 试述常见的自助交费形式。
4. 试述汇票收费的业务流程。

模块 28 营财对账方法（Z26F1028Ⅲ）

【模块描述】本模块包含营财对账的流程，通过学习，掌握营财对账的方法。

【模块内容】

为提高精益化管理水平，营销管理信息系统和财务管理信息系统的数据应实现集成，即营销系统中的电费数据变化明细能自动发送到财务系统，再通过营销、财务账目核对工作，保证电费账目准确，避免因手工操作原因产生账目差错。

一、营财对账的内容

营销、财务账目核对的内容包括：双方系统的应收电费、实收电费、暂存电费、充值卡销售（冲抵）等内容。

（一）应收电费的核对内容

（1）正常发行的应收电费。

（2）差错电费：对差错电费进行处理后引起的应收电费金额的变化。

（3）销售折让：销售折让引起的应收电费金额变化。

（4）违约用电补收电费：违约用电处理时补收电费。

（5）不装表临时用电等业务结算电费：不装表临时用电等业务传票处理时结算的电费。

（6）自备电厂系统备用容量费。

（7）自备电厂基金和附加。

（8）随应收电费发行的各项国家规定征收的基金和附加。

（9）其他要求核对的项目。

（二）实收电费的核对内容

（1）电费差错返款：对已实收的电费进行差错处理后减少的实收电费。

（2）签约单位的代收电费。

（3）门市现金收费（或 POS 机刷卡）。

（4）门市支票收费。

（5）银行汇款。

（6）银行托收电费：以特约委托方式通过银行转账收取的电费。

（7）承兑汇票。

（8）预收结转实收电费：预收电费冲抵后转为实收的电费。

（9）电费滞纳违约金：各类方式收取的电费滞纳违约金。

（10）违约用电、不装表临时用电等业务结算电费。

（11）其他要求核对的项目。

（三）预收电费的核对内容

（1）电费差错暂存：对已实收的电费进行差错处理后增加的预收电费。

（2）银行预托收电费：以特约委托方式通过银行转账收取的预收电费。

（3）电卡表（或费控）购电现金（或 POS 机刷卡）。

（4）电卡表（或费控）购电支票。

（5）负控购电现金。

（6）负控购电支票。

（7）支票结余。

（8）现金结余。

（9）业务退费转预收。

（10）电费充值卡。

（11）预收结转实收、预收冲抵电费滞纳违约金。

（12）预收退费。

（13）其他要求核对的项目。

二、营财对账的流程

（1）营销财务账目的核对分为日常账目的核对和月度总账核对。日常账目的核对，是指财务部门根据营销提供的核对无误的日报表和实物单据与财务系统接收的营销业务数据进行核对，若有差异，双方必须立即查找原因及明细，并在当月及时处理，保证当月数据一致。月度总账核对，是指以每月最后一天凌晨 24 时为时间截止点，对营销系统和财务系统的全部业务收费（含电费零点发行数据）账目进行月度核对。

（2）营销和财务部门完成每月所有业务操作和结算工作后，编制营销与财务系统数据对账平衡表，见表 3–28–1。

表 3–28–1　　营销与财务系统数据对账平衡表

编制单位：

对账项目	行次	财务金额	营销金额	差额
一、应收电费	1			
期初余额	2			
本期增加应收电费	3			
（一）应收电费（含差错）	4			
（二）应收自备电厂系统备用费	5			
（三）应收自备电厂基金附加	6			
本期减少应收电费（含退费、差错）	7			
（一）预收转实收（不含充值卡冲抵）	8			
（二）门收现金（按所属单位统计）	9			
（三）门收支票	10			
（四）银行汇款	11			
（五）手工托收	12			
（六）电子托收	13			

续表

对账项目	行次	财务金额	营销金额	差额
（七）银行承兑汇票	14			
（八）银行/邮局代收	15			
（九）银行/邮局冲正、补销	16			
（十）本期充值卡冲抵电费	17			
（十一）业务退费转预收（以负号表示）	18			
（十二）实收电费返款（以负号表示）	19			
（十三）实收自备电厂基金附加	20			
期末余额	21			
二、预收电费（不含充值卡）	22			
期初余额	23			
本期增加预收电费	24			
（一）门收现金	25			
（二）支票	26			
（三）银行汇款	27			
（四）手工托收	28			
（五）电子托收	29			
（六）电卡表现金预收	30			
（七）负控现金预收	31			
（八）业务退费转预收	32			
（九）销售折让转入预收暂存	33			
（十）批量暂存	34			
本期减少预收电费	35			
（一）预收转实收（含冲抵电费和滞纳金）	36			
（二）退费	37			
（三）批量暂存冲抵	38			
期末余额	39			
三、电费充值卡	40			
本期售出充值卡	41			
本期充值卡冲抵额（含冲抵电费和滞纳金）	42			
四、滞纳金（不含冲正、补销）	43			

续表

对账项目	行次	财务金额	营销金额	差额
冲正、补销	44			
五、预收电费（不含充值卡）和应收电费的差额	45			
期初预收电费（不含充值卡）和应收电费的差额	46			
期末预收电费（不含充值卡）和应收电费的差额	47			

（3）财务应收电费期初余额，应等于应收电费期初账面余额，确有合理原因出现跨月销账的，应等于应收电费期初账面余额与上期跨月销账之和，同时也应与上月财务与营销系统数据对账平衡表的期末余额保持一致。

财务应收电费期末余额=期初应收电费余额+本期增加应收电费–本期减少应收电费（实收电费）。财务应收电费期末余额，应等于应收电费期末账面余额与当期跨月销账之和。

（4）营销应收电费余额可通过营销系统查询，同时营销应收电费期初数应与上月财务与营销系统集成数据对账平衡表的期末余额保持一致。

营销应收电费期末余额=期初应收电费余额+本期增加应收电费–本期减少应收电费（实收电费）

（5）应收电费信息营销系统在加完日锁后自动按结算日发送财务，财务以收到的信息确认应收电费，月末形成月度应收电费汇总；营销以每日应收电费累计为月度应收电费，通过营销系统查询当月应收电费总账。营销、财务核对双方总账，确认应收对账准确性，如有差异，营销、财务分别提供每日应收电费数据进行核对，直至确认数据差异产生的具体所属单位及相应日期，通过补发等方式进行处理。

（6）营销系统实收电费中的预收转实收、银行或邮局代收电费、门市现金收费、门市支票收费、银行汇款、手工托收、电子托收、承兑汇票、电费滞纳违约金均可通过营销系统查询相关数据。

（7）财务预收电费（不含充值卡，下同）期初余额，应等于预收电费期初账面余额与上期跨月销账之和。同时，也应与上月财务与营销系统集成数据对账平衡表的期末余额保持一致。

预收电费期末余额=预收电费期初余额+本期增加预收电费–本期减少预收电费。财务预收电费期末余额，应等于预收电费期末账面余额与当期跨月销账之和。

（8）营销预收电费期初、期末余额可通过营销系统查询。同时，预收电费期初数也应与上月财务与营销系统集成数据对账平衡表的期末余额保持一致。

预收电费期末余额=预收电费（不含充值卡）期初余额+本期增加预收电费（不含充值卡）–本期减少预收电费（不含充值卡）

（9）营财差异处理。

1）对于对账平衡表中营销和财务不一致的项目，双方应及时提供相应的明细业务清单，找出有差异的日期，核对该项目当天的明细。财务与营销系统数据对账平衡一致后，平衡表由营销和财务同步签章保存。

2）对于系统漏传、误传、统计错误等原因造成的数据差异，应及时与技术信息部门联系，将数据进行重新统计和发送。对误操作或操作不规范造成的差异，应及时在系统内更正。

（10）各单位对账结束后，填报全公司对账情况统计表，将对账数据、差异原因等汇总并上报，表 3–28–2 为年月营销、财务信息系统对账情况统计表。

表 3–28–2　　年月营销、财务信息系统对账情况统计表

项目	应收电费				应收电费余额				预收电费余额								电费滞纳违约金			
									预收电费				充值卡余额							
	财务数据	营销数据	差额	说明	财务数据	营销数据	差额	说明	财务数据	营销数据	差额	说明	财务数据	营销数据	差额	说明	财务数据	营销数据	差额	说明
××市汇总																				
公司本部																				
县公司 1																				
县公司 2																				
合计																				

说明：在说明栏只填写“平”或“不平”，其中不平者必须另附情况详细说明。

【思考与练习】

1. 营销、财务账目核对的内容包括哪些？
2. 日常账目核对、月度总账核对分别指什么？
3. 营财对账中发现的差异应如何处理？

模块 29 会计凭证的审核（Z26F1029Ⅲ）

【模块描述】本模块介绍会计凭证审核的意义、审核内容和处理方法。通过条文讲解，掌握会计凭证审核的内容和方法。

【模块内容】

会计凭证的审核是保证账簿记录真实准确的重要环节。

一、原始凭证的审核

为了正确反映并监督各项经济业务，电费会计必须严格审核各项原始凭证，从而保证原始凭证的真实性、合法性、完整性、及时性和正确性。原始凭证的审核，主要包括以下 5 个方面。

1. 真实性审核

真实性审核包括确定该项经济业务是否发生，发生的时间、内容、当事人等是否真实，有无涂改痕迹。例如，出具电费发票中的客户信息是否真实、结算电量是否与现场表计一致、电价执行是否正确。

2. 合法性审核

合法性审核是根据国家的有关财经政策、法令、制度和单位的合同、计划等审核经济业务是否符合有关规定，出具的电费发票和报表信息等有无弄虚作假现象，电费收交过程中有无违法乱纪、贪污舞弊等行为。

3. 完整性审核

完整性审核是根据原始凭证的要素，逐项审核原始凭证的基本内容按规定是否填写齐全，是否经过主管人员审批同意，手续是否完备，书写是否清楚。对于原始凭证中出现的基本内容填写不全、手续不完备、书写不清楚、计算不正确等问题，应退经办人员补办完整，更正错误或更换原始凭证后，才能据以受理。

4. 及时性审核

填制原始凭证的及时性是保证会计信息及时性的基础，所以，要求在经济业务发生或完成时及时填制有关原始凭证，及时地进行各类凭证的传递工作。在进行凭证审核时，应注意审查凭证的填制日期，特别注意的是对于银行汇票、银行本票、银行支票等时效性较强的原始凭证，更应仔细验证其签发日期，如超过付款的有效期，则支票自动作废。例如，银行转账支票及银行现金支票付款有效期是签发日以后的 10 日内。

5. 正确性审核

根据原始凭证的填写要求，审核原始凭证的摘要和数字及其他项目是否填写正确，数量、单价、金额、合计是否填写正确，大、小写金额是否相符，凭证联次是否正确。若有差错，应退回经办人员予以更正。例如，进账单是供电企业常见的原始凭证的一种，对进账单的审核项目包括：收款人户名、收款人账号、开户行、付款人户名、账号、开户行、银行收讫章、收款日期等项目，要求填写完整、正确，收款金额大小写一致等。

二、记账凭证的审核

记账凭证是登记账簿的依据，财务部门必须建立必要的专人或相互审核制度，可以确保账簿记录和报表内容真实、准确，保证会计核算的质量。审核的内容主要包括以下三个方面。

1. 合规性审核

根据现行的会计制度、会计方针及会计准则的规定，审核记账凭证所确定的会计分录是否合规、合法，会计科目运用及借贷的方向是否正确，账户对应关系是否清楚，计算是否正确，是否如实反映经济业务的内容。

2. 一致性审核

审核记账凭证是否附有原始凭证，所附原始凭证的内容和张数是否与记账凭证一致，其金额合计是否与记账凭证的金额一致。

3. 完整性审核

根据记账凭证的要素，逐项审核记账凭证的各项目是否填写齐全，书写是否符合规范，有关人员的签章是否齐全。

在审核中如果发现差错，应查明原因，予以更正、重填，并由更正人员在更正地方签章。只有经过审核无误的原始凭证才能作为记账的依据。

【思考与练习】

1. 简述原始凭证审核的内容。
2. 简述记账凭证审核的内容。

模块 30　电费会计变更交接规定（Z26F1030Ⅲ）

【模块描述】本模块介绍电费会计变更交接相关规定。通过条文讲解，掌握《会计人员交接制度》的相关要求和流程。

【模块内容】

电费会计变更交接须有书面交接手续，有监交人，对于需说明的事项要有书面说明，执行《会计人员交接制度》的相关规定。一旦交接完毕，接任者即负有对前任电费会计未完成事项进行清理的责任。

一、电费会计变更交接的要求

（1）整理应该移交的各项资料，对未了事项写出书面材料。

（2）编制移交清册，列明应当移交的会计凭证、账簿、会计报表等内容；会计电算化系统还应当在移交清册中列明会计软件及密码、会计软件数据磁盘（磁带等）及有关资料、实物等内容。

（3）交接表要写清楚，保证交接表所列内容与事实相符。

二、交接资料的要求

（1）提供重要营销数据、电费业务处理相关资料。

（2）提供电子资料的相关密码、权限。

（3）银行存款账户余额要与银行对账单核对相符，如有未达账项，应编制银行存款余额调节表调节相符。

（4）债权债务的明细账户余额要与总账有关账户的余额核对相符。

（5）印章、收据、发票以及其他物品等必须交接清楚。

（6）编制交接清单和明细，清理完毕后，由监交人员和交接双方签字确认。

三、电费会计变更交接流程

1. 交接前的准备工作

电费会计在办理会计工作交接前，必须做好以下准备工作。

（1）已经受理的电费业务应当全部受理完毕。

（2）未实行会计电算化的单位，应当将所有账面登记完毕，结出余额，并在最后一笔余额处加盖经办人印章。

（3）整理好应该移交的各项资料，对未了事项和遗留问题要写出书面说明材料。

（4）编制移交清册，列明应该移交的电费凭证、电费账簿、电费报表、现金、发票、文件、其他会计资料和物品等内容。

2. 移交点收

移交人员离职前，必须将本人经管的会计工作，在规定的期限内，全部向接管人员移交清楚，接管人员应认真按照移交清册逐项点收。具体要求如下。

（1）现金要根据会计账簿记录余额进行当面点交，不得短缺，接替人员发现不一致或“白条抵库”现象时，移交人员在规定期限内负责查清处理。

（2）电费凭证、电费账簿、电费报表和其他会计资料必须完整无缺，不得遗漏。如有短缺，必须查清原因，并在移交清册中加以说明，由移交人员负责。

（3）银行存款账户余额要与银行对账单核对相符，如有未达账项，应编制银行存款余额调节表调节相符。

（4）收据、发票以及其他物品等必须交接清楚，其中发票要看仔细，保证所列发票本书与事实相符。

（5）实行会计电算化的单位，交接双方应在电子计算机上对有关数据进行实际操作，确认有关数字正确无误后，方可交接。

3. 专人负责监交

为了明确责任，电费会计办理工作交接时，必须由其主管领导（电费中心主任或财务部主任）负责监交。通过监交，保证双方都按照国家有关规定认真办理交接手续，防止流于形式，保证会计工作不因人员变动而受影响；保证交接双方处在平等的法律地位上享有权利和承担义务，不允许任何一方以大压小，以强凌弱，或采取非法手段进行威胁。

移交清册应当经过监交人员审查和签名、盖章，作为交接双方明确责任的证件。

4. 交接后的有关事宜

（1）会计工作交接完毕后，交接双方和监交人在移交清册上签名或盖章，并应在移交清册上注明：单位名称，交接日期，交接双方和监交人的职务、姓名，移交清册页数以及需要说明的问题和意见等。

（2）接管人员应继续使用移交前的账簿，不得擅自另立账簿，以保证会计记录前后衔接，内容完整。

（3）移交清册一般应填制一式三份，交接双方各执一份，存档一份。

【思考与练习】

1. 电费会计变更交接的要求包括哪些？
2. 电费会计变更交接资料有哪些要求？
3. 电费会计变更交接流程是什么？

模块 31　电费总账、明细账（Z26F1031Ⅲ）

【模块描述】本模块介绍电费总账、明细账含义、格式、登记方法和两者之间的关系。通过概念描述和要点讲解，了解电费总账、明细账含义，掌握电费总账、明细账的登记方法和账目定期核对的时间要求及方法。

【模块内容】

会计账户是根据会计科目开设的记账实体。总账科目应开设总账账户，明细科目应开设明细账户。

一、电费总账、明细账的含义

总账是指总分类账。是根据总分类科目开设账户，用来登记发生的经济业务，进行总分类核算，是编制会计报表的主要依据。各单位均需设置总分类账。

电费总账是指供电企业对电费、价外基金及业务费（如赔表费）等业务发生的情况进行记录并汇总登记的（手工或电子）账簿。供电企业的总账一般为三栏式。

明细账是指明细分类账，是根据总账科目所属的明细科目设置的，用于分类登记某一类经济业务事项，提供有关明细核算资料，是总分类账的补充。

电费明细账是指供电企业对电费、价外基金及业务费等业务发生的情况，各单位根据明细分类（可按行政区域、供电范围、每户等）逐级按户进行登记的（手工或电子）账簿。供电企业的明细分类账主要采用三栏式或多栏式。

二、电费总账、明细账的登记要求

（1）电费总账可采用记账凭证法、汇总记账凭证法、科目汇总表进行登记。电费总账一般采用三栏式登记，其中电费日记总账可采用多栏式订本账簿登记。

（2）电费明细账根据审核无误的会计凭证逐笔登记，一般采用三栏或多栏式。

（3）电费总账、明细账要按照平行登记法进行登记，即同期登记、依据相同、方向相同。

（4）实行会计电算化的单位，应定期打印总账和明细账。

各单位应按照会计和营销相关制度和规定定期对账，每月不得少于一次，做到电费总账与电费明细账逐项核对相符，保证电费账证相符、账账相符、账实相符。

【思考与练习】

1. 简述电费总账、明细账的含义。
2. 简述电费总账、明细账的登记要求。

模块 32 各类账户的月末资金平衡表的编制（Z26F1032Ⅲ）

【模块描述】本模块介绍各类账户的月末资金平衡表的编制方法和格式要求。通过知识介绍和图表示例，掌握编制账户月末资金平衡表的方法。

【模块内容】

账户的月末资金平衡表即指总分类账户的试算平衡表。通常通过编制总分类账户的试算平衡表来进行试算平衡，以检查其记账是否正确。资金平衡表通常是在手工记账的情况下使用。

一、账户月末资金平衡表的编制方法

账户的月末资金平衡表的编制，即是指账户试算平衡。分类账的全部账户的本期借方发生额合计数与贷方发生额合计数，期末借方余额合计数与贷方余额合计数，应分别对应相等。

所谓试算平衡，就是根据资产和权益之间的平衡关系来检查各账户的记录是否正确。在借贷记账法下，试算平衡有发生额试算平衡法和余额试算平衡法。

1. 发生额试算平衡法

在借贷记账法下，由于每笔经济业务，都应编制成“有借必有贷、借贷必相等”

的会计分录，因此将一定时期（如 10 天或 1 个月）内的全部经济业务都登记入账后，所有账户借方发生额的合计数，必然等于所有账户的贷方发生额的合计数。

全部账户的借方本期发生额合计=全部账户贷方本期发生额合计

2. 余额试算平衡法

余额试算平衡法是用来检查所有账户借方期末余额合计数和贷方期末余额合计数是否相等的一种方法。

借贷记账法的理论依据是会计等式，即资产=负债+所有者权益。将一定时期（10 天或 1 个月）的全部经济业务都记入有关账户后，计算每个账户的期末余额，所有资产类账户的借方期末余额的合计数，代表该单位的一定时期末的资产总额；所有负债类和所有者权益账户的贷方期末余额合计数，代表该单位一定时期的负债和权益总额，两者之间应该是相等的。

全部账户的借方期末余额合计等于全部账户的贷方期末余额合计。

二、试算平衡表的格式

试算平衡表的格式见表 3–32–1。

表 3–32–1　　总分类账户试算平衡表

年　月　日

账户名称	期初余额		本期发生额		期末余额	
	借方	贷方	借方	贷方	借方	贷方
库存现金						
银行存款						
应收账款						
固定资产						
应付账款						
应交税费						
长期借款						
主营业务收入						
主营业务成本						
销售费用						
合计						

必须指出，试算平衡表只是通过借贷金额是否平衡来检查账户的记录是否正确。如果借贷不平衡，可以肯定账户的记录和计算有错误。如果借贷平衡，并不能肯定记账没有错误，因为有些错误并不影响借贷双方的平衡，如某项经济业务全部漏记或重记、应借应贷的账户互相颠倒、借贷的金额出现等额的多记或少记的错误、错记账户

等，凡此种种并不能通过试算平衡表发现。因此，我们对所有会计记录必须经常或定期进行及时的对账和复核，以求经济信息的正确性。

【思考与练习】

1. 什么是发生额试算平衡法？

2. 如何编制账户的月末资金平衡表？

3. 什么是余额试算平衡法？

模块 33 电费账务资料质量管理（Z26F1033Ⅲ）

【模块描述】本模块介绍电费账务资料的组成和相关管理要求。通过对管理规定的讲解，掌握电费账务资料的管理要求，保证其安全和完整。

【模块内容】

电费会计应加强对账务资料的管理，保证其安全和完整。

一、电费账务资料的组成

电费账务资料主要包括电费账簿、记账凭证、电费收入等相关报表及相关说明等。

二、电费账务资料的管理要求

电费账务资料必须做到附件齐全、金额正确、审批手续完整。按会计资料的保管要求进行装订、保管。

（1）电费账务资料在经过审核后应及时装订归档，由专人进行保管，调阅、查看须履行审批登记制度，加强管理，严防丢失。电子资料要定期备份。

（2）为了加强和完善电费账务管理，统一标准，严肃电费纪律，规范电费账务，完善营业电费会计核算管理程序，提高工作质量，对单独立户的客户、营销部门应按行政户建立电费账，实行一户一账管理。营销部门的电费账务工作要由专人负责，业务上接受财务、审计部门的指导，负责电费会计核算方面的业务。

（3）电费收款凭证每月装订好后交财务统一保存，其他转账凭证自行保存备查。

（4）电费管理中心按照账销案存管理制度，将已核销电费的明细台账单独归类建立辅助账进行明细核算，并组织清收。

（5）应建立电费账务台账，对历年的核销坏账、应收、实收、临时电费等资料建立备查簿。

【思考与练习】

1. 电费账务资料包括哪些？

2. 电费账务资料的管理要求包括哪些？

第四章

电费回收与风险防范

模块 1　电费风险因素的调查与分析（Z26F2001Ⅰ）

【模块描述】本模块包含开展电费风险因素调查与分析的意义、电费风险因素调查内容及分析方法等内容。通过概念描述、术语说明、要点归纳、示例介绍，掌握调查分析方法，能对风险因素进行分类管理。

【模块内容】

一、开展电费风险因素调查与分析的意义

1. 电费风险因素调查与分析的作用

通过收集与电费回收风险相关的信息，进行分析、比较，甄别影响电费回收的关键因素，并对风险因素进行分类管理。开展电费风险因素调查与分析是有效地预警、降低和化解电费回收风险，防范发生新欠电费和电费呆坏账。

2. 调查前期工作要求

根据不同客户电费风险因素的特点，对客户群进行分类，明确各类客户信息所包含数据项；通过周期性的数据采集，获取完整、准确、规范的客户信息。初步划分出不同客户群体类别，按不同层次、客户类别、容量、交费难易程度分别开展调查。

二、电费风险因素调查内容及分析方法

1. 调查项目

（1）项目内容。制订科学、合理的客户调查方案，在对各类客户有关情况进行调查时要综合分析以下 8 个方面的内容。

1）客户的交费能力和交费时间。在进行调查前要对各客户群以往的交费能力和交费时间进行了解，通过查阅一个周期年需调查客户档案，了解客户各月电费回收情况、回收日期，是否存在延迟回收及跨月欠费情况等。

在现场调查时要对目前及今后客户的交费能力和交费时间做出评估。

2）客户的资金周转、货币回笼的情况。可采取到客户的财务部门了解资金的运转情况，产品货币回笼。如出现资金周转不灵或货币回笼缓慢，要调查其程度。

3）是否发生过违章用电、窃电问题或阻碍扰乱电力生产建设秩序，破坏或危害电力设施事件。通过查阅客户以往的用电检查记录档案，对客户用电行为进行分析，对违章用电、窃电和阻碍扰乱电力生产建设秩序及破坏或危害电力设施事件的行为要进行区分，分别定性。

4）供用电合同的签订和履约情况。供电企业与客户双方的权利义务关系是通过供用电合同来规范的。收费时间、收费额、收费方式、收费措施等都是建立在供用电合同约定的基础之上的。判断客户是否欠交电费，欠交多少，欠交了多长时间等，都要依据供用电合同来判定。检查供用电合同的履约情况，客户是否认真履行供用电合同，在合同的履约过程中有无不良记录，违约行为的发生。

5）客户设备的预试、定校、轮换情况；是否存在用电隐患，对电力系统或其他客户能否造成影响。客户变压器、用电设备周期性的试验，计量设备定校、定期轮换是保障客户安全用电、准确计量的首要条件。要调查客户是否按期完成各种试验。客户用电设备安全状况直接影响电网的安全，也可能影响到同一线路或同一变压器其他客户的安全，要通过查阅客户用电检查记录档案等方式，收集资料。

6）了解客户经营管理；企业规模、生产能力、产品销售情况，发展能力和发展潜力等。要对客户的经营管理部门进行现状调查，了解其经营管理情况和企业业绩、企业产品结构、市场占有率、市场发展前景、企业领导人信誉观念、企业文化等情况。是否列入政策性限制行业，是否列入政策性淘汰类行业范围等。

7）了解客户对交纳电费的重视程度。通常按其重视程度分为三种情况：重视、一般、不重视。

8）了解客户的银行存款、信用和负债情况。可采取到客户开户的银行了解客户的资金运转情况、经常性账上资金余额、资金是否被冻结等；在银行的信用等级。

（2）客户群划分。通过收集的有效客户相关信息并加以分析、定性，归类不同属性和行为特征的客户群，对客户信用、风险进行评估，依据评估结果找出信用客户、重要客户、失信客户及风险客户，并分别对其进行管理，对每类客户群进行细分。

1）客户细分。

一是根据电力营销各业务的特点和要求，按客户属性、用电行为、用电需求、交费情况等将客户分为不同的客户群，针对目标客户群开展的相关管理决策活动。

客户属性：所属单位、用电类别、行业类别、高能耗行业、电压等级、电价类别、容量、变电站、线路、抄表段、负荷类别、自备电源、信用等级、电费风险等级等。

用电行为：电量电费情况、违约窃电情况、欠费情况、负荷情况。

二是确定各细分特征之间的关系，确定客户《细分标准》。

三是对客户细分的标准进行审核，使其符合客户细分的需求目标，对不符合目标的客户细分标准重新调整客户细分特征。

2）客户群管理。根据客户细分标准，从客户档案管理、核算管理、电费收交及账务管理、用电检查管理获取客户的属性、用电行为等信息，建立客户群。当客户群属性或用电行为发生变化时及时进行动态调整，使得客户群建立符合营销管理的目标。

（3）风险类别划分。

1）政策性风险。包括：① 产业政策调整某些行业被列为限制、淘汰类企业，导致企业限产、停产；② 由于金融危机，导致各行业流动资金困难，支付能力弱；③ 国家电价政策的调整对企业刚性支出的影响；④ 国际市场需求变化，导致相关企业生产经营萎缩；⑤ 土地、矿产资源价格大幅升降，导致相关企业关停并转；⑥ 企业改制相关政策的变化而导致债权债务关系的变化；⑦ 房地产投资、买卖政策的变化，导致行业低迷；⑧ 税收政策的变化、惠农政策的实施对企业的影响。

2）经营性风险。包括：① 一次能源市场供求关系变化导致相关企业生产经营困难；② 成长期及衰退期产品的生产企业；③ 停产户产品未改变再启动企业，合同约定的变更；④ 计量故障和轮换，业务变更等事宜导致争议性电费；⑤ 抄表、核算错误导致的电费少计、漏计未能及时更正，导致追诉时效逾期；⑥ 毁损计量装置引起电费流失；⑦ 高危及重要客户由于重大安全事故和不法经营行为而导致巨额赔偿、罚款；⑧ 违章用电、窃电导致电费隐性流失；⑨ 应收电费余额过大导致电费滞交及形成客户旧欠电费。

3）管理性风险。包括：① 电费回收组织体系不完善，政令不畅通；② 资金管理和保证电费资金安全措施不健全；③ 抄核收管理不规范、电价政策执行不到位；④ 电费考核办法不完善，激励和约束机制不到位；⑤ 营销人员责任心差、风险意识薄弱、缺乏危机感，用电服务不到位；⑥ 供电企业人员发生贪污、截留、挪用电费。

4）法律性风险。包括：①《中华人民共和国电力法》规定供电企业在对欠费客户采取停、限电措施时必须在欠费 30 天并要经过多次催交无效后才可进行，客观上方便个别客户的恶意逃费，造成了恶意客户拖欠两个月电费的后果；② 电费担保行为中的循环担保；③ 质押、抵押标的物的处分权模糊；④ 供用电合同时效性无法获得法律支持；⑤ 产权归属与运行维护责任不清晰、停限电操作不规范引起的法律纠纷。

2. 风险因素产生的原因

电费回收风险是供电企业在经营过程中，因外部环境或企业内部原因而造成电费不能及时回收甚至造成电费流失的各种可能情况的总和。由于电力商品的特殊性和长期形成先用电、后交款观念，造成电费回收风险的普遍存在。

（1） 外部因素。

1）国家宏观经济政策的调控对客户产生的影响。国家对高耗能行业的调控，及时掌握对列入淘汰类、限制类的高耗能企业关停等有关变化信息。

2）与市场经济相适应的体制和制度建设尚未成熟。

3）日益加剧的市场竞争对客户的影响。

4）客户需求变化对供电企业的挑战。

（2） 内部因素。

1）供电企业基础管理薄弱。

2）供电企业内部管理不善。

3）没有建立完善的风险管理机制。

4）管理者和员工普遍缺乏风险意识。

3. 分析方法

（1） 收集与风险相关的信息。

（2） 对各类信息进行分析、比较，甄别风险因素，重点甄别主要欠费大户电费回收风险因素。

（3） 对风险因素进行分类管理，按政策性、经营性、管理性、法律性原因，对发生风险的可能性、必然性、变动性和不确定性进行分析。区分影响风险的主观因素、客观因素，以及各种因素对风险的影响程度。

1）对政策性风险，认真研究国家宏观调控政策的实施给电费回收带来的影响，尤其要加强对高耗能行业的电费风险控制，及时掌握对列入淘汰类、限制类的高耗能企业关停并转等有关变化信息。

2）对经营性风险，要从供电企业内部和外部用电市场两方面进行分析，由于抄表、计量装置故障、违章用电、窃电等原因导致的电费流失；预防经营处于困境的企业和高危及重要客户由于重大安全事故和欠费造成的风险。

3）对管理性风险，要对抄核收管理制度执行情况进行分析，预防和控制电费差错、电费资金被截留或挪用、职务犯罪及用电服务质量等风险。

4）对法律性风险，要研究对欠费客户必须在30天并要经过多次催交无效后才可采取停、限电措施，会出现恶意逃费的风险；预防电费担保及各种电费追讨法律手段应用过程中引起的法律纠纷产生的风险。

三、客户电费风险调查案例

【例1】某水泥厂，110kV供电，合同容量31500kVA，变电站出口计量，行业分类为水泥制造，电价类别为大工业电价，电费采取银行分次划拨方式结算，对其调查结果如下：

（1）到其财务部门了解到资金的周转经常出现不及时，产品货币回笼较慢；

（2）查客户交费档案了解到其交费能力一般，2016 年中共有 4 个月延期交费，未形成跨月欠费；

（3）用电检查档案记载，曾发生过两次基建用电私自接入生产用电线路上，存在客户变电站安全隐患两处，现场检查仍未整改；

（4）查合同档案显示按期签订供用电合同，在合同的履约过程中无不良记录；

（5）到其经营管理部门进行现状调查，了解到企业经营状况一般、产品有 1/10 积压，但尚未出现亏损，市场占有率呈下降趋势，未被列入政策性限制行业或淘汰类行业范围；

（6）到客户开户的银行了解到客户的资金运转情况，由于客户银行存款经常空头，贷款较多，信用等级为三级，存在交费风险；

（7）与客户财务主管领导了解客户对交纳电费的重视程度为一般，经常发生其他用途挤占应交电费现象；

（8）了解到企业经营性质未发生改变，但存在较大交费风险。

对上述 8 项调查结果进行综合分析，得出的结果见表 4–1–1。

表 4–1–1　　客户电费风险因素调查表

编号	户号	户名	合同容量（kVA）	资金周转	客户交费能力	安全用电、合法用电	银行信用等级	经营状况	交费意识	经营性质及交费风险判断	合同签订、履约	综合情况分析
DGY001	08100012345	××市××水泥有限公司	31500	资金周转不及时，产品货币回笼较慢	交费能力一般，2007 年延期交费 4 个月	变电站安全隐患两处，基建用电高价低用两次	银行存款经常空头，贷款较多，信用等级三级	经营状况一般、产品有 1/10 积压，无亏损	重视程度一般，经常发生挤占电费现象	交费风险较大	按期签订，认真履约	客户能认真履行合同，未发生欠费。但由于经营出现产品积压，资金周转不及时，对交电费有拖延现象，并存在用电安全隐患，存在较大电费风险

注：本表用于对客户电费信用风险预警分析管理。

【思考与练习】

1. 如何开展电费风险调查？
2. 调查项目由几部分组成？具体内容有哪些？
3. 如何对客户群进行划分？
4. 风险类别划分包括几个部分？
5. 风险因素分析具体内容有哪些？

模块2 欠费明细表与汇总表编制（Z26F2002Ⅰ）

【模块描述】本模块包含欠费明细表与汇总表的格式等内容。通过概念描述、术语说明、公式示意、要点归纳、示例介绍，掌握欠费明细表与汇总表的编制、统计方法、内容，以及表的构成和统计要素。

【模块内容】

一、欠费明细表与汇总表的统计方法、结构及要素

（一）欠费明细表

1. 应用层次

地市公司、区县公司、供电所。

2. 生成周期

日。

3. 内容简述

按各行业、城乡居民、趸售的欠费单位、各种交费渠道、收费员统计欠电费总额、本年新欠、陈欠电费、上年末累计欠费、回收陈欠、核销坏账、欠费原因等。

4. 编制目的

用于实时统计每日电费欠收情况。

5. 统计说明

收费员=收取电费的人员

全行业合计=农林牧渔业小计+工业小计+建筑业小计+交通运输仓储和邮政业小计+信息传输、计算机服务和软件业小计+商业、住宿和餐饮业小计+金融房地产商务及居民服务业小计+公共事业及管理组织小计

城乡居民合计=城镇居民+乡村居民

趸售合计=趸售售电各类别欠费合计金额

单位名称：欠电费的单位名称或客户名

欠电费总额=本年新欠+陈欠电费

本年新欠=本年发生的新欠电费金额

陈欠电费=上年末累计欠费–回收陈欠

上年末累计欠费=截至上年末累计欠电费金额

回收陈欠=截至统计日陈欠电费回收金额

核销坏账=已核销的坏账金额

欠费原因：欠电费主要原因描述，包括还款计划

本表统计的数据精度保留到小数点后两位。

6. 统计期

当日。

7. 统计维度

收费员、科目类别。

科目类别：

总计

A. 全行业合计

一、农林牧渔业小计

二、工业小计

三、建筑业小计

四、交通运输仓储和邮政业小计

五、信息传输、计算机服务和软件业小计

六、商业、住宿和餐饮业小计

七、金融房地产商务及居民服务业小计

八、公共事业及管理组织小计

B. 城乡居民合计

一、城镇居民

二、乡村居民

C. 趸售合计

8. 统计要素描述

收费员=收取电费的人员

全行业合计=农林牧渔业小计+工业小计+建筑业小计+交通运输仓储和邮政业小计+信息传输、计算机服务和软件业小计+商业、住宿和餐饮业小计+金融房地产

商务及居民服务业小计+公共事业及管理组织小计

城乡居民合计=城镇居民+乡村居民

趸售合计=趸售售电各类别欠费合计金额

欠电费总额=本年新欠+陈欠电费

本年新欠=本年发生的新欠电费金额

陈欠电费=上年末累计欠费−回收陈欠

上年末累计欠费=截至上年末累计欠电费金额

回收陈欠=截至统计日陈欠电费回收金额

核销坏账=已核销的坏账金额

9. 统计要素算法

全行业合计=农林牧渔业小计+工业小计+建筑业小计+交通运输仓储和邮政业小计+信息传输、计算机服务和软件业小计+商业、住宿和餐饮业小计+金融房地产商务及居民服务业小计+公共事业及管理组织小计

城乡居民合计=城镇居民+乡村居民

欠电费总额=本年新欠+陈欠电费

陈欠电费=上年末累计欠费−回收陈欠

（二）欠费汇总表

1. 应用层次

地市公司、区县公司、供电所。

2. 生成周期

月。

3. 内容简述

统计各单位每月各行业、城乡居民、趸售欠电费总额、本年新欠、陈欠电费总额、上年陈欠电费发生额及回收情况包括上年结转欠费、本年回收、核销情况。

4. 编制目的

用于统计每月电费欠收情况。

5. 统计说明

公司（所）全行业合计=全行业合计 1+城乡居民+趸售

全行业合计 1=第一产业+第二产业+第三产业

全行业合计 2=农林牧渔业+工业+建筑业+交通运输仓储和邮政业+

信息传输、计算

机服务和软件业+商业、住宿和餐饮业+金融、房地产、商务及居民

服务业+公共事业及管理组织

城乡居民=城镇居民+乡村居民

趸售=趸售售电各类别欠费合计金额

欠电费总额=本年新欠+陈欠电费总额

上年发生=截至上年末累计欠电费金额

陈欠电费总额=上年末结转欠费–回收陈欠电费额

上年陈欠电费=上年末结转上年欠费–回收上年电费额

本表统计的数据精度保留到小数点后两位。

6. 统计期

本月。

7. 统计维度

科目类别：

公司（所）全行业合计

A. 全行业合计 1

一、第一产业

二、第二产业

三、第三产业

B. 城乡居民合计

一、城镇居民

二、乡村居民

C. 趸售合计

D. 全行业合计 2

一、农林牧渔业

二、工业

三、建筑业

四、交通运输仓储和邮政业

五、信息传输、计算机服务和软件业

六、商业、住宿和餐饮业

七、金融房地产商务及居民服务业

八、公共事业及管理组织

8. 统计要素描述

公司（所）全行业合计=全行业合计 1+城乡居民+趸售

全行业合计 1=第一产业+第二产业+第三产业

全行业合计 2=农林牧渔业+工业+建筑业+交通运输仓储和邮政业+信息传输、计算

机服务和软件业+商业、住宿和餐饮业+金融、房地产、商务及居民服务业+公共事业及管理组织

城乡居民=城镇居民+乡村居民

趸售=趸售售电各类别欠费合计金额

欠电费总额=本年新欠+陈欠电费总额

上年发生=截至上年末累计欠电费金额

陈欠电费总额=上年末结转欠费–回收陈欠电费额

上年陈欠电费=上年末结转上年欠费–回收上年电费额

9. 统计要素算法同上

二、示例

【例 1】 表 4–2–1、表 4–2–2 是××供电公司 2015 年某日欠费明细表和某月欠费汇总表的格式及统计结果。

表 4–2–1　　欠费明细表

填报单位：××供电公司　　2015 年 8 月 31 日　　单位：元

行业	单位名称	欠费情况			电费回收情况			欠费原因
		欠电费总额	其中		上年末累计欠费	收回陈欠	其中核销坏账	
			本年新欠	陈欠电费				
1	2	3	4	5	6	7	8	9
总计	户数：1916 个	16745915.91	201372.15	16544543.76	23393966.26	6849422.50		
A. 全行业合计		16334576.61	169623.98	16164952.63	22531198.47	6366245.84		
一、农林牧渔业小计		373042.73	7693.96	365348.77	465026.40	99677.63		
	1. 早繁鱼苗良种场	117147.12	2578.56	114568.56	140025.60	25457.04		客户繁育育苗池北洪水冲毁，资金困难
	2. 园林苗圃	255895.61	5115.40	250780.21	325000.80	74220.59		树苗销路不好，占资金
二、工业小计		11673531.30	138887.67	11534643.63	14686421.23	3151777.60		
	1. 全方铝业	2485789.76	121235.67	2364554.09	4578620.56	2214066.47		产品销路差，价格低

续表

行业	单位名称	欠费情况			电费回收情况			欠费原因
		欠电费总额	其中		上年末累计欠费	收回陈欠	其中核销坏账	
			本年新欠	陈欠电费				
二、工业小计	2. 海洋啤酒	9187741.54	17652.00	9170089.54	10107800.67	937711.13		面临转产、停产
三、建筑业小计		1029359.10	4801.34	1024557.76	1562854.65	538296.89		
	1. 基础工程公司	272101.54	3600.56	268500.98	756853.78	488352.80		企业不景气，无资金
	2. 新成建筑公司	757257.56	1200.78	756056.78	806000.87	49944.09		企业不景气，无资金
四、交通运输仓储和邮政业小计		485356.43	2469.07	482887.36	1046050.29	563162.93		
	1. 云山粮库	127762.26	953.40	126808.86	260000.23	133191.37		拨付资金未到位
	2. 神龙货站	357594.17	1515.67	356078.50	786050.06	429971.56		停业，将破产清算
五、信息传输、计算机服务和软件业小计		275955.34	2689.00	273266.34	407616.49	134350.15		
	1. 千瑞网络公司	177281.34	1600.67	175680.67	228650.45	52969.78		企业经营困难，负债严重
	2. 信息工程公司	99171.47	1585.80	97585.67	178966.04	81380.37		企业亏损，三角债严重。但有偿还能力
六、商业、住宿和餐饮业小计		1121902.49	5864.26	1116038.23	1537025.23	420987.00		
	1. 瑞达宾馆	662683.56	4660.56	658023.00	768504.67	110481.67		经营困难，停业
	2. 富源商业街	459218.93	1203.70	458015.23	768520.56	310505.33		部分商户停业
七、金融房地产商务及居民服务业小计		458059.93	4458.36	453601.57	1513350.85	1059749.28		
	1. 欣宇证券	130001.72	3200.60	126801.12	756500.80	629699.68		证券市场不景气，资金困难
	2. 新升典当	328058.21	1257.76	326800.45	756850.05	430049.60		已渡过困难期，还款较大

续表

行业	单位名称	欠费情况			电费回收情况			欠费原因
		欠电费总额	其中		上年末累计欠费	收回陈欠	其中核销坏账	
			本年新欠	陈欠电费				
八、公共事业及管理组织小计		917369.29	2760.32	914608.97	1312853.33	398244.36		
	1. 地质勘查局	789960.50	960.20	789000.30	956852.44	167852.14		资金困难，已多次欠费停电
	2. 气象研究所	127408.79	1800.12	125608.67	356000.89	230392.22		拨付资金未到位
B.城乡居民合计		411339.30	31748.17	379591.13	862767.79	483176.66		
城镇居民	400	102638.16	3852.60	98785.56	106562.56	7777.00		
乡村居民	1500	308701.14	27895.57	280805.57	756205.23	475399.66		
C. 趸售合计								

主管：李白　　制表人：袁枚　　填报日期：2015 年 9 月 1 日

表 4–2–2　　2015 年 9 月止全行业欠电费汇总表

填报单位：××供电公司　　单位：元

行业	欠电费总额	其　中			占欠费总额（%）
		本年新欠	陈欠电费		
			总额	其中：上年发生	
栏　次	1	2	3	4	5
公司全行业合计	16544429.37	1535924.43	15008504.94	3714892.31	100.00
A. 全行业合计 1	15480057.27	822257.75	14657799.52	3609020.07	93.57
第一产业	430601.02	105252.25	325348.77	125632.85	2.60
第二产业	12267741.02	429833.66	11837907.36	2778820.99	74.15
第三产业	2781715.23	287171.84	2494543.39	704566.23	16.81
B. 城乡居民	435948.90	85243.48	350705.42	105872.24	2.64
C. 趸售	628423.20	628423.20			3.80
A. 全行业合计 2	15480057.27	822257.75	14657799.52	3609020.07	93.57

续表

行业	欠电费总额	其中			占欠费总额（%）
		本年新欠	陈欠电费		
			总额	其中：上年发生	
栏 次	1	2	3	4	5
一、农林牧渔业	430601.02	105252.25	325348.77	125632.85	2.60
其中：排灌	369825.77	85240.23	284585.54	98754.58	2.24
二、工业	11173906.98	321423.14	10852483.84	2393580.14	67.54
（一）采矿业	2963115.14	85235.52	2877879.62	101091.52	17.91
其中：煤炭开采和洗选业	2031034.69	58423.75	1972610.94	74279.75	12.28
（二）制造业	8210791.84	236187.62	7974604.22	2292488.62	49.63
其中：烧碱	263609.09	7582.85	256026.24	23438.85	1.59
电石	167674.76	4823.25	162851.51	20679.25	1.01
黄磷					
水泥制造	2968121.13	85379.52	2882741.61	1012350.52	17.94
14. 黑色金属冶炼及压延加工业	1245362.91	35823.50	1209539.41	51679.50	7.53
其中：钢铁	1079503.87	31052.48	1048451.39	46908.48	6.52
其中：铁合金冶炼	120231.48	3458.52	116772.96	19314.52	0.73
15. 有色金属冶炼及压延加工业	3566023.96	102578.50	3463445.46	1184340.50	21.55
其中：铝冶炼	2963369.96	85242.85	2878127.11	1010980.85	17.91
其中：锌冶炼	429615.18	12358.10	417257.08	28214.10	2.60
三、建筑业	1093834.04	108410.52	985423.52	385240.85	6.61
四、交通运输、仓储和邮政业	437043.59	108520.07	328523.52	184250.85	2.64
其中：电气化铁路	396779.10	98522.20	298256.90	167275.96	2.40
五、信息传输、计算机服务和软件业	256422.39	23856.05	232566.34	95856.45	1.55
六、商业、住宿和餐饮业	960928.19	95685.20	865242.99	152354.85	5.81

续表

行业	欠电费总额	其中			占欠费总额（%）
		本年新欠	陈欠电费		
			总额	其中：上年发生	
栏次	1	2	3	4	5
七、金融、房地产、商务及居民服务业	379454.09	25852.52	353601.57	103561.58	2.29
八、公共事业及管理组织	747866.97	33258.00	714608.97	168542.50	4.52

主管：李白　　制表人：袁枚　　填报日期：2015 年 10 月 1 日

【思考与练习】

1. 欠费明细表和欠费汇总表统计维度中科目类别包含几部分内容？
2. 欠费明细表和欠费汇总表有哪些统计要素算法？
3. 什么是电费回收率？
4. 制作欠费统计表的意义？

模块 3　电费结算协议内容（Z26F2003Ⅱ）

【模块描述】本模块介绍电费结算协议内容，通过学习，掌握电费结算协议内容。

【模块内容】

电费结算协议是供用电合同的重要组成部分，是供用电双方经协商一致后，对电费交纳方式、交费期限、延期交费的违约责任等具体事项的详细约定。

一、电费结算协议的基本内容

1. 抄表结算时间

在协议中，应尽量明确具体的抄表日期，若考虑抄表日期调整、补抄等特殊情况，则协议中可考虑明确抄表时间起止区间，如逢双月 2—8 日期间、每月 25—30 日期间等，同时应该明确，遇有抄表日期调整，供电企业将另行通知。

2. 电费交纳方式

电费交纳方式是协议的核心内容，应根据不同交费方式分别进行具体表述。该部分内容在后续章节将重点介绍。

3. 电费交纳期限

在协议中，应明确电费交纳的时限，特别是正常交费到期时限，因为该时限之后即开始计收电费违约金，若表述不清楚，则有可能引起法律纠纷。

4. 电费违约金的计收依据

在协议中，应明确电费违约金的计收依据，如《供电营业规则》第九十八条等。

5. 违约责任

6. 纠纷处理方式

明确在发生电费纠纷时，在协商无果的情况下，采用诉讼还是仲裁的处理方式。

7. 协议有效期

电费结算协议是供用电合同的附件，故一般协议的有效期与主合同的有效期应一致。

这里列举几种电费结算协议的模板。

（一）分次结算方式的电费结算协议模板

______________供电公司电费结算协议
（分次结算方式）

户号：____________________　　协议编号：____________________

供电方（甲方）：____________________________　　地址：____________________________

用电方（乙方）：____________________________　　地址：____________________________

为了保障和促进电力事业的发展，维护电力投资者和使用者的合法权益。根据《中华人民共和国合同法》《电力供应与使用条例》《供电营业规则》等法律、法规及规定，经双方协商一致，签订如下电费结算协议，以便双方共同遵守执行。

1. 甲方按国家核准的电价和用电计量装置的记录，向乙方计收电费。

2. 经双方协商，选择交付电费的方式如下：每月分___次结算或预结算（按客户实际用电预结算电费），分别为每月________________________日。每次结算/预结算电费确认后，乙方须在___日内划款至甲方账户。

3. 如连续两次发生乙方未能按时交付电费（包括未能按时交纳分次预结算电费），从________起，甲方与乙方可协商并实行负控预购电、电卡表购电或远程费控方式结算电费。

4. 甲方在□每月/□每两月___日至___日抄表结算，遇有抄表日变更将予以告知。

5. 抄表方式：甲方采取□远程抄表/□现场抄表方式，并以抄录数据作为电度电费的结算依据。

6. 乙方在甲方规定的期限内未交纳电费，应承担电费违约责任，电费违约金从逾期之日起计算至交纳日止。每日电费违约金按下列规定计算：

（1）居民用户每日按欠费总额的千分之一计算；

（2）其他用户：当年欠费部分，每日按欠费总额的千分之二计算；跨年度欠费部分，每日按欠费总额的千分之三计算。

7. 乙方确认选择第____种方式，接受甲方发送的用电告知、提醒通知等：

（1）短信联系人：__________ 联系方式：__________

（2）电话联系人：__________ 联系方式：__________

（3）邮件联系人：__________ 联系方式：__________

（4）其他方式：__________

乙方应保持所选择的联系方式畅通，如联系方式变更，应及时通知甲方，如未能及时告知甲方，造成的后果由乙方承担。

8. 用电计量装置安装位置与产权分界点不一致时，以下损耗（包括有功和无功损耗）由设施产权所有者负担：

变压器铁损有功电度数按__________计算，铜损有功电度数按电量的__________计算

变压器铁损无功电度数按__________计算，铜损无功电度数按电量的__________计算；线路损耗按电量的__________计算。

上述损耗的电量按各分类电量占抄见总电量的比例分摊。

9. 乙方选择基本电价按最大需量方式计费，乙方应提前5个工作日向甲方申请变更下一个月的最大需量核定值，到期未申请的按上月最大需量核定值执行。（各单位需根据用户实际执行方式选用和修改以上条款，按容量计费用户该条款删除，打印时注意删除括号提示内容）

10. 甲、乙双方如变更户名、银行账号，应及时书面通知对方，乙方按规定办理变更户名、银行账号手续。如乙方变更，未及时通知甲方，造成未按时交付电费，将按照逾期处理。

甲方收款单位（全称）： 乙方付款单位（全称）：

甲方银行账号： 乙方银行账号：

甲方开户银行： 乙方开户银行：

11. 乙方对用电计量、电费有异议时，应先交清电费，然后双方协商解决，乙方不得以任何理由拒付电费。对于电费结算过程中的争议，双方协商不成时，按双方供用电合同约定的争议解决方式执行。

12. 本协议自甲、乙双方签字并盖章后生效。有效期与双方供用电合同一致。本协议作为双方供用电合同的附件，双方供用电合同相关内容与本协议不一致的，以本协议约定为准。

13. 本协议一式四份，供电方、用电方各执二份。

用电人已知晓本协议涉及供用电双方权利、义务各项约定事项，谨此确认。

供电方：（公章）　　　　　　　　　用电方：（公章）

签约人：（盖章）　　　　　　　　　签约人：（盖章）

签约时间：　　年　月　日　　　　　签约时间：　　年　月　日

（二）分次划拨方式的电费结算协议模板

________供电公司电费结算协议
（分次划拨方式）

户号：____________　协议编号：____________

供电方（甲方）：____________　地址：____________

用电方（乙方）：____________　地址：____________

为了保障和促进电力事业的发展，维护电力投资者和使用者的合法权益。根据《中华人民共和国合同法》《电力供应与使用条例》《供电营业规则》等法律、法规及规定，经双方协商一致，签订如下电费结算协议，以便双方共同遵守执行。

1. 甲方按国家核准的电价和用电计量装置的记录，向乙方计收电费。

2. 经双方协商，选择交付电费的方式如下：每月按照____比例，实行___次划拨电费，待电费结算时冲抵乙方当期电费。冲抵后乙方应及时补足欠费款并分次划拨电费。如乙方发生用电变更，由双方协商适当追补或减少分次划拨电费金额。

3. 如连续两次发生乙方未能按时交付电费（包括未能按时交纳分次预结算电费），从 _______起，甲方与乙方可协商并实行负控预购电 、电卡表购电或远程费控方式结算电费。

4. 甲方在□每月/□每两月___日至___日抄表结算，遇有抄表日变更将予以告知。

5. 抄表方式：甲方采取□远程抄表/□现场抄表方式，并以抄录数据作为电度电费的结算依据。

6. 乙方在甲方规定的期限内未交纳电费，应承担电费违约责任，电费违约金从逾期之日起计算至交纳日止。每日电费违约金按下列规定计算：

（1）居民用户每日按欠费总额的千分之一计算；

（2）其他用户：当年欠费部分，每日按欠费总额的千分之二计算；跨年度欠费部分，每日按欠费总额的千分之三计算。

7. 乙方确认选择第____种方式，接受甲方发送的用电告知、提醒 、通知等：

（1）短信联系人：__________　联系方式：__________

（2）电话联系人：__________　联系方式：__________

（3）邮件联系人：__________　联系方式：__________

（4）其他方式：____________

乙方应保持所选择的联系方式畅通，如联系方式变更，应及时通知甲方，如未能及时告知甲方，造成的后果由乙方承担。

8. 用电计量装置安装位置与产权分界点不一致时，以下损耗（包括有功和无功损耗）由设施产权所有者负担：

变压器铁损有功电度数按__________计算，铜损有功电度数按电量的__________计算

变压器铁损无功电度数按__________计算，铜损无功电度数按电量的__________计算；线路损耗按电量的__________计算。

上述损耗的电量按各分类电量占抄见总电量的比例分摊。

9. 乙方选择基本电价按最大需量方式计费，乙方应提前5个工作日向甲方申请变更下一个月的最大需量核定值，到期未申请的按上月最大需量核定值执行。（各单位需根据用户实际执行方式选用和修改以上条款，按容量计费用户该条款删除，打印时注意删除括号提示内容）

10. 甲、乙双方如变更户名、银行账号，应及时书面通知对方，乙方按规定办理变更户名、银行账号手续。如乙方变更，未及时通知甲方，造成未按时交付电费时，将按照逾期处理。

甲方收款单位（全称）： 乙方付款单位（全称）：

甲方银行账号： 乙方银行账号：

甲方开户银行： 乙方开户银行：

11. 乙方对用电计量、电费有异议时，应先交清电费，然后双方协商解决，乙方不得以任何理由拒付电费。对于电费结算过程中的争议，双方协商不成时，按双方供用电合同约定的争议解决方式执行。

12. 本协议自甲、乙双方签字并盖章后生效。有效期与双方供用电合同一致。本协议作为双方供用电合同的附件，双方供用电合同相关内容与本协议不一致的，以本协议约定为准。

13. 本协议一式四份，供电方、用电方各执二份。

用电人已知晓本协议涉及供用电双方权利、义务各项约定事项，谨此确认。

供电方：（公章） 用电方：（公章）

签约人：（盖章） 签约人：（盖章）

签约时间： 年 月 日 签约时间： 年 月 日

（三）全额缴费方式的电费结算协议模板

______________供电公司电费结算协议
（全额缴费方式）

户号：____________________　　协议编号：____________________

供电方（甲方）：__________________________　　地址：________________________

用电方（乙方）：__________________________　　地址：________________________

为了保障和促进电力事业的发展，维护电力投资者和使用者的合法权益。根据《中华人民共和国合同法》《电力供应与使用条例》《供电营业规则》等法律、法规及规定，经双方协商一致，签订如下电费结算协议，以便双方共同遵守执行。

1. 甲方按国家核准的电价和用电计量装置的记录，向乙方计收电费。

2. 经双方协商，选择交付电费的方式如下：

乙方于每月________日前到供电营业厅或银行网点采用充值卡、持交费卡交纳现金或委托银行储蓄卡代扣等方式结清电费。采用银行卡扣方式交费的客户需和银行签订协议，储蓄卡上应备足余额，确保正常扣款。

3. 如连续两次发生乙方未能按时交付电费（包括未能按时交纳分次预结算电费），从_________起，甲方与乙方可协商并实行负控预购电、电卡表购电或远程费控方式结算电费。

4. 甲方在□每月/□每两月___日至___日抄表结算，遇有抄表日变更将予以告知。

5. 抄表方式：甲方采取□远程抄表/□现场抄表方式，并以抄录数据作为电度电费的结算依据。

6. 乙方在甲方规定的期限内未交纳电费，应承担电费违约责任，电费违约金从逾期之日起计算至交纳日止。每日电费违约金按下列规定计算：

（1）居民用户每日按欠费总额的千分之一计算；

（2）其他用户：当年欠费部分，每日按欠费总额的千分之二计算；跨年度欠费部分，每日按欠费总额的千分之三计算。

7. 乙方确认选择第____种方式，接受甲方发送的用电告知、提醒、通知等：

（1）短信联系人：__________　　联系方式：__________

（2）电话联系人：__________　　联系方式：__________

（3）邮件联系人：__________　　联系方式：__________

（4）其他方式：____________

乙方应保持所选择的联系方式畅通，如联系方式变更，应及时通知甲方，如未能及时告知甲方，造成的后果由乙方承担。

8. 用电计量装置安装位置与产权分界点不一致时，以下损耗（包括有功和无功损耗）由设施产权所有者负担：

变压器铁损有功电度数按__________计算，铜损有功电度数按电量的__________计算

变压器铁损无功电度数按___________计算，铜损无功电度数按电量的_________计算；线路损耗按电量的_____________计算。

上述损耗的电量按各分类电量占抄见总电量的比例分摊。

9. 乙方选择基本电价按最大需量方式计费，乙方应提前 5 个工作日向甲方申请变更下一个月的最大需量核定值，到期未申请的按上月最大需量核定值执行。（各单位需根据用户实际执行方式选用和修改以上条款，按容量计费用户该条款删除，打印时注意删除括号提示内容）

10. 甲、乙双方如变更户名、银行账号，应及时书面通知对方，乙方按规定办理变更户名、银行账号手续。如乙方变更，未及时通知甲方，造成未按时交付电费时，将按照逾期处理。

甲方收款单位（全称）:	乙方付款单位（全称）:
甲方银行账号:	乙方银行账号:
甲方开户银行:	乙方开户银行:

11. 乙方对用电计量、电费有异议时，应先交清电费，然后双方协商解决，乙方不得以任何理由拒付电费。对于电费结算过程中的争议，双方协商不成时，按双方供用电合同约定的争议解决方式执行。

12. 本协议自甲、乙双方签字并盖章后生效。有效期与双方供用电合同一致。本协议作为双方供用电合同的附件，双方供用电合同相关内容与本协议不一致的，以本协议约定为准。

13. 本协议一式四份，供电方、用电方各执二份。

用电人已知晓本协议涉及供用电双方权利、义务各项约定事项，谨此确认。

供电方:（公章）	用电方:（公章）
签约人:（盖章）	签约人:（盖章）
签约时间： 年 月 日	签约时间： 年 月 日

二、电费交纳方式

电费交纳方式可分为后付费和预付费两大类，在电费结算协议中相应的表述内容也不尽相同。为规避电费回收风险，应尽可能推广预付费方式。

（一）后付费

1. 坐收、走收（含代收、代扣）

供电企业抄表结算后，客户在约定期限内，通过供电营业厅、代收电费单位、网上银行等方式交纳电费，或通过银行卡代扣电费，或特殊边远地区由供电企业上门收取电费等。

2. 特约委托

供电企业抄表结算后，客户委托银行通过转账方式一次性划拨电费。

对后付费方式的客户，在协议中应明确延期交费的处理方式，如承担违约金、更改为预付费方式等。

（二）预付费

常见的电费预结算方式有五种，分别是特约委托分次划拨、负控购电、卡表购电、智能电表费控、分期结算等。

1. 特约委托分次划拨

客户委托银行通过转账方式划拨电费，双方约定划拨的次数、日期和金额，供电企业先按约定预划拨电费，在抄表结算后，再通过银行划拨尾款。在此类电费结算协议中，除抄表结算时间、电费违约金的计收依据、违约责任、有效期等通用条款外，还应重点明确以下内容：

（1）客户（付款方）名称、开户银行、账号；

（2）供电企业（收款方）名称、开户银行、账号；

（3）分次划拨次数、日期、金额；

（4）预划拨电费不能按期到账的处理方式。

2. 负控购电

在客户处安装负荷控制装置，通过负控装置实行预购电，先买电后用电。在此类电费结算协议中，除抄表结算时间、电费违约金的计收依据、违约责任、有效期等通用条款外，还应重点明确以下内容：

（1）购电方式：安装负控装置实现预购电；

（2）预警电量；

（3）跳闸电量；

（4）购电不足导致跳闸后的责任承担方。

3. 卡表购电

在客户处安装电卡表，通过电卡表实行预购电，先买电后用电。在此类电费结算协议中，除抄表结算时间、电费违约金的计收依据、违约责任、有效期等通用条款外，还应重点明确以下内容：

（1）购电方式：安装电卡表装置实现预购电；

（2）预警电量；

（3）跳闸电量；

（4）购电不足导致跳闸后的责任承担方。

4. 智能电表费控

在客户处安装智能电表，通过电表的费控功能实行预购电，先买电后用电。在此类电费结算协议中，除抄表结算时间、电费违约金的计收依据、违约责任、有效期等通用条款外，还应重点明确以下内容：

（1）购电方式：安装智能电表，通过其费控功能实现预购电；

（2）预警电量；

（3）跳闸电量；

（4）购电不足导致跳闸后的责任承担方。

5. 分期结算

对月用电量特大客户或欠费风险较高的客户，可采用每月分多次抄表结算电费的方式，如每周抄表或每 10 天抄表，通过缩短抄表周期，降低电费回收风险。在此类电费结算协议中，除抄表结算时间、电费违约金的计收依据、违约责任、有效期等通用条款外，还应重点明确以下内容：

（1）每月分期抄表结算的时间；

（2）抄表后电费的交纳方式：分期抄表客户仍可通过特约委托、负控购电等方式交纳电费。

思考题

1. 电费结算协议中抄表时间是如何规定的？
2. 电费违约金如何计收？
3. 客户交费方式有哪些？
4. 分期结算的具体内容？
5. 何为电子托收？

模块 4 电费担保手段的运用（Z26F2004Ⅱ）

【模块描述】本模块包含实行电费担保的意义、《中华人民共和国担保法》以下简称《担保法》及电费担保合同的内容等内容。通过概念描述、术语说明、条文解释、要点归纳、案例分析，掌握电费担保的几种方式及担保手段在电费回收中的应用。

【模块内容】

一、实行电费担保的意义

长期以来，电费回收工作一直是供电企业营销工作中的第一难。为此，供电企业想方设法，付出了大量人力、物力。在我国各种法律法规不断健全、完善的今天，充分利用法律武器保护供电企业自身的利益，是供电企业在市场经济环境下开展经营活动的迫切需要。《担保法》为保障债权的实现提供了一系列行之有效的措施，在当前形势下，利用《担保法》实行电费担保，对于解决电费回收难、降低供电企业的经营风险是非常必要的，也是保障电费债权的一种有效途径，具有很重要的现实意义。

二、电费担保在供用电合同中的约定及担保设置

1. 供用电合同中担保条款的约定

供用电合同关系属民事法律关系范畴，供电企业要充分利用法律法规保护自身合法权益，在具备法定条件时，依法要求客户提供电费担保。供电方应与用电方签订供用电合同和电费保证合同，或在供用电合同中设立保证条款，依法明确供用电双方权利和义务关系，减少不必要用电纠纷的发生。这既有《合同法》《担保法》支持，能有效降低电力销售风险，又缩短了电力贸易结算周期，减小供电方占有用电方担保资金总量，宜于取得社会的支持和客户的理解，障碍较少。

为了使担保方式符合法律要求，避免当事人滥用担保措施，我国《担保法》对担保方式作出了具体明确的规定，即保证、抵押、质押、留置和定金五种方式。根据《担保法》的规定，结合供用电合同的特点，在电费回收管理中可选择的担保方式有保证、抵押、质押三种。担保问题可在补充条款中予以约定，如果客户发生拖欠电费事宜，应在补交电费、恢复供电前，向供电企业提供适当担保。不提供担保或采取其他措施的，不予恢复供电。

2. 根据客户风险评估结果设置担保

对用电人划分信用等级并设定担保，供电企业可以根据用电人本身的经营状况和对交纳电费的态度对其划分信用等级，分为五个信用等级：

AAA 级，经营状况良好，按时足额交纳电费；

AA 级，经营状况一般，但能勉强按时交纳电费；

A 级，经营困难，不能按时交纳电费，但交费态度积极；

B 级，经营状况较差，交纳电费出现严重困难，或有能力交纳电费，但是拒不交纳；

C 级，濒临破产或已经破产，不可能再交纳电费。

对客户划分信用等级的主要目的是针对不同信用等级的客户决定是否要求其提供担保。客户的信用等级是动态的、长期的评价体系，应根据用电人经营状况的变化随时进行调整。根据《担保法》的规定，债权人需要以担保方式保障其债权实现的，

可以依法设定担保。供电人不可能要求所有客户都提供电费担保，同时也没有这种必要。毕竟，那些高危不讲信用的客户所占比例较小。因此，在对用电人划分信用等级后，供电人可首先选择C级和B级的客户要求其提供担保。

三、《担保法》及电费担保合同的内容

1. 保证

（1） 概述。

1）保证的概念。保证是指保证人和债权人约定，当债务人不履行债务时，保证人按照约定履行债务或者承担责任的行为。

2）保证的方式。

一般保证：当事人在保证合同中约定，债务人不能履行债务时，由保证人承担保证责任的，为一般保证。一般保证的保证人在主合同纠纷未经审判或者仲裁，并就债务人财产依法强制执行仍不能履行债务前，对债权人可以拒绝承担保证责任。

连带责任保证：当事人在保证合同中约定保证人与债务人对债务承担连带责任的，为连带责任保证。连带责任保证的债务人在主合同规定的债务履行期届满没有履行债务的，债权人可以要求债务人履行债务，也可以要求保证人在其保证范围内承担保证责任。

（2） 保证人的资格及违法作保的处理。

1）保证人的资格。

根据《担保法》第七条的规定，保证人必须是具有代为清偿能力的法人、其他组织或公民，可以做保证人。

下列法人或其他组织禁止作为保证人：国家机关不得作为保证人，但经国务院批准为使用外国政府或者国际经济组织贷款进行转贷的除外；学校、幼儿园、医院等以公益为目的的事业单位、社会团体不得为保证人；企业法人的分支机构、职能部门不得为保证人，但企业法人的分支机构有法人书面授权的，可以在授权范围内提供保证；任何单位和个人不得强令银行等金融机构或者企业为他人提供保证；另外，《公司法》规定董事、经理不得以公司资产为本公司的股东或者其他个人债务提供担保。

2）违法作保的处理。

根据《担保法》第五条第二款的规定，如果禁止作为担保人的法人或其他组织与债权人签订保证合同，那么，该保证合同无效。债务人、保证人、债权人有过错的，应根据其过错各自承担相应的民事责任。

根据《最高人民法院关于适用〈中华人民共和国担保法〉若干问题的解释》（以下简称《解释》）第七条规定，主合同有效而担保合同无效，债权人无过错的，担保人与债务人对主合同债权人的经济损失，承担连带赔偿责任；债权人、担保人有过错的，担保人承担民事责任的部分，不应超过债务人不能清偿部分的二分之一。

《解释》第十七条第四款规定，企业法人的分支机构提供的保证无效后应当承担赔偿责任的，由分支机构经营管理的财产承担。企业法人有过错的，按照《担保法》第二十九条的规定处理，即要区分债权人与企业法人的过错责任，分别处理。若债权人无过错，应由企业法人承担责任；若债权人与企业法人均有过错，应当根据其过错各自承担相应的民事责任。

根据《解释》第十八条的规定，企业法人的职能部门提供的保证无效后，债权人知道或应当知道保证人为企业法人的职能部门的，因此造成的损失由债权人自行承担；债权人不知保证人为企业法人的职能部门的，因此造成的损失，可以参照《担保法》第五条第二款的规定和第二十九条的规定处理。（第五条第二款："以法律、法规限制流通的财产设定担保的，在实现债权时，人民法院应当按照有关法律、法规的规定对该财产进行处理。" 第二十九条："保证期间，债权人许可债务人转让部分债务未经保证人书面同意的，保证人对未经其同意转让部分的债务，不再承担保证责任。但是，保证人仍应当对未转让部分的债务承担保证责任。"）

（3） 保证合同的内容。

根据《担保法》第十五条的规定，保证合同应具有以下内容：

1）被保证的主债权种类及数额。

2）债务人履行债务的期限。

3）保证的方式。保证方式包括一般保证方式和连带责任保证方式。

4）保证担保的范围。保证担保的范围依当事人在保证合同的约定，无约定时按《担保法》第二十一条规定处理，即包括主债权及利息、违约金、损害赔偿金和实现债权的费用等全部损失。

5）保证的期间。保证期间为保证责任的存续期间，保证合同应明确约定。无此约定的，在连带责任保证的情况下，"债权人有权自主债务履行期届满之日起六个月内要求保证人承担保证责任"；在一般保证场合，"保证期间为主债务履行期届满之日起六个月"。另外，在最高额保证情况下，如果保证合同中约定有保证人清偿债务期限的，保证期间为清偿期限届满之日起六个月；如果没有约定债务清偿期限的，保证期间自最高额保证终止之日或自债权人收到保证人终止保证合同的书面通知到达之日起六个月。（《解释》第三十七条）

6）双方认为需要约定的其他事项。主要是指赔偿损失的范围及计算方法，是否设立反担保等。保证合同的内容不完全的，可以补充。

（4） 保证责任。

1）主债权债务的转让对保证责任的影响。保证期间，债权人依法将主债权转让给第三人的，保证人在原保证担保的范围内继续承担保证责任。保证合同另有约定的，按照约定。保证期间，债权人许可债务人转让债务的，应当取得保证人书面同意，保证人对未经其同意转让的债务，不再承担保证责任。

2）主合同的变更对保证责任的影响。债权人与债务人协议变更主合同的，应当取得保证人书面同意，未经保证人书面同意的，保证人不再承担保证责任。保证合同另有约定的，按照约定。

3）保证与物权担保并存时的保证责任。《担保法》第二十八条第一款规定，同一债权既有保证又有物的担保的，保证人对物的担保以外的债权承担保证责任。债权人放弃物的担保的，保证人在债权人放弃权利的范围内免除保证责任。

（5）电费担保合同中适用保证担保的内容及注意事项。

1）严格审查保证人资格，避免由于保证人资格不合法而导致保证合同无效。

2）选择恰当的保证方式。结合供用电合同的特点，最好采用“连带责任保证”且为“最高额保证”。最高额保证所担保的债务，最好限定在一年内该供用电合同所产生的债务。也可采取供电人与保证人就一定期间（一般为一个月）内连续发生的电费单独订立保证合同，当用电人欠费时，保证人按照保证合同的约定履行交费义务。

3）一定要签订书面保证合同。保证合同可以是与保证人签订的正式合同书，也可以是体现保证性质的信函、传真、签章、供用电合同中的担保条款及保证人单方出具的担保书。

4）要约定好保证期间。未约定或约定不明时，要依法确定保证期间，并注意及时行使权利。《解释》第三十二条第二款规定，保证合同约定保证人承担保证责任期间直至主债务本息还清时为止等类似内容的，视为约定不明。保证期间为主债务履行期届满之日起两年。

5）要注意保证合同的诉讼时效期间。根据《解释》第三十四条之规定：① 保证合同的诉讼时效期间为两年；② 一般保证的债权人在保证期间届满前对债务人提起诉讼或申请仲裁的，从判决或仲裁裁决生效之日起，开始计算保证合同的诉讼时效；③ 连带责任保证的债权人在保证期间届满前要求保证人承担保证责任的，从债权人要求保证人承担保证责任之日起，开始计算保证合同的诉讼时效。

2. 抵押

（1）概述。

1）抵押的概念。抵押是指债务人或者第三人向债权人以不转移占有的方式提供一定的财产作为抵押物，用以担保债务履行的担保方式。债务人不履行债务时。债权人有权依照法律规定以抵押物折价或者从变卖抵押物的价款中优先受偿。其中的债务人或者第三人是抵押人，债权人是抵押权人，提供担保的财产是抵押物。

2）抵押物的范围。抵押物必须是法律规定可以用作抵押的物，根据《担保法》第三十四条的规定，下列财产可以抵押：① 抵押人所有的房屋和其他地上定着物；② 抵押人所有的机器、交通运输工具和其他财产；③ 抵押人依法有权处分的国有的土地使用权、房屋和其他地上定着物；④ 抵押人依法有权处分的国有的机器、交通运输工具和其他财产；⑤ 抵押人依法承包并经发包同意抵押的荒山、荒沟、荒丘、荒滩等荒地的土地使用权；⑥ 依法可以抵押的其他财产。

3）不得抵押的财产。根据《担保法》第三十七条的规定，下列财产不得抵押：① 土地所有权；② 耕地、宅基地、自留地、自留山等集体所有的土地使用权；③ 学校、幼儿园、医院等以公益为目的的事业单位、社会团体的教育设施、医疗卫生设施和其他社会公益设施；④ 所有权、使用权不明或者有争议的财产；⑤ 依法被查封、扣押、监管的财产；⑥ 依法不得抵押的其他财产。

另外，《解释》第四十八条规定："以法定程序确认为违法、违章的建筑物抵押的，抵押无效。"《解释》第五十二条规定："当事人以农作物和与其尚未分离的土地使用权同时抵押的，土地使用权部分的抵押无效。"

4）最高额抵押，是指抵押人与抵押权人协议，在最高债权额限度内，以抵押物对一定期间内连续发生的债权作担保的抵押方式。需要注意的是，最高额抵押的主合同债权不得转让。

（2） 抵押合同的内容。

1）被担保的主债权的种类和数额。根据《解释》第五十六条的规定，抵押合同对被担保的主债权种类没有约定或约定不明，且根据主合同和抵押合同不能补正或无法推定的，抵押不成立。

2）债务人履行债务的期限。

3）抵押物的名称、数量、质量、状况、所在地、所有权权属或使用权权属。根据《解释》第五十六条的规定，抵押合同对抵押财产没有约定或约定不明，又根据主合同和抵押合同不能补正或无法推定的，抵押不成立。所以，在抵押合同中，应就此条款做出明确具体的约定。

4）抵押担保的范围。抵押权所担保的范围包括原债权及利息、抵押权实现费用、违约金、损害赔偿金。对于抵押担保的范围，合同中可以有特别约定。

5）当事人认为需要约定的其他事项。抵押合同不完全具备上述内容时，当事人可以补正。

（3） 抵押合同的订立及生效。

1）抵押人和抵押权人应当以书面形式订立抵押合同。

2）一般情况下，抵押合同自双方当事人签订之日起生效。

3）法律规定需要办理抵押物登记的抵押合同，应当办理登记。抵押合同自登记之日起生效。

根据《担保法》第四十二条的规定，办理抵押物登记的部门如下：① 以无地上定着物的土地使用权抵押的，为核发土地使用权证书的土地管理部门；② 以城市房地产或者乡（镇）、村企业的厂房等建筑物抵押的，为县级以上地方人民政府规定的部门；③ 以林木抵押的，为县级以上林木主管部门；④ 以航空器、船舶、车辆抵押的，为运输工具的登记部门；⑤ 以企业的设备和其他动产抵押的，为财产所在地的工商行政管理部门。

4）当事人以其他财产抵押的，可以自愿办理抵押物登记，抵押合同自签订之日起生效。当事人未办理抵押物登记的，不得对抗第三人。当事人办理抵押物登记的，登记部门为抵押人所在地的公证部门。

（4）电费担保合同中适用抵押担保的内容及注意事项

1）要合理选择抵押物。① 只有规定允许抵押的财产或财产权利方可作为抵押物，要防止因抵押物选择不当而导致抵押合同无效的情况发生；② 抵押物的价值应经过科学评估，其价值应大于抵押担保期间所可能发生的最大电费额；③ 抵押物应具有便于受偿性，当发生欠费时，易于拍卖或变卖；④ 调查了解抵押物是否有重复抵押的情况，确保抵押权能够实现。

2）恰当选择具体抵押方式。结合供用电合同的特点，最好采用最高额抵押。最高额抵押所担保的债权额度，宜确定为略高于客户一年期间内可能发生的电费数额。

3）严格依法订立完善的书面抵押合同。

4）及时办理抵押物登记手续。① 对于法律规定必须办理抵押物登记手续的，应及时到有关部门办理抵押物登记。不同抵押物的登记办法应依照《担保法》及其《解释》、国家工商行政管理局发布的《企业动产抵押物登记管理办法》、公安部发布的《中华人民共和国机动车登记办法》等有关法律、法规和规章办理。② 对于法律不要求必须办理抵押物登记的，最好也要办理登记，以取得对抗第三人的效力。

5）要注意经常检查抵押物的状况。① 若抵押物有可能价值减少或灭失，应及时要求客户对抵押物投保并承担保险费用；② 因抵押人的行为足以使抵押物价值减少的，供电企业应及时要求其停止该种行为、恢复抵押物的价值或提供与减少的价值相当的担保。根据《解释》第七十条的规定，在这些要求遭到拒绝时，供电企业可请求客户履行债务，也可以请求提前行使抵押权。

6）要注意避免流押，即在抵押合同中不得约定在供电企业电费债权未受清偿时，抵押物的所有权就转归供电企业；否则，该约定本身无效。

3. 质押

（1） 概述。

1）质押的概念。质押是指债务人或者第三人将其动产或权利移交债权人占有，用以担保债权履行的担保。质押后，当债务人不能履行债务时，债权人依法有权就该动产或权利优先得到清偿。其中，将其动产或权利移交债权人占有的债务人或第三人叫作出质人，该动产或权利叫作质物，占有质物并享有优先受偿权的债权人叫作质权人。质押包括动产质押与权利质押。

2）质押合同的内容。根据《担保法》第六十五条规定，质押合同应当包括以下内容：① 被担保的主债权种类、数额；② 债务人履行债务的期限；③ 质物的名称、数量、质量、状况；④ 质权的担保范围。质权的担保范围包括主债权及利息、违约金、损害赔偿金、质物保管费用和实现质权的费用。质押合同另有约定的，按照约定；⑤ 质物移交的时间；⑥ 当事人认为需要约定的其他事项。

质押合同不完全具备上述内容的，可以补正。

（2） 动产质押。

1）动产质押合同是要物合同，自质物移交质权人占有时质押合同生效。根据《解释》第八十七条的规定，出质人代质权人占有质物的，质押合同不生效。

2）出质人以间接占有的财产出质的，质押合同自书面通知送达占有人时视为移交，此时，质押合同生效。

（3） 权利质押。主要介绍权利质押的质物及其生效。

1）以汇票、支票、本票、债券、存款单、仓单、提单出质的，应当在合同约定的期限内将权利凭证交付质权人。质押合同自权利凭证交付之日起生效。

根据《解释》的有关规定，一是以票据及公司债券出质的，如果出质人与质权人没有背书记载“质押”字样，则质权人不得以其质权对抗公司和善意第三人。二是以上述 7 种权利出质的，质权人再转让或质押的无效。三是以载明兑现或提货日期的汇票、本票、支票、债券、存款单、仓单、提单出质的，其兑现或提货日期先于债务履行期的，质权人可以在债务履行期届满前兑现或者提货，并与出质人将兑现的价款或提取的货物用于提前清偿所担保的债权或向与出质人约定的第三人提存。

2）以依法可以转让的股票出质的，出质人与质权人应当订立书面合同，并向证券登记机构办理出质登记。质押合同自登记之日起生效。股票出质后，不得转让，但经出质人与质权人协商同意的可以转让。出质人转让股票所得的价款应当向质权人提前清偿所担保的债权或者向与质权人约定的第三人提存。以有限责任公司的股份出质的，适用公司法股份转让的有关规定。质押合同自股份出质记载于股东名册之日起生效。

3）以依法可以转让的商标专用权、专利权、著作权中的财产权出质的，出质人与质权人应当订立书面合同，并向其管理部门办理出质登记。质押合同自登记之日起生效。

上述规定的权利出质后，出质人不得转让或者许可他人使用，但经出质人与质权人协商同意的可以转让或者许可他人使用。出质人所得的转让费、许可费应当向质权人提前清偿所担保的债权或者向与质权人约定的第三人提存。

4）依法可以出质的其他权利，如债权。

（4） 电费担保合同中适用质押担保的内容及注意事项。

1）要合理选择质物：一是在动产质押场合，应选择那些没有瑕疵、价值较稳定、不易损坏的质物。根据《解释》第九十条之规定，质权人在质物移交时明知质物有瑕疵而予以接受造成质权人其他财产损害的，由质权人自己承担责任。二是质物有损坏或价值明显减少的，可能足以危害质权人权利的，应要求出质人提供相应担保。

2）质物应按约定时间交付供电企业占有，否则，质押合同不能按约定时间生效。

3）供电企业应履行对质物的妥善保管义务。否则，因此给出质人造成损失的，应承担民事责任。

4）避免流质的约定，即不能在质押合同中约定，当客户未按时交纳电费时，质物所有权即转归供电企业。否则，该约定本身无效。

5）应依法签订完善的书面质押合同。

6）质押担保的电费债权额度宜确定为客户在 2～3 个月期间内所可能发生的电费额。

7）实行质押担保的对象应选择欠费风险较大、信用度较差、经济效益较差的客户。

8）供电企业应与实行权利质押担保的客户、银行签订三方协议，就权利凭证的保管、挂失、兑现达成一致意见。

四、案例

【例 1】××化工企业是某市的用电大户，2011 年下半年市供电公司在了解到该厂因受市场影响，经营状况严重恶化的信息后，快速反应，在电费支付尚未到期时及时与该厂的控股主管部门味精有限公司协商签订保证合同，采取“连带责任保证”且为“最高额保证”方式。保证人按期支付了电费，从而有效规避了欠费风险。

【例 2】某食品生产企业由于受市场影响，产品严重滞销，经营严重恶化，导致欠供电公司电费达 150 余万元（含违约金），若不及时采取措施，如该厂破产倒闭，供电企业将造成巨额损失。某供电公司依据《合同法》《担保法》的规定，及时要求食品厂提供担保，经与该厂协商，该厂自愿将其厂区内一块面积达 1900m^2 的无地上定着物的土地使用权对所欠电费及将要发生的电费进行抵押担保，双方签订了电费交纳合同及抵押合同，并在市土地行政管理部门办理了抵押物登记手续，使抵押合同合法生效。

【例 3】某供电公司与欠费大户——×××钢铁公司订立了债券、股权转让的质押担保合同 3580 余万元，经钢铁股东大会确认，直接抵交电费。

三种担保方式案例分析。

在保证、抵押、质押三种担保方式中，合理选择担保方式对欠费及时回收影响非常大，如【例 1】中风险防范提示：

（1）选用保证担保方式，供电企业要严格考察保证人资格，保证人资格不合法就会导致保证合同无效。

（2）保证方式的选择应当选择保障性较强的连带保证作为担保的方式，一般客户出现拖欠电费时，供电企业可直接向保证人要求履行交纳电费的责任，而无须以走诉讼或仲裁程序为前提。

（3）保证合同不应与抵押合同、质押合同相混淆，既要规范清楚保证合同通常应有的条款，也要根据电力供应具有连续性的行业特点，就保证担保的范围、保证担保的期间作出具体而明确的规定，做到既规范又灵活。

【例 2】中风险防范提示：

（1）选用抵押担保方式，供电企业应合理选择抵押物。

（2）要及时办理抵押物登记手续。

（3）要经常检查抵押物的状况。

上述两种担保方式在实践中存在缺陷，如不方便实行，在客户发生欠费后，不能迅速抵偿欠费。

在【例 3】中，选用债券、股权转让的权利质押方式，从而杜绝了动产质押担保方式存在的操作复杂，客户欠费后不能迅速补偿欠费的缺点。权利质押手续操作简便，客户欠费后可立即兑现存款单或汇票抵偿欠费，因此选用权利质押方式是一种比较理想的选择。

对客户实行担保应优先选用权利质押方式，对不能采用权利质押方式的客户再考虑采取其他担保方式。在权利质押方式的选择上，应优先选择存款单或汇票作为质物，以利于客户欠费后能够立即兑现抵偿欠费。

【思考与练习】

1. 如何运用保证担保电费债权？
2. 简述连带债务人的实践表现与运用。
3. 电费质权设定应注意哪些问题？

4. 电费抵押权如何实现？

5. 简述动产质押的法律特征。

模块5 破产客户的电费追讨（Z26F2005Ⅱ）

【模块描述】本模块包含破产客户电费追讨的适用法律和参与方式、参与处理破产欠费案件需注意的事项，假破产真逃债的防范对策及被注销客户的欠费追讨等内容。通过概念描述、术语说明、条文解释、要点归纳、案例分析，掌握对破产客户的电费追讨方法和破产欠费案件的处理程序。

【模块内容】

破产是指企业因经营不善等因素造成严重亏损，不能清偿到期债务的，依法结束企业经营活动并进行债务清算的民事法律行为。所有债权经过破产债权申报，待破产企业资产清算后进行清偿。供电企业因客户数量大、范围广，出现拥有债权的企业破产而使债权无法获得足额清偿的情况时有发生。

一、破产客户电费追讨的适用法律

1. 用电客户破产案件的适用法律

由于破产案件的法律规定与适用尚未统一，国家对不同类型和不同地区的企业破产还债采取不同的法律规定和政策措施。《中华人民共和国企业破产法》（以下简称《破产法》）第一百三十三条规定："在本法施行前国务院规定的期限和范围内的国有企业实施破产的特殊事宜，按照国务院有关规定办理。"对列入国家优化资本结构试点城市的国有企业破产，适用国务院《关于在若干城市试行国有企业破产有关问题的通知》（以下简称《通知》）；其他所有的具有法人资格的企业破产适用《破产法》；非法人企业破产与个体工商户、个人合伙等类型的市场主体，则适用《民事诉讼法》的一般规定。

2. 两种适用法律后果分析

企业破产适用不同的法律和政策规定，势必对供电企业的电费利益产生直接影响。国务院确定的"优化资本结构"试点城市适用《通知》规定，有利的是享受核销呆账、坏账政策，为破产企业偿还电费债务创造了条件，不利的是破产财产处理政策要首先保证职工安置的需要。其他企业适用的《破产法》规定，破产财产首先用于破产人所欠职工的工资和医疗、伤残补助、抚恤费用等；其次是社会保险费用和破产人所欠税款；最后才是普通破产债权。两种法律适用后果是作为普通债务的电费，清偿很难实现，或者清偿份额很少，要高度关注破产财产顺序清偿的状况。

3. 利用重整制度挽救濒临破产客户

对濒临破产的企业，要利用《破产法》重整制度，它是对可能或已经发生破产原因但又确有再建希望的企业，在法院主持下，由各方利害关系人协商通过重整计划，或由法院依法强制通过重整计划，进行企业的经营重组、债务清理等活动，以挽救企业、避免破产、获得更生的法律制度。这是预防企业破产最为积极、有效的法律制度。重整制度突出的作用是避免企业破产，尤其是对社会经济、人民生活有重大影响的大型企业的破产。供电企业是主要债权人，应支持濒临破产企业通过资产重组、债务托管等方式，寻求转机，促进发展。

4. 破产清算的两种方法

（1）供电企业申请清算。对资不抵债、无力清偿到期债务的企业，如果其要无限期拖延债务，迟迟不向法院申请宣告破产，则作为债权人的供电企业应主动向法院申请宣告债务人破产清算债务，并提供供用电合同、电费欠账清单、担保与抵押的证据等材料。

（2）破产企业申请清算。企业主动申请破产清算债务，供电企业要关注法院受理案件的公告、立案时间，破产案件的债务人、债务数额，申报电费债权的期限、地点，第一次债权人会议召开的日期、地点，以便做好准备，充分行使法律赋予债权人的各种权利。

二、参与处理破产欠费案件需注意的事项

1. 如何掌握申报债权时机

法院受理破产案件后，在收到债务人提交的债务清册后 10 日内，应当通知已知的债权人，对于未知的债权人则公告通知。实践中常常出现因债务人提交的债务清册中没有列明电费债权，而导致法院不通知供电企业。有的未看到法院在媒体上的公告，导致债权未能申报，丧失了受偿的最后机会。这就要特别关注媒体刊登公告的有关欠费客户的破产、重组等信息；供电企业应在收到申报债权的通知后一个月内，未收到通知的应在公告之日起三个月内，向该法院申报债权；申报债权时，应列明债权性质、数额及有无财产担保，并附详细的证据材料。

2. 对破产客户的调查

详细调查、审查有关破产申请材料，分析债务人是否真正达到了破产界限，是否可利用重整制度挽救，是否为逃债制造的假破产，及时向法院提出申诉。

3. 债权人权利的行使

积极参加债权人会议，并依法积极行使权利。所有债权人均为债权人会议成员。债权人会议成员享有表决权，但有财产担保的债权人未放弃优先受偿权利的除外。在供电企业申请客户破产还债的情况下，如其上级主管部门申请整顿，并提出方案，供电企业认为可行，可通过债权人会议与企业达成和解协议。否则，则应申请法院裁定终结，宣告破产。

4. 破产案件与相关纠纷案件合并审理应注意的问题

法院受理破产案件后，以破产企业为债务人的其他经济纠纷已经审结但没有执行的，或者尚未审结的，应当中止执行，由债权人凭生效的法律文书向受理破产案件的法院申报债权；如发现破产企业作为债权人的案件在三个月内难以审结的，应移送受理破产案件的法院一并审理；破产企业应自收到法院立案通知之日起清偿债务。正常生产经营必须偿付的，应经法院审查批准。如破产企业仍然对部分债权人清偿债务，法院将裁定无效，追回该项财产。

5. 破产客户损害财产行为的防范

（1）人民法院受理破产申请前一年内，涉及债务人财产的下列行为，管理人有权请求人民法院予以撤销：

1）无偿转让财产的；

2）以明显不合理的价格进行交易的；

3）对没有财产担保的债务提供财产担保的；

4）对未到期的债务提前清偿的；

5）放弃债权的。

（2）人民法院受理破产申请前六个月内，仍对个别债权人进行清偿的，管理人有权请求人民法院予以撤销。但是，个别清偿使债务人财产受益的除外。涉及债务人财产的下列行为无效：

1）为逃避债务而隐匿、转移财产的；

2）虚构债务或者承认不真实的债务的。

供电企业发现破产企业有上述行为的，应及时请求清算组向法院申请追回财产。

6. 电费债权人优先权的行使

有财产担保的电费债权人应及时向法院请求行使优先权。

7. 破产客户相关财产及债权的处理

（1）法院宣告企业破产后，通知破产企业的债权人或财产持有人向清算组清偿债务或交付财产，债权人对通知的债务数额或财产的品种、数量等有异议的，可以在七日内请求法院予以裁定。如破产企业的债务人未清偿债务或财产持有人未如实交付的，债权人可以要求清算组申请法院裁定后强制执行。

（2）清算组分配破产企业的财产，应以可以用于清偿的全部财产为限，破产企业的债权在分配时仍未得到清偿的，清算组应将该债权按比例分配给破产企业的债权人。

（3）破产企业与他人组成法人型或合伙型联营体的，破产企业作为出资投入的财产和应得收益应当收回，不能收回的可以依法转让。

8. 清算结果和财产分配方案的审查分析

在破产清算阶段，供电企业对清算结果和财产分配方案应认真审查分析，以便在债权人会议通过时，充分发表意见。清算组对破产企业的财产清算分配之后，供电企业接到领取财产通知时应如期办理，以免法院做提存处理。要按前面所讲到的，关注破产财产顺序清偿的状况。

9. 破产程序终结后应注意的问题

破产程序终结后发生的破产企业请求权，由破产企业的上级主管部门行使。追回的财产，其债权人可以依法得到清偿。

三、为逃债而假破产的防范

（1）在证据确凿的情况下，积极向法院反映实际情况，争取使法院不受理逃债企业的破产申请，使其逃债计划流产。

（2）对破产企业的隐匿、私分财产等逃债行为，根据《中华人民共和国民法通则》《破产法》，向法院提起确认之诉，请求法院确认其行为无效并追回财产；或根据《合同法》提起撤销权之诉，以实现此目的。

（3）对已破产又在其基础上组建新企业，但实际仍受原企业控制的，应根据民法诉其欺诈，请求法院宣告其破产无效，由新企业对原有债务承担连带责任。

四、已注销客户的欠费追讨

被注销企业（因破产而被注销的除外）的欠费回收问题：欠费客户因违法或不参加年检等原因被注销的，本应进行清算偿债程序而未进行，却又在被注销企业基础上通过合并、分立等方式成立新企业的，可请求法院宣告其合并、分立无效，并由新企业负责偿还欠费。

五、案例

【案例1】某市化肥生产企业拖欠电费 580 多万元，濒临破产，供电部门积极协助当地政府，让化肥厂与效益较好的化工厂实现资产重组，并与化工厂签订了化肥厂电费债务托管协议，使化肥厂陈欠多年的电费得到有计划的偿还。

【案例2】某供电公司收到当地人民法院发来参加某水泥厂债权人清算庭审会的通知。接到通知后除了办理正常参会的手续外，针对该户拖欠 315 万元电费，对申请破产进行了分析，发现该户不是真破产而是破债。经与决策层接触了解到不是该单位申请破产，而是由其他债权人向当地人民法院申请宣告债务人破产还债。根据实际情况向其决策层宣传了有关破产企业未能偿还电费的政策，如若供电部门予以销户，终止供电，将给该单位带来极大的损失。通过双方沟通后，阐明了观点，希望破产后不要破电费，否则会投入更多的人力、物力和财力。由于该客户情况特殊，停一分钟电都不可能，最后双方达成一项协议，今后发生的电费按月交清，拖欠 315 万元电费，先期支付150万元，其余欠费写了书面还款计划。企业法人与债权人达成和解协议，经人民法院认可后中止破产还债程序，和解协议具有法律效力。

【案例3】某丝绸厂由于受市场经济疲软和企业内部管理等众多不利因素的影响，于2015年7月上旬申请破产，截至破产时，累计拖欠供电公司电费合计22.5万元，供电公司营销人员上门催收电费时，企业负责人认为该企业已申请破产，不再承担任何债务。对此，供电公司一方面要求相关部门负责人主动上门向企业负责人问询，在企业破产过程中，有何工作需要供电部门协助解决和提供服务的，同时积极思考采取何种方法有利于追讨电费，在得知该企业已成立破产领导小组的情况下，供电公司积极寻求企业破产领导小组的支持，同时密切关注该企业在破产过程中的每一个法定程序，在得知该企业将于11月份开始进行固定资产拍卖时，供电公司立即安排相关人员上门与企业破产领导小组进行商谈，最终得到了破产企业的同意，并许诺拍卖款一到账就偿还供电公司的电费，至此一笔本已流失的电费，在坚持不懈的努力下全部追回。

案例分析：

上述案例说明，虽然破产企业有《破产法》的保护，但作为供电部门债权人应维护自身的权益和利益。宣布破产后拖欠的电费可以做坏呆账处理，但终归供电部门经济受到损失，力争通过各种渠道采取各种方式，不要使拖欠的电费破掉，这样有利于保护双方的利益。

启示：

（1）客户拖欠电费时，供电企业对客户所发电费催通知单等应交到客户手中，并做好签收。

（2）建立客户信用评价体系，根据客户信用等级灵活采取回收措施。

（3）对长期拖欠电费的客户，应及时采取措施，通过法院起诉和申请执行及时回收电费，要特别注意电费诉讼时效。

（4）对于已宣告破产的企业，要收集与其破产相关的信息，及时到法院申报债权，避免因债权不及时而得不到应有的清偿。

（5）对客户拖欠电费或其他债务的债权凭证和相关证据应当妥善保存，避免由于证据不充分而导致主张的债权得不到承认，失掉清偿的机会。

【思考与练习】

1. 如何应对濒临破产的客户确保供电企业的利益不受损失？
2. 简述破产清算的两种方法。
3. 参与处理破产欠费案件应注意哪些事项？
4. 如何防范为真逃债而假破产客户欠费？

5. 如何对已注销客户的欠费进行追讨？
6. 试述通过对破产客户的电费追讨从中得到的启示。

模块 6 代位权、抵销权、支付令、公证送达、依法起诉及申请仲裁的应用（Z26F2006Ⅲ）

【模块描述】本模块包含代位权、抵销权、支付令、公证送达、依法起诉及申请仲裁的含义，代位权发生条件，抵销权、公证送达的应用，申请支付令条件，起诉及仲裁注意的问题等内容。通过概念描述、术语说明、条文解释、要点归纳、案例分析，能利用法律权利对债务人进行清欠。

【模块内容】

近年来，随着供电企业管理水平的不断提高，电费回收力度逐年加强，多措并举效果显著，但时至今日，“欠费”现象犹如城市中“牛皮癣”在供电系统根深蒂固。如何追索拖欠电费，方法很多，法律也为追费开出了“药方”，包括诉讼、支付令、抵销权、撤销权等。每一种法律手段代表的都是一种路径，充分运用法律赋予的各种手段，最大限度维护自身合法权益。

一、代位权

1. 含义

因债务人怠于行使其到期债权，对债权人造成损害的，债权人可以向人民法院请求以自己的名义代位行使债务人的债权，但该债权专属于债务人自身的除外。

2. 代位权在电费债权中发生的条件

（1）根据供用电合同的约定，用电人已迟延给付电费。

（2）用电人对第三人享有债权，倘若用电人没有对外债权，也就无所谓用电人的代位权。需要注意的是，用电人对第三人享有的债权，不得专属于债务人自身，如财产继承权、抚养费请求权、离婚时的财产请求权、人身伤害的损害赔偿请求权等。

（3）用电人有怠于行使其债权的行为，包括作为和不作为。例如，债务人应当收取第三人对其的债务，且能够收取，而不去收取。如果用电人行使了其权利，即使不尽如人意，供电人也不能行使代位权，但在这种情况下有行使撤销权的可能。

（4）用电人怠于行使自己债权的行为，已经对电费的给付造成损害。损害是指用电人因怠于行使自己对第三人的权利，致使无力清偿电费，因而使电费的给付有不能实现的危险。

代位权是一种法定权能，无论供电人和用电人是否有约定，只要构成以上四个要件，供电人均可行使该权利。

3. 行使代位权应注意的问题

供电人行使代位权，应以自己的名义行使，并不需征得用电人的同意。代位权的行使，也可以使供电人的债权得到一定程度的保护。需要注意的是，供电人在行使代位权时，必须向人民法院做出请求，而不能直接向第三人行使。代位权的行使范围以用电人所欠电费为限。

4. 案例

某钢厂欠某市供电公司电费 160 万元，属陈欠电费；某钢材经销公司拖欠该钢厂货款 300 万元，已逾期达 1 年半，钢厂多次催讨未果。现供电公司得知钢材经销公司刚刚收回一笔 200 万元的货款，而钢厂催讨仍旧没有结果，就打算转而向钢材经销公司讨债。是否可行？供电公司应该如何具体操作？

案例分析：

这就是《合同法》规定的代位权制度。根据有关司法解释，只要债务人不以诉讼方式或仲裁方式向次债务人主张其债权而影响其偿还债权人的债权，都视为“怠于行使其债权”。供电公司可以根据代位权的规定，以自己的名义起诉钢材经销公司行使玻璃厂货款债权，取得债权后再向钢厂行使电费债权。

二、抵销权

1. 含义

抵销权包括法定抵销权和约定抵销权。所谓法定抵销权，根据《合同法》第九十九条规定：“当事人互负到期债务，该债务的标的物种类、品质相同的，任何一方可以将自己的债务与对方的债务抵销，但依照法律规定或者合同性质不得抵销的除外。”所谓约定抵销权，根据《合同法》第一百条规定：“当事人互负债务，标的物的种类、性质不同，经双方协商一致，也可以抵销。”

两种抵销权的区别：

（1）当事人互负债务是否到期。法定抵销权要求债务均已到期，而约定抵销权则不加限制。

（2）债的标的物的种类、性质是否相同。法定抵销权要求相同，而约定抵销权则不要求。

（3）是基于法律规定而享有，还是基于双方协商一致而享有。法定抵销权基于法律规定而享有，无须经过双方协商；而约定抵销权是基于双方的协商一致而享有。

2. 抵销权在电费清欠中的应用

（1）法定抵销权的应用。当供电企业对客户负有到期债务的，如果客户不按时交付电费，两种债的标的物种类、品质相同的，供电企业可以不与客户协商，而直接通知客户抵销相当的债务。

（2）约定抵销权的应用。当供电企业对客户所负债务的标的物的种类、品质与电费欠债不同时，经双方协商一致，也可抵销。实践中常常采取的“煤电互抵”“物电互抵”等，就是约定抵销权的运用。

在通常情况下，供电人不仅只从事一种营业活动，同时还可能通过其他经济活动，与用电人发生往来，这就为抵销提供了前提条件。另外，作为供电人，也应积极地创造抵销条件。

3. 运用抵销权应注意的问题

供电企业在清欠难度较大时，要多渠道、全方位创造条件，适用法定抵销权或约定抵销权。对于法定抵销权，供电企业只须通知欠费客户即可；自通知到达该客户时，双方债务即告抵销；法定抵销不得附条件或附期限。否则，不产生抵销债务的效力。对于约定抵销，应注意科学地选择标的物，尽量选择那些价值较稳定、易于变现、不易毁损或可为我所用的标的物，并科学地评估其价值。

同时，还应注意的是，依照法律规定或按照合同性质不得抵销的，不得运用法定抵销权。

4. 案例

某电气设备厂拖欠电费一年共 230 万元，因其亏损严重，催讨困难；而供电公司物资经销公司拖欠该电气设备厂设备款 300 万元，且到期未支付。供电公司将这 230 万元电费债权以 225.4 万元的现金价值转让给物资经销公司，并通知了该电气设备厂。物资经销公司随后便通知电气设备厂抵销双方各自债务 230 万元。这样，供电公司的电费债权基本上得到了实现。

案例分析：

这就是《合同法》规定的抵销权制度的应用，案例说明不仅债务的标的物种类、品质相同的可以抵销，而且客户所负债务的标的物的种类、品质与电费欠债不同，也可抵销。使难度较大的电费债权通过抵销方式实现。

三、支付令

1. 含义

支付令是根据《中华人民共和国民事诉讼法》第一百八十九条规定的民事诉讼中的督促程序。所谓督促程序，是指法院根据债权人的给付金钱和有价证券的申请，以支付令的形式催促债务人限期履行义务的程序。督促程序依债权人申请支付令的提出而开始。

2. 在电费债权中申请支付令的条件

债权人向法院申请支付令，必须符合下列条件：

（1）必须是请求给付金钱或汇票、支票以及股票、债券、可转让的存单等有价证券的。

（2）请求给付的金钱或有价证券已到期且数额确定，并写明了请求所根据的事实、证据的。

（3）债权人与债务人没有其他债务纠纷的，即债权人没有对待给付的义务。

（4）支付令能够送达债务人的。

由此可见，如果用电人对欠费的事实无异议，并且有固定住所，可以送达支付令的，供电人可以采取这种措施保护自己的债权。支付令是一种诉前程序，简便易行，在时间和费用上具有很大的优越性。目前，在电费清欠中，已为供电企业大量采用，欠费客户在收到支付令后，基本上主动偿还欠费。

3. 申请支付令应注意的问题

供电企业清偿电费支付令的申请，应向欠费客户住所地基层法院提出。法院在受理供电企业的申请后，15 日内向欠费客户发出支付令；欠费客户应在收到支付令后 15 日内清偿债务或向法院提出书面异议。如果其对债权债务关系没有异议，但对清偿能力、清偿期限、清偿方式等提出不同意见的或未在法定期间提出书面异议，而向其他法院起诉的，不影响支付令的效力。

欠费客户在法定期间内既不提出书面异议，又不清偿债务的，供电企业应及时向法院申请强制执行。其中，欠费客户是法人或其他组织的，申请执行的期限为 6 个月；除此以外，申请执行的期限为一年。

对于数额较大的欠费，法院可能会出于经济原因而不愿发出支付令，这需要供电人与法院进行充分的沟通和协商。

4. 案例

某食品厂，2014 年 3 月至 5 月共拖欠市供电公司电费 130 万元；经多次催交，反复做工作，收效甚微。由于双方没有其他债务纠纷，市供电公司于 2014 年 6 月向有管辖权的人民法院申请支付令，支付令下达后，食品厂先交了 50 万元，尚欠 80 万元，对剩余部分制定了还款协议，计划到 2014 年 8 月底交清。到期后，该厂还清了全部所欠电费。

案例分析：

本案如果走普通的诉讼程序不仅时间长而且诉讼费按争议的价额或金额的比例交纳，而采取支付令的形式只交纳 100 元，二者的区别是显而易见的。由此可见，通过督促程序催收客户陈欠电费是一个简便易行的办法。

四、公证送达

1. 含义

所谓公证送达，即行政相对人拒收行政执法文书时，现场由公证机构的公证人员记录有关情况，证明行政执法机关送达行政执法文书时行政相对人拒收的事实，从而最终达到行政机关执法文书送达的效果。

2. 公证送达的文书种类

公证文书是对公证人依法行使公证权所出具的各类法律文书以及公证活动中形成的其他有法律意义的文件的总称。各类法律文书如公证书、现场公证词等，其他有法律意义的文件如公证人制作的谈话笔录、核查笔录等。

3. 公证送达应注意的问题

有关文书必须依法制作，内容要完备，形式要规范。送达的各环节，从文书制作、送达过程到送达完毕，均应有公证人员参与，体现在公证书上应形成严密的证据链条，不可脱节。

4. 案例

2011 年某公司拖欠该市供电公司电费及违约金 26 万元，经多次催交，以种种理由拖延交纳，而且拒不在《停（限）电通知书》上签字接收，致使无法按法定程序实施欠费停电。供电公司采取了公证送达方式，对《停（限）电通知书》送达的全过程作了现场公证。面对严格按照法律程序办事的该局工作人员，该公司负责人不得不在《停（限）电通知书》送达回执上签字，并在《停（限）电通知书》规定的最后期限内，交清了所欠电费及违约金。

案例分析：

在电费清欠工作中，经常会遇到一些欠费客户拒收《催交电费通知书》《停（限）电通知书》，而电力法律、法规中无留置送达的规定，影响清欠工作的顺利进行。在这种情况下。供电企业可以采取公证送达的方式。公证送达可以有效地保全送达行为，更好地保全所要送达文件的内容和过程，是最直接、最有效的证据，将对供电企业维权起到积极的作用。

五、依法起诉及申请仲裁

1. 含义

起诉是指公民、法人或者其他组织因自己的民事权益受到分割或者发生争议，而向人民法院提出诉讼请求，要求人民法院行使国家审判权予以保护的诉讼行为。

仲裁是指争议双方在争议发生前或争议发生后达成协议，自愿将争议交给第三者做出裁决，双方有义务执行的一种解决争议的方法。

2. 起诉欠费客户应注意的问题

（1） 证据收集。起诉之前，供电企业应首先收集好证据：

1）供用电合同文本及有关附件；

2）签约过程中履行提请注意和答复说明义务的证据；

3）电能计量、抄表资料和欠费凭据及情况说明；

4）催交欠费通知书；

5）《停（限）电通知书》及执行停电措施记录；

6）其他有关证据。

上述证据，均应收集原件，并妥善保管。

（2）法院的选择。双方事先在合同中约定了管辖法院的，应到该法院起诉；若无事先约定，应由欠费客户住所地或供用电合同履行地法院管辖。

（3）申请财产保全措施，申请诉前财产保全和诉讼财产保全。

（4）在程序上要保证所提请求没有超过诉讼时效。

（5）把握法院调解的时机。根据具体情况可以做出适当让步，与欠费客户达成和解协议，以便欠费问题在合作的基础上能较为顺利地解决。

（6）欠费客户拒不履行生效判决的，应及时向有管辖权的法院申请强制执行。

3. 申请仲裁应注意的问题

（1）签订仲裁协议。必须由双方协商一致，签订仲裁协议，在仲裁协议中要选定仲裁委员会、约定仲裁事项、请求仲裁的意思表示。对仲裁事项或仲裁委员会没有约定或约定不明确的，可以协议补充；达不成补充协议的，仲裁协议无效。

（2）证据的收集。要熟悉该仲裁委员会的仲裁规则，与对方约定仲裁庭的组成方式，恰当选择应由自己选定的仲裁员，并与对方确定好首席仲裁员。

（3）在程序上要保证所提请求没有超过仲裁时效。

4. 案例

某冷轧钢厂 2013 年由于经营不善，造成倒闭，所欠电费无力支付。市供电公司为防止欠费资金进一步扩大，设立专门催收小组对其多次上门催交，该厂一直以种种理由一拖再拖，催收小组为了保障该笔欠费的诉讼时效性，每次催收的同时都留有“痕迹”，为后面成功依法维权提供了宝贵的法律依据。2011 年年初，市供电公司依法对该厂予以起诉，并采取财产保全措施（查封了该厂 3 台变压器）。市人民法院受理此案，于 2014 年 3 月 10 日判决市供电公司胜诉。人民法院依法将冷轧钢厂 2013 年所欠电费 215649.52 元（含违约金），成功汇入市供电公司电费账户。

案例分析：

本案利用法律手段成功回收陈欠电费，不仅避免了电费资金的流失，还在很大程度上给恶意欠费户形成了威慑。对一些欠费时间较长，诉讼时效期限将满，或态度消极的欠费客户，要求欠费者在通知书的回执上签收，以此作为将来主张诉讼时效中断的有力证据。如对方不愿签字确定，也可采用无利害关系的第三人在场的方式给予证明。对恶意或长期拖欠户要在第一时间予以起诉，保障电费回收工作良性发展。

【思考与练习】

1. 供电企业追讨电费的法律手段有哪些？
2. 代位权在电费债权中发生的条件有哪些？
3. 供电企业行使代位权应注意哪些问题？
4. 抵销权在电费清欠中是如何应用的？
5. 运用抵销权应注意哪些问题？
6. 在电费债权中申请支付令的条件有哪些？
7. 供电企业申请支付令应注意哪些问题？
8. 简述公证送达的注意事项。

模块 7　客户电费信用风险预警管理（Z26F2007Ⅲ）

【模块描述】本模块包含开展客户电费信用风险预警管理的作用、风险预警管理的整个过程等内容。通过概念描述、术语说明、流程图解示意、要点归纳、案例分析，掌握减少和化解电费风险，充分预期电费回收目标。

【模块内容】

一、客户电费信用风险预警管理的作用

电费回收难早已是不争的事实。当前，电费拖欠已成为困扰电网企业经营和发展的重要问题之一，如何及时有效地回收当期和陈欠电费，降低不良债权，有效防范和化解电费回收风险，是电网企业亟待解决的重要课题。为进一步加强电费回收管理，防止新欠电费的发生和电费呆、坏账的发生，降低和化解电费回收风险，有效的途径是将电费回收预警处理纳入日常电费管理工作，建立客户信用等级评价制度、电费回收预警分析报告制度、电费回收动态跟踪及快速反应制度、电费风险分析研究制度，以及制定预警预案及规范的处理流程，并根据客户属性和行为特征对电费回收风险进行甄别、量化和应对。通过建立并有效执行全过程风险管理制度，降低和化解电费回收风险，达到有效控制欠费和电费坏账的目的。

客户电费信用风险预警总体流程如图 4–7–1 所示。

流程中“风险因素管理”在电费风险因素的调查与分析模块（4–1）中已详细介绍，这里不再赘述。

二、电费风险预案管理

1. 业务描述

通过对风险因素的分析，建立和不断完善风险应对预案。制定风险预警等级和客户风险等级的分类标准，制定客户风险的应对措施，确定预警的方式和界限。

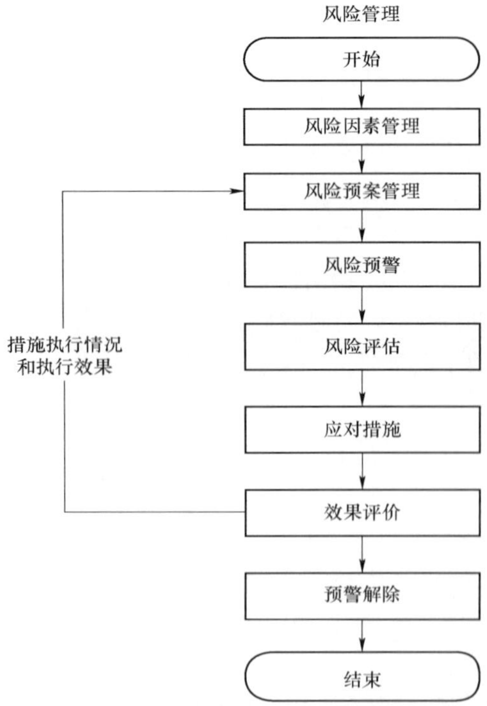

图 4–7–1 客户电费信用风险预警总体流程图

2. 设立组织机构，规定部门相关责任

（1） 建立电费回收三级预警预案机制。

1）可设立各区域电网公司、省（自治区、直辖市）公司为第一级，负责电费回收预警方案的制订、修改、解释说明、方案实施监督等指导工作，负责宏观政策、信息收集和分析、重大典型案例的发布以及对二级电费回收风险预警组织的监督管理工作，负责对各地市供电公司电费回收发布预警。

2）以各地市供电公司为第二级，负责电费回收风险预警方案的组织、相关信息的收集及上报，同时负责对下级电费回收风险预警组织绩效的督导和考核工作。

3）各级营销部门为第三级，负责电费回收风险预警方案的实施，摸清供电区内客户欠费情况以及相关政策对本地企业的影响等相关信息的收集、整理和上报，并积极采取有效措施化解风险。

4）各级电费回收预警组织应由主管领导、财务、营销等部门组成。

（2） 规定各相关部门责任。

1）区域电网公司、省（自治区、直辖市）公司。

第一，电费回收预警办公室：指导各地市供电公司建立电费回收预警处理办法、客户信用等级评价制度、电费回收动态跟踪及快速反应制度、制定预警预案及规范的处理流程；开展电费风险分析研究；动态跟踪各地市供电公司电费回收及预警制度的实施情况；负责例会的召集，与政府、企业之间的信息通报和联系。

第二，营销部门：动态跟踪各地市供电公司电费回收及预警制度的实施情况。针对因政策性、经营性、管理性等原因产生的预警及变化情况，动态修正应对预案。对列入预警内容中的电费风险对象，制定相应的应对控制和跟踪分析措施，防止风险扩大和蔓延。发生预警情况后，及时通报各职能部门，并将预警处理及防范改进措施向上级主管部门报告。负责与政府、企业之间的信息通报和联系。

第三，财务部门：提供国家电网有限公司下达的应收电费余额指标及各基层单位年度压降的额度，及时提供各单位电费上交、应收电费余额、呆坏账变化情况。随时解决电费回收工作中因价格、抹账、上交等原因而产生的问题。

2）各地市供电公司。地市供电公司的营销管理部门负责对全公司开展此项工作检查与考核，对重点大工业客户、高危企业、趸售客户开展电费预警分析及信用等级评定，负责对其他各类客户电费交纳信用评定等级结果的审定。

3）各供电分公司。各分公司设立电费预警小组，负责提出本单位各类客户电费预警机制的实施方案，组织各基层营业班（所）对有关客户开展交费信用等级评定工作；各营业班（所）承担电费收交任务，在分公司统一组织下开展各类客户交费信用等级评定工作，建立各类客户电费预警档案，及时掌握客户的有关经营信息，确保电费的及时回收。

3. 业务流程

电费风险预案流程如图 4–7–2 所示。

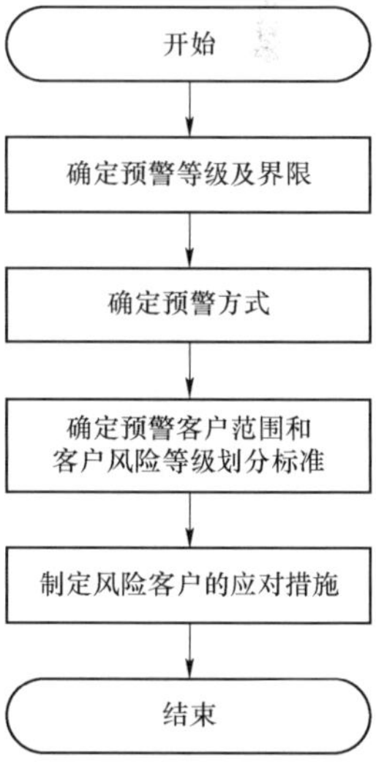

图 4–7–2 电费风险预案流程图

4. 管理内容及对应措施

（1）制订风险预警及应急处理预案，明确预警等级的划分和界限。

1）预警等级可以根据各地区的实际情况确定，一般分为 A 类、B 类、C 类。

2）预警界限根据风险关键因素对风险的影响程度制定，可以参照以下内容制定：① 当年电费回收率低于本公司平均电费回收率；② 当年电费连续三个月不能结清；③ 签订的还款计划连续三个月不能兑现；④ 在途电费超过月末抄见电量电费 40%以上；⑤ 账龄超过 1 年的欠费比重占应收电费余额的 10%及以上；⑥ 连续三个月电费呆账、坏账的增长率超过 10%；⑦ 应收电费余额超过预算控制水平。

（2）确定预警方式。确定预警的方式主要有：

1）上级公司对下级公司预警；

2）公司内向各职能部门预警；

3）向上级主管部门报告，向当地政府有关部门报告。

（3）确定预案针对的客户范围和客户风险等级的划分标准。客户风险等级可以根据各地区的实际情况制定，一般分为：极高风险、高风险、普通风险、低风险、极低风险、无风险。

选定影响电费回收风险的信息作为评分指标，确定各指标的分值和权重（客户风险分值=∑（各指标权重×各评分指标分值））。评分指标主要有：

1）交费风险：信用等级，交费方式，欠费额度等；

2）电量风险：大电量，电量无法抄见（连续门闭）等；

3）经营风险：是否列入政策性限制行业，是否列入政府部门关停范围，企业经营状况（破产边缘、困难、不佳、一般、很好），承包、租赁即将到期且有逃费迹象等；

4）社会信用风险：银行信用等级，工商资信等级、曝光揭露信息等。

（4）制定各风险等级的应对措施。应对措施一般有：

1）加强对供用电合同的管理；

2）签订有关电费收交专项协议或专项合同；

3）签订电费担保合同；

4）签订分次划拨协议；

5）签订分期结算协议（多次抄表）；

6）实行卡表、负控终端预购电；

7）预交电费；

8）跟踪调查。

5. 注意事项及危险点控制

（1）对月用电量较大的电力客户实行每月分次划拨电费（一般每月不少于三次），月末抄表后结清当月电费制度，逐步实现按抄表数据自动采集系统抄录的电量进行电费划拨。

（2）对交纳电费信誉等级较低，经营形式较差等电费风险较大的电力客户，可采取以合同方式约定实行预购电制度方式。

（3）开展电费风险控制与研究工作，建立电费回收预警机制。根据电费风险类别和等级，制定防范电费坏账风险的预案。

（4）结合本地区的市场环境和经济特点，以及电费回收情况，制订电费回收预警预案。

（5）建立电费回收预警分析报告制度，电费回收动态跟踪及快速反应制度，电费风险分析研究制度，以及客户信用等级评价制度，制定预警预案及规范的处理流程。

（6）实际操作中应根据实际情况制定相应制度和评价指标。

三、电费风险预警管理

1. 业务描述

对影响电费回收风险的主要指标进行监测，当主要指标超过预警界限时，预先发出警告并启动应对预案。

2. 业务流程

电费风险预警流程如图 4–7–3 所示。

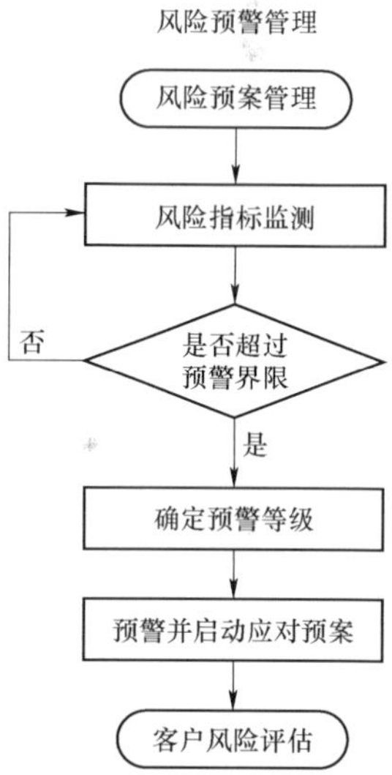

图 4–7–3　电费风险预警流程

3. 管理内容及对应措施

（1）对影响电费回收风险的主要指标变化进行监测。

（2）当影响电费回收风险的主要指标超过预案规定的界限时，根据预案的划分标准确定预警的等级。

（3）按照预案规定的方式对相关管理单位进行告警，并启动应对预案。

4. 注意事项及危险点控制

（1）对电费回收预警制度的实施情况进行动态跟踪、检查落实。针对因政策性、经营性、管理性原因产生的预警及变化情况，动态修正应对预案。对列入预警内容中的风险对象，制定相应的应对控制和跟踪分析措施，防止风险扩大和蔓延。

（2）发生预警情况后，要及时将预警处理及防范改进措施向上级主管部门报告。

四、客户风险评估

1. 业务描述

收集客户风险相关信息，量化风险发生的可能性及风险发生后产生的影响，产生客户风险等级。

2. 业务流程

客户风险评估流程如图 4–7–4 所示。

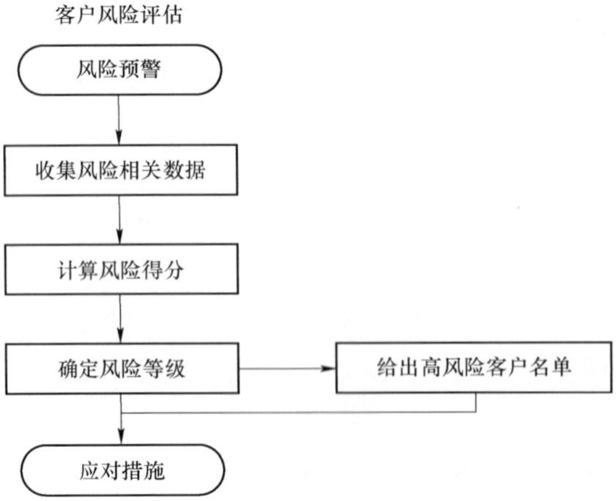

图 4–7–4 客户风险评估流程

3. 管理内容及对应措施

（1）根据启动的预案，收集和分析客户风险相关数据，包括客户的属性、用电情况、国家宏观调控政策、客户生产经营情况。对于国家宏观调控政策和客户生产经营情况，以应及时进行收集整理。

（2）根据风险评估规则的评分标准，量化风险发生的可能性及风险发生后产生的影响，计算客户的风险得分。

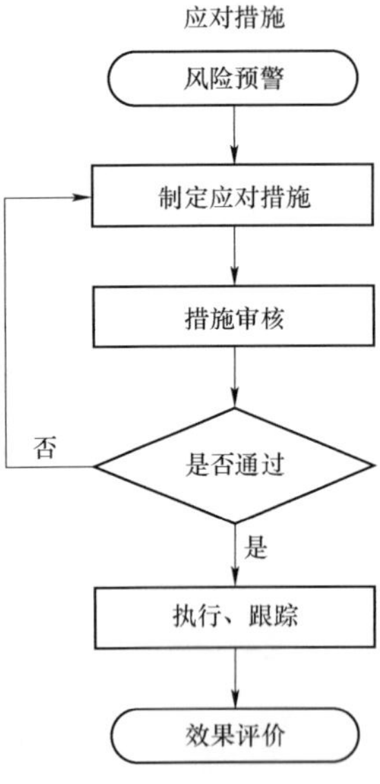

图 4–7–5 执行应对措施流程

（3）根据风险评估规则的等级划分标准，产生客户的风险等级和评估报告。

（4）给出高风险客户名单，对高风险客户进行重点跟踪管理。

4. 注意事项及危险点控制

应及时准确收集客户相关数据，确保风险评估的准确性。要防范客户关停、破产、重组、拆迁等发生欠交电费或恶意拖欠电费，重点落实事前预防、事后处理的各项措施，及时列入高风险客户。

五、应对措施

1. 业务描述

根据启动的风险预案，对风险客户按照风险等级执行应对措施，并对措施执行的情况进行跟踪。

2. 业务流程

执行应对措施流程如图 4–7–5 所示。

3. 管理内容及对应措施

（1）根据启动的风险应对预案，制定需要对客户采取的风险应对措施。

（2）对应对措施进行审核确认，记录审核意见、审核人、审核时间。审核不通过，重新调整应对措施。

（3）将审核通过的应对措施传递给相关部门执行，并对执行的过程和情况进行跟踪：

1）应对措施为履行供用电合同签订时约定的高风险客户措施要求，签订有关电费收交专项协议或专项合同、签订电费担保合同、签订分次划拨协议、签订分期结算协议的，触发合同管理业务，执行应对措施；

2）应对措施为预交电费的，对客户收取预收款；

3）应对措施为实行卡表、终端预购电的，将措施信息发送给新装增容及变更用电的申请确认，执行预购电终端或卡表的安装，并执行合同管理业务，进行预购电合同签订。

4. 注意事项及危险点控制

（1）要对月用电量较大的电力客户实行每月分次划拨电费（一般每月不少于三次），月末抄表后结清当月电费制度，并逐步实现按抄表数据自动采集系统抄录的电量进行电费划拨。

（2）要高度关注交纳电费信誉等级较差等电费风险较大的电力客户，采取以合同方式约定实行预购电制度方式。

（3）对电费回收预警制度的实施情况进行动态跟踪、检查落实。针对因政策性、经营性、管理性原因产生的预警及变化情况，动态修正应对预案。对列入预警内容中的风险对象，制定相应的应对控制和跟踪分析措施，控制风险扩大和蔓延。

六、效果评价

1. 业务描述

对预警管理过程进行总结，评价风险预警的效果，找出存在的问题，提出改进的措施，为风险因素的识别和预案的管理提供依据。

2. 管理内容及对应措施

（1）从供用电合同管理获取合同签订信息，从客户电费交费管理获取客户预交电费信息，从新装增容及变更用电获取卡表或预购电终端安装信息，对风险管理效果进行科学的评价。

（2）评价的主要依据。应对措施执行率，即已执行数占应执行数的百分比；措施所产生的有效性，可以通过措施执行前后风险指标的变化情况来反映。

（3）对风险防范和预警管理过程进行分析与总结，提出改进的措施。

3. 注意事项及危险点控制

应及时收集应对措施的执行数据以及措施执行前后风险指标的变化，分析评价的效果和准确性程度。对有效性较低的措施，应及时改进。

七、电费风险预警解除

1. 业务描述

对预警启动的主要依据进行监测，当预警界限制定的主要指标稳定下降时，可以对启动的预警进行解除。

2. 管理内容及对应措施

（1）对预警启动的主要依据进行监测，比较当前主要指标与预警界限的差异。

（2）当主要指标低于预警界限，并在规定的一段时间内相对稳定的情况下，可以对预警进行人工解除。

（3）预警解除后对本次预警的全过程进行归档。

3. 注意事项

在规定的时间范围内，主要指标低于预警界限且相对稳定时，应及时对预警进行人工解除。

八、用电客户电费信用等级指标测评案例

某市供电公司按省公司电费信用风险预警管理办法，结合本地区用电客户的实际情况，制定了电费回收信用风险预警实施细则。根据细则中用电客户电费信用等级指标测评表（见表 4–7–1），按对各类客户电费风险因素调查与分析的资料，进行综合评定，按评定结果将客户划分四等六级制。

表 4–7–1　　用电客户电费信用等级指标测评表

序号	评定指标	计算公式	标准分	评价值	计分标准
1	当年及上年各月无欠费	当年及上年无欠费月数/考核月数	40 分	=100%	得分=（实际值/评价值）× 标准分
2	年度欠费偿还率	年度电费偿还额度/年度欠费总额	10 分	=100%	
3	当年及上年电费回收率	当年实收电费/当年应收电费	10 分	≥100%	
4	银行信用等级	按银行颁发的有效信用等级证明为准，未评级客户可由供电部门酌情评价	5 分	有 AAA 级证明 5 分、有 AA 级证明 4 分、有 A 级证明 3 分、有一般信用证明 2 分、信用较差不得分	
5	经营状况	调查客户的经营效益、资产负债率、资金周转等情况	5 分	资金周转灵活盈利且资产负债率≤50% 5 分、资产负债率≤80%3 分、资金周转不灵活亏损 0 分	

续表

序号	评定指标	计算公式	标准分	评价值	计分标准
6	交费能力	按等级划分	5分	很强5分、较强4分、一般3分、较弱2分、很弱1分、无能力0分	
7	交费意识	按客户对电费重视程度划分	5分	非常高5分、较高4分、一般3分、差0分	
8	客户经营性质评价及交费风险判断	根据客户经营性质判断现有和今后一段时间的经营风险及不确定因素对电费的影响	5分	国家鼓励类且无经营风险5分、国家鼓励类但经营成效一般4分、国家限制类但经营水平较好的3分、国家限制类暂无经营风险2分、有一定经营风险1分、国家淘汰类或有较大经营风险0分	
9	安全用电、合法用电及合同签订、履约	对客户安全用电、合法用电进行评估	5分	安全守法、合同按期签订，认真履约5分、安全但发生过违窃3分、合同未按期签订或未履约2分、存在安全隐患0分	
10	电费收取方式	对各类客户电费收取方式进行评价	5分	购电制或按时银行划拨客户5分、预收并可按期收回4分、预付不及时须催要3分，不主动交费、走收2分、出现欠费0分	
11	客户综合情况分析	企业产品结构、市场占有率、市场发展前景、企业领导人信誉观念，企业文化等情况综合评价	5分	好5分、较好3分、一般1分、差0分	

AAA级：客户电费交纳信用度高，交费及时、月清月结。在用电过程中没有违窃用电行为的记录。属国家鼓励类产业，经营、财务状况良好，市场潜力大，用电人对电费交纳认识程度较高，电费信用等级评定得分在90分及以上。

AA级：客户电费交纳信用度较高，交费比较及时、基本做到月清月结，无电费拖欠现象。在用电过程中没有违窃用电行为的记录。客户经营、财务状况良好，市场潜力较大，用电人对电费交纳认识程度较高，电费信用评定得分在80分及以上。

A级：客户信用度良好，电费基本不拖欠或一年出现一次欠费并及时还款，在用电过程中没有窃电行为的记录。用电人对电费交纳认识程度较高。经营基本处于良性循环状态，目前有偿还债务的能力，但其经营状况存在一些影响其未来经营与发展的不确定因素，可能会削弱其赢利和偿债的能力，银行存款额度不大，电费信用评定得分在70分及以上。

B级：客户电费交纳信用程度一般，年度电费能够交清，个别月份有交费不及时现象，在用电过程中没有窃电行为的记录。用电人对电费交纳认识程度一般，偿债能力、经营状况和财务状况一般，银行存款额度较少或基本无存款，有一定的交费风险，其经营状况、赢利水平及未来发展易受不确定因素的影响，电费信用评定得分在60

分及以上。

C 级：客户电费交纳信用程度较差，时有拖欠电费现象发生，经常需要不断催交才能交费，经营状况和财务状况不佳，在用电过程中存在窃电行为的记录。用电人对电费交纳认识程度较差，偿债能力、经营状况和财务状况不佳，银行无存款且有外欠款，电费存在较大风险，电费信用评定得分在 50 分及以上。

D 级：客户电费交纳信用极差，经营状况和财务状况非常困难，濒临破产或已破产，严重拖欠电费，甚至恶意拖欠电费，基本上无力交纳电费，没有偿债能力，经常有违约用电现象发生。用电人对电费交纳认识程度较差，电费信用评定得分在 50 分以下。

评定后产生用电客户电费信用等级指标测评档案（见表 4–7–2），从而确定极高风险、高风险、普通风险、低风险、极低风险、无风险各类客户。

表 4–7–2　　用电客户电费信用等级指标测评档案

抄表册	户号	户名	合同容量	当年及上年各月无欠费	年度欠费偿还率	当年及上年电费回收率	银行信用等级	经营状况	交费能力	交费意识	经营性质评价及交费风险判断	安全用电合法用电合同签订履约	电费收取方式	客户综合情况分析	总分	评定结论
057003	0250002153	市大酒店	1250	40	10	10	3	3	2	3	1	5	4	1	82	AA
057003	0250002193	市生物医药厂	315	40	10	10	4	3	3	4	3	5	5	3	90	AAA
057003	0250002157	市电线电缆厂	4000	40	10	10	3	3	3	4	3	5	4	3	88	AA
057006	0250002182	电子元件厂	315.0	40	10	10	5	5	5	5	5	5	5	5	100	AAA
057006	0250002184	轧钢厂	15200	30	5	5	1	0	1	3	1	5	3	1	55	C
057006	0250002286	科技局	75	40	10	10	5	5	5	5	5	5	5	5	100	AAA
057006	0250070836	化工厂	32000	40	10	10	4	5	5	5	3	5	3	5	95	AAA
057006	0250079625	工行营业部泵房	315	40	10	10	5	5	5	5	5	5	5	5	100	AAA
057007	0250002163	铸造厂	630	15	5	6	0	0	0	3	0	3	0	0	32	D
057007	0250067968	市政路灯	72	40	10	10	5	5	5	5	5	5	5	5	100	AAA
057008	0250070094	小商品城	500	35	6	7	2	3	2	3	3	5	3	3	72	A

续表

抄表册	户号	户名	合同容量	当年及上年各月无欠费	年度欠费偿还率	当年及上年电费回收率	银行信用等级	经营状况	交费能力	交费意识	经营性质评价及交费风险判断	安全用电合法用电合同签订履约	电费收取方式	客户综合情况分析	总分	评定结论
057009	0250078548	质量技术监督局	50	40	10	10	4	3	3	4	3	5	4	3	89	AA
057012	0250002646	供热锅炉	810	31	10	7	3	3	2	3	1	0	3	1	64	B
057012	0250002648	酿酒厂	630	40	10	10	5	5	5	5	5	5	3	5	98	AAA
057013	0250002222	保险公司	200	40	10	10	5	5	5	5	5	5	5	5	100	AAA
057013	0250002498	环保设备公司	315	40	10	10	4	3	5	5	5	5	5	3	95	AAA

根据客户电费信用等级指标测评结果，对 B 级及以下客户及时启动对应措施。

【思考与练习】

1. 简述实行客户电费信用风险预警管理的意义。
2. 电费风险预案、预警工作要求有哪些？
3. 绘出客户风险评估的业务流程。
4. 哪些客户应列为电费预警的对象？
5. 效果评价的作用有哪些？评价的主要依据是什么？
6. 什么情况下可解除电费风险预警？

模块 8　电费结算协议的签订（Z26F2008Ⅲ）

【模块描述】本模块介绍电费结算协议的签订要求，通过学习，掌握电费结算协议签订的方法。

【模块内容】

一、签订电费结算协议的意义

（1）电费结算协议是供电企业与用电客户，依法建立的电力供应与使用法律关系的凭证。

（2）进一步明确供用双方的权利和义务及违约责任。

（3）为按期回收电费、规避电费风险、减少电费回收纠纷提供了法律保障。

二、电费结算协议的签订

电力企业内部尤其是营销部门要认真负责所辖客户电费结算协议的修订和审核，统筹安排好与重要客户电费结算协议的商约，并按电费结算协议做好电费催收工作。在签订电费结算协议的过程中，应重点注意以下几点。

（1）为降低电费回收风险，应尽可能向客户推广预结算交费方式，使客户逐步树立“电是商品、先买后用”的意识，逐步改变先用后付的传统交费习惯。

（2）签订协议时应向客户解释清楚各类交纳方式的含义，以保证客户了解交费流程，避免执行不到位。

（3）起草协议时，重点内容应表述清楚、无争议。

（4）若采用格式协议，关键条款要向客户进行重点提醒，可通过加粗、请客户抄写等方式提醒客户。

（5）电费结算协议签订后，应妥善保管，存档备查。

（6）电费结算协议签订后，应根据约定的交纳方式，及时设置营销信息系统中客户档案，确保实际执行与书面协议一致。

三、预结算方式的推广

（1）对新增用电容量在 50kVA（kW）以下的用电客户，安装智能电表，在签订协议时，重点推广费控预结算方式。

（2）对用电容量在 50kVA（kW）及以上的用电客户，办理新装、增容业务时，原则上安装负控装置，在签订协议时，重点推广负控购电预结算方式。

（3）拓宽电子托收渠道，加大电子托收应用，对重要客户和 315kVA 及以上容量的大工业用电客户也可采用特约委托分次划拨方式，但对预划拨电费未能按期到账的，应视同欠费进行催交。同一日历年内，若出现二次及以上因客户原而造成未按时支付预划拨电费，应通过其他购电方式实现预结算电费的收取，该条款应在与客户签订电费预结算协议中予以明确，并在日常工作中严格执行。

四、预结算方式的依据

当前，国际经济错综复杂，国内经济正处在调结构、稳增长、促发展的艰巨时期，为确保电费回收工作的深入持续开展，提高公司系统防范经营风险能力，供电企业特别是营销口子要加强电力政策的学习和宣传，主动与政府机关、用电客户联系，取得政府支持、客户理解，不断提高预结算电费比重，降低经营风险。从长期以来的执行情况看，预结算电费方式已经是一种明文规范且正常的电费结算方式。

预结算的政策依据：

（1）1996 年 10 月，原电力工业部颁发的《供电营业规则》第八十六条明确规定：“对月用电量较大的用户，供电企业可按用户月电费确定每月分若干次收费，并于抄表后结清当月电费。收费次数由供电企业与用户协商确定，一般每月不少于三次……”

（2）2002 年 7 月，原国家经济贸易委员会印发《关于安装负控计量装置供用电有关问题的复函》（国经贸电力函〔2002〕478 号），第一条规定：“用电人先付费、供电人后供电是近年出现的一种新型供用电方式，采用此种方式供用电不违反法律、法规的规定，但须经供用电双方协商一致。”

【思考与练习】

1. 为什么要签订电费结算协议？
2. 与客户签订电费结算协议时有何注意事项？
3. 对不履行电费协议的客户，供电企业应如何应对？
4. 分次划拨与分期结算有何区别？

第三部分

售电统计分析

第五章

售电统计分析

模块1　统计报表的种类及内容与要求（Z26G1001Ⅰ）

【模块描述】本模块包含统计报表的种类及内容与要求介绍等内容。通过概念描述、术语说明、公式示意、要点归纳、示例介绍，掌握统计报表统计填报的方法。

【模块内容】

一、与抄核收有关统计报表的种类

（1）按应用层次分类：网省公司、地市公司、区（县）公司、供电所。

（2）按统计时间分类：按日、月、季、年等统计。

（3）按统计业务分类：销售情况统计、电费回收、欠费统计、违约用电统计、窃电统计等。

（4）专项统计报表分类：包括快报、各单项收入报表等统计。

二、统计报表的内容与要求

1. 电费回收统计表

（1）编制目的：统计各月发行电费回收及陈欠电费回收情况。

（2）内容简述：按电价构成统计欠费、本年电费回收及陈欠电费回收情况，并统计回收率。

（3）统计说明：

1）应收电费=售电收入+农网还贷资金+重大水利工程建设基金+城市附加+水库移民资金+可再生能源附加+差别电价+其他

2）欠费总额=本年新欠+陈欠

3）本年新欠=本年电费应收累计–本年电费实收累计

4）欠费总额中的陈欠电费=结转陈欠–实收陈欠

5）欠费的上年发生=结转上年发生陈欠–实收上年发生陈欠

6）本月回收率=（本月实收/本月应收）×100%

7）累计回收率=（累计实收/累计应收）×100%

8）陈欠回收率=（实收陈欠/结转陈欠）×100%

9）上年陈欠回收率=（实收陈欠/结转陈欠）×100%

10）精度保留到小数点后两位。

（4） 统计期：本年。

（5） 统计维度。

电费组成：

1）售电收入。

2）农网还贷资金。

3）重大水利工程建设基金。

4）城市附加。

5）库区移民资金。

6）可再生能源附加。

7）差别电价。

8）其他。

（6） 统计要求。

1）电费分类中，除第（1）～（6）项收费项目外，其他随电费收取的费用，请填入“八、其他”栏内。

2）电费回收中的重要情况及反映请在备注栏内填写或另附文字说明。

（7） 电费回收统计表示例见表 5–1–1。

表 5–1–1　　2015 年 7 月份电费回收情况统计表

填报单位（盖章）：　　××供电公司　　单位：万元

项目		欠电费情况				本年度电费回收情况						陈欠电费回收情况					
		总额	其中：			应收		实收		回收率（%）		结转		实收		回收率（%）	
			本年新欠	陈欠	其中上年发生	本月	累计	本月	累计	本月	累计	陈欠	其中上年发生	陈欠	其中上年发生	陈欠	其中上年发生
栏次		1	2	3	4	5	6	7	8	9	10	11	12	13	14	15	16
应收电费		922	557	365	85	6876	85498	6876	84941	100	99.35	2735	378	2370	293	86.65	77.51
其中	一、售电收入	375	115	260	55	6428	80127	6428	80012	100	99.86	2310	265	2050	210	88.74	79.25
	二、农网还贷资金	80	60	20	21	226	2661	226	2601	100	97.75	180	56	160	35	88.89	62.50
	三、重大水利工程建设基金	116	95	21	0	46	590	46	495	100	83.90	56	13	35	13	62.50	100.00

续表

项目		欠电费情况				本年度电费回收情况						陈欠电费回收情况					
		总额	其中：			应收		实收		回收率（%）		结转		实收		回收率（%）	
			本年新欠	陈欠	其中上年发生	本月	累计	本月	累计	本月	累计	陈欠	其中上年发生	陈欠	其中上年发生	陈欠	其中上年发生
其中	四、城市附加	155	106	49	9	113	1431	113	1325	100	92.59	134	34	85	25	63.43	73.53
	五、库区移民资金	144	144	0	0	34	399	34	255	100	63.91	26	10	26	10	100.00	100.00
	六、可再生能源附加	8	0	8	0	14	128	14	128	100	100.00	13	0	5	0	38.46	0
	七、差别电价	32	25	7	0	10	120	10	95	100	79.17	10	0	3	0	30.00	0
	八、其他	12	12	0	0	5	42	5	30	100	71.43	6	0	6	0	100.00	0
备注																	

2. 高耗能行业售电量情况统计表

（1）编制目的：通过行业分类统计高耗能企业用电量的现状及发展情况。

（2）内容简述：按行业分类统计高耗能客户本月及本年累计售电量、增长率、比重的情况。

（3）统计说明：公司售电量为售电总量。

大工业客户售电量本月、本年完成情况。

高耗能企业按表中所列行业填写，其他高耗能行业可以根据各公司的情况增加。

增长率=［（本期−基期）/基期］×100%

高耗能售电合计=钢铁+电解铝+铁合金+水泥+电石+烧碱+黄磷+锌冶炼+其他高耗能行业

比重：各高耗能行业售电量占公司售电量的比例。

（4）统计期：本月、本年。

（5）统计维度：钢铁、电解铝、铁合金、水泥、电石、烧碱、黄磷、锌冶炼、其他高耗能行业。

（6）统计要求：

1）其他高耗能行业可以根据各公司的情况增加，如造纸、铸造等，并在备注栏中说明。

2）列出各高耗能行业售电量占大工业售电量的比例。

（7）高耗能行业售电量情况统计表示例见表 5–1–2。

表 5–1–2　　2015 年 1—6 月高耗能行业售电量情况统计表

填报单位：××供电公司　　××供电分公司单位：　　售电量：万 kWh；比重：%

分　项	本月			本年本月止		
	售电量	增长率	比重	售电量	增长率	比重
栏　次	1	2	3	4	5	6
一、公司售电量	10056	2.09	100.00	120672	2.23	100.00
二、大工业售电量	5860	34.71	58.27	70476	35.42	58.40
三、高能耗行业售电量	3386	36.81	33.67	55032	34.99	45.60
其中 1. 钢铁	1200	21.83	11.93	14400	23.46	11.93
2. 电解铝	156	26.83	1.55	1872	19.31	1.55
3. 铁合金	135	13.45	1.34	1620	27.36	1.34
4. 水泥	2689	43.95	26.74	32268	44.96	26.74
5. 电石	230	24.32	2.29	2760	33.72	2.29
6. 烧碱	0	0	0	0	0	0
7. 黄磷	56	24.44	0.56	672	15.86	0.56
8. 锌冶炼	120	−11.11	1.19	1440	6.04	1.19
9. 其他高耗能行业	0	0	0	0	0	0
……						
备注						

3. 供用电合同签订情况统计表

（1）编制目的：通过供用电合同分类统计供用电合同签订情况。

（2）内容简述：按供用电合同分类统计统计期内各分类供用电合同的应签数、实签数及签订率的情况。

（3）统计说明：

1）公司累计签订率为统计日期止供用电合同的签订率。

2）统计期内合同的应签数、实签数和签订率。

3）签订率=（实签数/应签数）×100%

4）应签户数合计=应新签户数+应续签户数

5）实签户数合计=实新签户数+实续签户数

合计=高压供用电合同+低压供用电合同+临时供用电合同+趸售供用电合同+委托转供电合同+居民供用电合同

（4）统计期：本月、本年。

（5）统计维度：

按合同种类：高压供用电合同、低压供用电合同、临时供用电合同、趸售供用电合同、委托转供电合同、居民供用电合同。

合同签订情况：应签数、实签数。

（6）统计要求：

1）文本形式：合同条款格式的外在表现形式。一是标准化文本，即合同的条款格式已经固定化、标准化，即通常的格式合同；二是合同条款格式由合同当事人自由约定。

2）公司累计签订率：是指到统计日止公司已经签订供用电合同户数除以应签订合同户数。

（7）供用电合同签订情况统计表示例见表 5–1–3。

表 5–1–3　　供用电合同签订情况统计表

填报单位：×供电公司××供电分公司　　单位：户

分类	文本形式	公司累计签订率	其中：本期内合同签订情况								
			本期内应签户数			本期内实签户数			本期内签订率		
			合计	新签	续签	合计	新签	续签	合计	新签	续签
栏次	1	2	3	4	5	6	7	8	9	10	11
合计	45376	99	19615	7295	12320	19542	7295	12247	99.63	100	99.41
一、高压供用电合同	1890	100	1010	230	780	1010	230	780	100.00	100	100.00
二、低压供用电合同	6895	100	4461	1205	3256	4461	1205	3256	100.00	100	100.00
三、临时供用电合同	123	100	51	15	36	51	15	36	100.00	100	100.00
四、趸售供用电合同	8	100	5	3	2	5	3	2	100.00	100	100.00
五、委托转供电合同	780	100	510	160	350	510	160	350	100.00	100	100.00
六、居民供用电合同	35680	99	13578	5682	7896	13505	5682	7823	99.46	100	99.08

【思考与练习】

1. 统计报表共有多少种？
2. 如何对各种类统计报表进行统计？

模块2 销售分析的目的和作用（Z26G1002Ⅰ）

【模块描述】本模块包含销售分析的定义及分类、目的和作用等内容。通过概念描述、术语说明、要点归纳，了解销售分析的意义。

【模块内容】

一、销售分析的定义及分类

1. 营销销售分析的定义

分析，是指把某种事物、现象划分成若干简单的部分，找出它的本质和特点。营销销售分析就是把营销资料的指标进行分解找出它的本质和特点。

2. 各种营销分析的种类

（1）按照分析的对象或层次不同，可分为微观分析和宏观分析。

（2）按照分析的效果不同，可分为监测分析、评价分析和预测分析。

（3）按照分析所涉及问题的广泛程度不同，可分为专题分析和综合分析。

二、销售分析的目的

1. 对销售完成情况分类、归纳

销售分析的目的是及时、准确、全面、系统地对各种营业数据进行分类统计并加以分析比较，如按电压等级、电价分类、用电性质和按行业、区域对电力、电量销售的统计数据进行分析，为本企业改善经营管理，提高企业的社会、经济效益服务。

2. 找出影响销售的主要因素

对于供电企业来说，影响营销销售的因素有电能质量、供电可靠率和服务质量、停电时间、报装接电速度等，但影响营销销售的主要因素是价格，选定目标市场，运用合理价格，完全可以实现市场促销。

3. 提出改进措施

找出影响销售的主要因素后，要重点做好两方面工作：一方面要做好电力销售运作的控制；另一方面要不断开拓新的市场空间，加强市场拓展。

（1）电力销售运作控制。

1）电力销售年度计划的控制。

2）电力销售赢利能力的控制。

3）电力销售效率的控制。

4）电力销售战略和策略的控制。

（2）电力销售市场的拓展。

1）转变销售观念，树立以客户为中心、以效益为目标的销售理念。

2）拓展电力销售市场要软、硬件双管齐下。

3）充分利用电价机制和电价政策，引导消费者调整消费结构，合理用电。

4）树立市场意识，不断培育新的电能消费增长点。

三、销售分析的作用

1. 提升管理水平

目前，针对电力市场需求的变化，从客观和主观上进行分析，供电企业管理水平体现在以下几个方面。

（1）城乡电网网架结构情况，电压质量、供电可靠性和线损指标等。

（2）电网负荷率，峰谷差值，电网调峰能力。

（3）电力营销管理水平的高低，电价政策的合理性，电费回收情况。

（4）供电企业的领导、干部、职工对开发电力市场的认识，对市场的敏感度和响应能力，对市场研究分析的程度。

通过对管理方面进行分析，正确认识本企业的生产经营实际，推行科学管理，正确发挥决策、计划、组织、控制等管理职能，按照所要达到的管理目的和要求，首先要收集和整理反映客观经济活动的各种资料，掌握实际情况，准确提出存在的问题；其次，通过对各种资料所提供的经济数据进行分析，了解情况，认识问题，找出提高经济效益的潜力；再次，针对存在的问题提出相应的改进措施或管理方案，并对它们进行经济分析，从中选择经济效益大的最优方案或措施；最后，作出决策，通过决议把方案或措施付诸实施，并监督检查。在收集资料、制定决策和实施过程中，经济活动分析处于重要地位并发挥着重要作用。经济活动分析作为认识客观实践的重要方法，可以帮助人们正确认识各项经济活动的内在联系，明确影响经济活动的各种原因，找出经济工作中存在的问题，为制定改进措施，作出决策提供依据。因此，开展销售分析，对加强企业科学管理，提高经营水平具有重要作用。

2. 优化和改善指标

电力企业的经营成果是通过营销统计报表中的统计指标直接反映的，通过对售电量、销售收入、平均售电单价、线损率等指标的情况进行统计监督。在对以上指标的分析过程中，在统计口径和统计方法方面可能会随着经营过程的变化而发生变化，通过统计分析对指标的计算口径和计算方法也不断优化和改善。

3. 提高企业效益

提高电力企业的经济效益是电力企业管理的主要目标之一，通过销售分析，提高电力企业的经济效益可以从两个方面考虑，一是增加效益，二是减少损耗。在销售分析过程中，通过对经营成果的总结，找出以上两方面存在的可以改善的内容，从而提高电力企业的效益。

4. 销售潜力的挖掘

供电企业在变化的市场环境中，以满足人们的电力消费需求为目标，通过一系列的活动，提供满足消费需要的电力产品及服务。通过销售分析，发掘市场销售潜力，实现供电企业开拓市场、占领市场的目标。

5. 辅助经营决策

销售活动是一个相当复杂的过程。为了获取最佳的经济效益，企业就一定要从实际出发，针对各个时期经营管理中的问题，采取有效的决策。为了使决策正确合理，措施有效，就必须借助销售分析，提供准确的数据和情况相结合的资料，为领导决策、制定措施提出参考。总结经验教训，发挥人们的主观能动作用。通过分析，认识供电企业销售的规律性，使其各项管理工作更加符合实际，减少盲目性，增强主动性，从而促进电力的正常供应，满足人们的电力消费要求。

【思考与练习】

1. 销售分析的目的是什么？
2. 销售分析的作用有哪几个方面？
3. 销售分析的具体内容是什么？

模块3 行业分类与代码知识（Z26G1003 Ⅰ）

【模块描述】本模块包含行业用电分类总则、行业用电分类指标解释说明、行业划分的原则和应注意的问题、国民经济行业用电分类与国民经济行业分类代码对照等内容。通过概念描述、术语说明、要点归纳、列表对比、示例介绍，掌握行业用电分类的有关知识。

【模块内容】

一、行业用电分类的总则

1. 意义

行业用电分类，用于说明国民经济各行业用电情况和变化规律，以此反映国家电气化程度和发展趋势；分析研究国民经济增长与电力生产增长，社会产品增长与电力消耗量增长的相互关系，是编制国民经济计划和进行电力分配的依据。

2. 制定原则

从我国实际情况出发划分各行业的界限，主要按照企业、事业单位、机关团体和个人从业人员所从事的生产或其他社会经济活动的性质的统一性分类。

3. 划分的基本单位

企业、事业单位、国家机关和社会团体等各类组织机构，均以产业活动单位作为划分国民经济行业的基本单位。

4. 主要指标

国民经济行业用电分类主要指标包括：用电户数、客户用电设备容量、用电量。

用电户数：应以每一客户卡片和一户台账为一户。

客户用电设备容量：指各类客户（包括有自备电厂的各类客户）以装置的用电设备总容量。

用电量：国民经济各行业及城乡居民消费的电量。

二、行业用电分类指标解释说明

1. 全社会用电总计

全社会用电总计是指全社会在报告期内对电力的全部消费总量，它包括国民经济各行业的消费和城乡居民生活消费。

2. 全行业用电合计

全行业用电合计是指国民经济各行业对电力的消费称为行业用电分类，它是对客户用电进行行业划分。

3. 城乡居民生活用电合计

城乡居民生活用电合计是指城镇居民和农村居民家庭照明、家用电器等生活用电。

【例 1】2008 年某一地区供电企业年销售电量为 60 亿 kWh，企业自发自用电量为 25 亿 kWh，发电厂直供电大客户用电 13 亿 kWh，则全社会用电总计为 98 亿 kWh。

该地区第一产业用电量为 15 亿 kWh、第二产业用电量为 58 亿 kWh、第三产业用电量为 8 亿 kWh，则全行业用电合计为 81 亿 kWh。

该地区城镇居民生活用电量为 10 亿 kWh、乡村居民生活用电量为 7 亿 kWh，则城乡居民生活用电合计为 17 亿 kWh。

三、行业划分的原则和应注意的问题

1. 划分的原则

（1）国民经济行业用电分类（中电联颁布）。

（2）新、旧用电分类标准间小类可对应，历史数据延续对比使用。

（3）充分考虑行业用电特征，便于行业用电及市场营销分析。

（4）在充分考虑分表计量等可操作性的基础上对用电大项细分。

（5）适度超前。

2. 应注意的问题

“城镇”与“城市”的区别，前者范围较后者范围要大一些，统计的电量也要大，虽然现在实行城乡电网同网同价，但为了反映国家的城市化进程，区分还是很有必要的。

四、国民经济行业用电分类与国民经济行业分类代码对照（见表 5–3–1）

表 5–3–1 国民经济行业用电分类与国民经济行业分类代码对照表

代码	类别名称	GB/T 4754—2017 国民经济行业分类代码			
		门类	大类	中类	小类
1	全社会用电总计				
2	A. 全行业用电合计				
3	第一产业				
4	第二产业				
5	第三产业				
6	B. 城乡居民生活用电合计				
7	城镇居民				
8	乡村居民				
9	全行业用电分类				
10	一、农、林、牧、渔业	A			
11	1. 农业		01		
12	2. 林业		02		
13	3. 畜牧业		03		
14	4. 渔业		04		
15	5. 农、林、牧、渔专业及辅助性活动		05		
16	其中：排灌				
17	二、工业				
18	（一）采矿业	B			
19	1. 煤炭开采和洗选业		06		
20	2. 石油和天然气开采业		07		
21	3. 黑色金属矿采选业		08		
22	4. 有色金属矿采选业		09		
23	5. 非金属矿采选业		10		
24	6. 其他采矿业		11、12		
25	（二）制造业	C			
26	1. 农副食品加工业		13		
27	2. 食品制造业		14		

续表

代码	类 别 名 称	GB/T 4754—2017 国民经济行业分类代码			
		门类	大类	中类	小类
28	3. 酒、饮料及精制茶制造业		15		
29	4. 烟草制品业		16		
30	5. 纺织业		17		
31	6. 纺织服装、服饰业		18		
32	7. 皮革、毛皮、羽毛及其制品和制鞋业		19		
33	8. 木材加工和木、竹、藤、棕、草制品业		20		
34	9. 家具制造业		21		
35	10. 造纸和纸制品业		22		
36	11. 印刷和记录媒介复制业		23		
37	12. 文教、工美、体育和娱乐用品制造业		24		
38	其中：体育用品制造			244	
39	13. 石油、煤炭及其他燃料加工业		25		
40	其中：煤化工				
41	14. 化学原料和化学制品制造业		26		
42	其中：氯碱				
43	电石				
44	黄磷				
45	其中：肥料制造			262	
46	15. 医药制造业		27		
47	其中：中成药生产			274	
48	生物药品制品制造			276	
49	16. 化学纤维制造业		28		
50	17. 橡胶和塑料制品业		29		
51	其中：橡胶制品业			291	
52	塑料制品业			292	
53	18. 非金属矿物制品业		30		
54	其中：水泥制造				3011
55	玻璃制造			304	
56	陶瓷制品制造			307	

续表

代码	类别名称	GB/T 4754—2017 国民经济行业分类代码			
		门类	大类	中类	小类
57	其中：碳化硅				
58	19. 黑色金属冶炼和压延加工业		31		
59	其中：钢铁			311~313	
60	铁合金冶炼			314	
61	20. 有色金属冶炼和压延加工业		32		
62	其中：铝冶炼				3216
63	铅锌冶炼				3212
64	稀有稀土金属冶炼			323	
65	21. 金属制品业		33		
66	其中：结构性金属制品制造			331	
67	22. 通用设备制造业		34		
68	其中：风能原动设备制造				3415
69	23. 专用设备制造业		35		
70	其中：医疗仪器设备及器械制造			358	
71	24. 汽车制造业		36		
72	其中：新能源车整车制造				3612
73	25. 铁路、船舶、航空航天和其他运输设备制造业		37		
74	其中：铁路运输设备制造			371	
75	城市轨道交通设备制造			372	
76	航空、航天器及设备制造			374	
77	26. 电气机械和器材制造业		38		
78	其中：光伏设备及元器件制造				3825
79	27. 计算机、通信和其他电子设备制造业		39		
80	其中：计算机制造			391	
81	通信设备制造			392	
82	28. 仪器仪表制造业		40		
83	29. 其他制造业		41		
84	30. 废弃资源综合利用业		42		
85	31. 金属制品、机械和设备修理业		43		

续表

代码	类 别 名 称	GB/T 4754—2017 国民经济行业分类代码			
		门类	大类	中类	小类
86	（三）电力、热力、燃气及水生产和供应业	D			
87	1. 电力、热力生产和供应业		44		
88	其中：电厂生产全部耗用电量				
89	线路损失电量				
90	抽水蓄能抽水耗用电量				
91	2. 燃气生产和供应业		45		
92	3. 水的生产和供应业		46		
93	三、建筑业	E			
94	1. 房屋建筑业		47		
95	2. 土木工程建筑业		48		
96	3. 建筑安装业		49		
97	4. 建筑装饰、装修和其他建筑业		50		
98	四、交通运输、仓储和邮政业	G			
99	1. 铁路运输业		53		
100	其中：电气化铁路				
101	2. 道路运输业		54		
102	其中：城市公共交通运输			541	
103	3. 水上运输业		55		
104	其中：港口岸电				
105	4. 航空运输业		56		
106	5. 管道运输业		57		
107	6. 多式联运和运输代理业		58		
108	7. 装卸搬运和仓储业		59		
109	8. 邮政业		60		
110	五、信息传输、软件和信息技术服务业	I			
111	1. 电信、广播电视和卫星传输服务		63		
112	2. 互联网和相关服务		64		
113	其中：互联网数据服务			645	
114	3. 软件和信息技术服务业		65		

续表

代码	类别名称	GB/T 4754—2017 国民经济行业分类代码			
		门类	大类	中类	小类
115	六、批发和零售业	F	51、52		
116	其中：充换电服务业				
117	七、住宿和餐饮业	H	61、62		
118	八、金融业	J	66~69		
119	九、房地产业	K	70		
120	十、租赁和商务服务业	L	71、72		
121	其中：租赁业		71		
122	十一、公共服务及管理组织				
123	1. 科学研究和技术服务业	M	73~75		
124	其中:地质勘查			747	
125	其中:科技推广和应用服务业		75		
126	2. 水利、环境和公共设施管理业	N	76~79		
127	其中：水利管理业		76		
128	其中：公共照明				
129	3. 居民服务、修理和其他服务业	O	80~82		
130	4. 教育、文化、体育和娱乐业	P、R	83、86~90		
131	其中：教育		83		
132	5. 卫生和社会工作	Q	84~85		
133	6. 公共管理和社会组织、国际组织	S、T	91~97		

【思考与练习】

1. 什么是划分行业用电分类的基本单位？
2. 行业用电分类的主要指标包括哪些？
3. 行业用电分类划分的原则有几条？应注意哪些问题？

模块 4 峰谷分时客户电量、电价、电费统计（Z26G1004Ⅰ）

【模块描述】本模块包含峰谷分时客户电量、电价、电费统计的目的及作用、内容及要求、平衡关系和应注意的问题等内容。通过概念描述、术语说明、要点归纳、示例介绍，掌握统计峰谷分时客户电量、电价、电费。

【模块内容】

一、峰谷分时客户电量、电价、电费统计的目的及作用

通过对峰谷分时客户电量、电价、电费进行统计，掌握峰谷分时电价的发展水平、发展速度、构成和比例关系，从而发挥电价的经济杠杆作用，促进客户削峰填谷，合理配置使用资源，达到改善电网用电负荷率，提高电力资源利用率和企业效益的目的。

二、峰谷分时客户电量、电价、电费统计内容及要求

户数：按营业户数口径统计，为执行分时电价的户数。

峰段电量：尖峰、峰段售电量之和。

平段电量：平时段的售电量。

低谷段电量：低谷时段的售电量。

售电量：峰段电量+平段电量+低谷段电量。

电价：峰谷电价的确定是以目录电价为基准，作为非峰谷段电价，峰电价是目录电价上浮，谷电价是目录电价下浮，由于各地区峰谷时差不同，故上浮和下浮的幅度是不相同的。

峰段电费：尖峰、峰段售电收入之和。

平段电费：平时段的售电收入之和。

低谷段电费：低谷时段的售电收入之和。

售电收入：峰段电费+平段电费+低谷段电费。

电费损益：指执行分时电价后电网售电收入增（减）收金额。

三、峰谷分时客户电量、电价、电费统计的平衡关系

1. 自身的平衡关系

除各统计分类比重和同比关系外，有

合计=大工业+非普工业+非居民生活用电+居民+商业用电+其他

应收电费=售电量×平段电价+损益

售电收入=峰段电量×峰段电价+谷段电量×谷段电价+平段电量×平段电价

2. 与售电分类统计表的平衡关系

峰谷分时电价执行情况表的损益值=售电分类统计表中电度电费−（相应分类的售电量×目录电度电价）

四、应注意的问题

（1）各用电分类户数占同类户数比重不能大于100%；

（2）如遇到电价政策调整，则：

累计售电收入≠累计售电量×平段电价+累计损益

累计售电收入=上月累计售电量×调价前平段电价+上月累计损益+（本月售电量×调价后平段电价+本月损益）

（3）某些网省公司尖峰与峰段电量、电价、电费是分别统计的，应在表中增加相应项目。

五、峰谷分时电价执行情况统计表示例（见表 5–4–1）

表 5–4–1　　2012 年 2 季止峰谷分时电价执行情况统计表

填报单位：××供电公司××供电分公司　　单位：户数：户；电量：万 kWh；金额：万元

项目	执行户数			应收电费及损益			售电量		其中：					
									峰段售电量		平段售电量		低谷段售电量	
	户数	占同类户数比重	比上年同期+，–	累计售电收入	累计电费损益	损益同比+，–	本年累计	同比+，–	本年累计	同比+，–	本年累计	同比+，–	本年累计	同比+，–
栏次	1	2	3	4	5	6	7	8	9	10	11	12	13	14
合计	200	0.26	46	15173	125	29	34874	7807	10952	2003	13652	2723	10270	3081
一、大工业	74	28.46	16	13816	53	12	33063	7361	10305	1850	12925	2530	9833	2981
二、非普工业	84	1.17	22	908	54	13	1261	306	457	120	508	128	296	58
三、非居生活用电	34	0.47	6	208	6	2	283	81	94	21	113	36	76	24
四、居民	0	0	0	0	0	0	0	0	0	0	0	0	0	0
五、商业用电	8	0.03	2	241	12	3	267	59	96	12	106	29	65	18
六、其他	0	0.00	0	0	0	0	0	0	0	0	0	0	0	0

【思考与练习】

1. 峰谷分时客户电量、电价、电费统计的目的是什么？
2. 统计峰谷分时电价执行情况统计表应注意哪些问题？
3. 峰谷分时电价执行情况统计表的平衡关系有哪些？

模块 5　行业分类用电统计报表（Z26G1005Ⅱ）

【模块描述】本模块包含行业分类用电统计报表的格式及结构等内容。通过概念描述、术语说明、要点归纳、示例介绍，掌握填报行业分类用电统计报表的方法。

【模块内容】

一、行业分类用电统计报表的统计方法、结构及要素

1. 编制目的

统计各行业分类的用电户数、用电容量、用电量的构成情况，为分析和预测提供数据。

2. 应用层次

网省公司、地市公司、区县公司、供电所。

3. 生成周期

月。

4. 内容简述

按行业分类统计本月增加户数、容量，本年累计增加户数、容量，实有户数、容量。

5. 统计说明

（1）结合行业分类代码进行统计。

（2）客户个数：统计期（本月）末的供电总户数。

（3）客户用电装接容量：统计期（本月）末的供电总容量。

（4）用电量本月（累计）：统计期（本年）内，客户用电量。

（5）用电量上年同月（上年累计）：去年同期内，客户用电量。

6. 统计期

本月、本年。

7. 统计维度

（1）供电单位、统计年份、统计月份。

（2）行业类别。

A. 全行业用电总计

第一产业、第二产业、第三产业。

B. 城乡居民生活用电合计

一、农、林、牧、渔业

二、工业

三、建筑业

四、交通运输、仓储、邮政业

五、信息传输、计算机服务和软件业

六、商业、住宿和餐饮业

七、金融、房地产、商务及居民服务业

八、公共事业及管理组织

8. 统计要素描述

（1）客户个数：统计期（本月）末的供电总户数。

（2）客户用电装接容量：统计期（本月）末的供电总容量。

（3）用电量本月（累计）：统计期（本年）内，客户用电量。

（4）用电量上年同月（上年累计）：去年同期内，客户用电量。

9. 统计要素算法

全行业合计 1=第一产业+第二产业+第三产业

全行业合计 2=农林牧渔业+工业+建筑业+交通运输仓储和邮政业+信息传输、计算机服务和软件业+商业、住宿和餐饮业+金融、房地产、商务及居民服务业+公共事业及管理组织

二、行业分类用电统计报表

行业分类用电统计报表示例见表 5–5–1。

表 5–5–1　　行业分类用电统计报表

填报单位（盖章）：××供电公司××供电分公司　　报表年月：2012 年 9 月

项目	指标代码	客户个数（个）	客户用电装接容量（kW）	用电量（kWh）			
				本月	上年同期	本年累计	上年累计
全社会用电总计	AAAA	726237	1356262	39468219	33547986	590512465	501935595
A. 全行业用电总计	99AA	36532	478898	3515299	2988004	184241565	156605330
第一产业	99A0	20825	422047	2785919	2368031	175489005	149165654
第二产业	99B0	2959	28848	540329	459280	6483948	5511356
第三产业	99C0	12748	28003	189051	160693	2268612	1928320
B. 城乡居民生活用电合计	9900	689705	877364	35952920	30559982	406270900	345330265
城镇居民	9910	100595	237803	12214850	10382623	131571400	111835690
乡村居民	9920	589110	639561	23738070	20177360	274699500	233494575
全行业用电分类		36532	478898	3515299	2988004	184241565	156605330
一、农、林、牧、渔业合计	A000	20825	422047	2785919	2368031	175489005	149165654
1. 农业	0100	300	3910	538268	457527	2782620	2365227
2. 林业	0200	167	1759	242220	205887	1252179	1064352
3. 畜牧业	0300	133	792	108999	92649	563481	478958
4. 渔业	0400	67	356	49050	41692	253566	215531
5. 农、林、牧、渔服务业	0500	20158	415230	1847382	1570275	170637159	145041585
其中：排灌	05A0	20114	401552	1843350	1566848	170264700	144724995
二、工业	GG00	2721	25580	529476	450055	6353712	5400655
1. 轻工业	GG10	128	1238	35425	30111	425100	361335
2. 重工业	GG20	2593	24342	494051	419943	5928612	5039320
（一）采矿业	B000	434	7281	193862	164783	2326344	1977392

续表

项目	指标代码	客户个数（个）	客户用电装接容量（kW）	用电量（kWh）			
				本月	上年同期	本年累计	上年累计
1. 煤炭开采和洗选业	0600	358	5868	56827	48303	681924	579635
2. 石油和天然气开采业	0700	12	568	23587	20049	283044	240587
3. 黑色金属矿采选业	0800	0	0	0	0	0	0
4. 有色金属矿采选业	0900	36	498	89870	76390	1078440	916674
5. 非金属矿采选业	1000	28	347	23578	20041	282936	240496
6. 其他采矿业	1100	0	0	0	0	0	0
（二）制造业	C000	1574	14169	267204	227123	3206448	2725481
1. 食品饮料烟草制造（轻）	13AA	32	568	99852	84874	1198224	1018490
其中：农副食品加工业	16A0	21	395	18952	16109	227424	193310
2. 纺织业（轻）	1700	10	121	5680	4828	68160	57936
3. 服装鞋帽、皮革羽绒及其制品业（轻）	1A00	13	253	8960	7616	107520	91392
4. 木材加工及制品和家具制造业	2A00	35	435	6852	5824	82224	69890
其中：轻工业	21A0	15	120	3520	2992	42240	35904
5. 造纸及纸制品业（轻）	2200	12	235	4250	3613	51000	43350
6. 印刷业和记录媒介复制	2300	69	895	7859	6680	94308	80162
7. 文体用品制造业（轻）	2400	48	68	8562	7278	102744	87332
8. 石油加工、炼焦及核燃料加工业	2500	5	985	7536	6406	90432	76867
9. 化学原料及化学制品制造业	2600	32	875	16328	13879	195936	166546
其中：轻工业	2680	16	325	6854	5826	82248	69911
其中：氯碱	2690	4	125	3582	3045	42984	36536
电石	26A0	0	0	0	0	0	0
黄磷	26B0	0	0	0	0	0	0
其中：化学制造	2610	12	425	5892	5008	70704	60098
10. 医药制造业（轻）	2700	8	654	8542	7261	102504	87128
11. 化学纤维制造业（轻）	2800	14	358	4215	3583	50580	42993
12. 橡胶和塑料制品业	3AA0	32	897	7950	6758	95400	81090

续表

项目	指标代码	客户个数（个）	客户用电装接容量（kW）	用电量（kWh）			
				本月	上年同期	本年累计	上年累计
其中：轻工业	30A0	18	628	4068	3458	48816	41494
13. 非金属矿物制品业	3100	127	1043	11103	9438	133236	113251
其中：轻工业	31A0	85	785	6895	5861	82740	70329
其中：水泥制造	31B0	42	258	4208	3577	50496	42922
14. 黑色金属冶炼及压延加工业	3200	35	856	8750	7438	105000	89250
其中：铁合金冶炼	3250	12	425	4859	4130	58308	49562
15. 有色金属冶炼及压延加工业	3300	8	2043	20852	17724	250224	212690
其中：铝冶炼	3360	8	2043	20852	17724	250224	212690
16. 金属制品业	3400	0	0	0	0	0	0
其中：轻工业	34A0	0	0	0	0	0	0
17. 通用及专用设备制造业	3A00	85	854	9850	8373	118200	100470
其中：轻工业	36A0	65	568	7586	6448	91032	77377
18. 交通运输、电气、电子设备制造业	4A00	293	1576	14490	12317	173880	147798
其中：轻工业	41A0	158	987	8792	7473	105504	89678
其中：交通运输设备制造业	41B0	135	589	5698	4843	68376	58120
19. 工艺品及其他制造业（轻）	4200	358	1028	9875	8394	118500	100725
其中：轻工业	42A0	298	853	7506	6380	90072	76561
20. 废弃资源和废旧材料回收加工业	4300	358	425	5698	4843	68376	58120
（三）电力、燃料及水的生产和供应业	D000	585	2892	32985	28037	395820	336447
1. 电力、热力的生产和供应业	4400	27	1081	15546	13214	186552	158569
其中：电厂生产全部耗用电量	4410	8	358	5358	4554	64296	54652
线路损失电量	4420	6	238	3208	2727	38496	32722
抽水蓄能抽水耗用电量	4430	13	485	6980	5933	83760	71196

续表

项目	指标代码	客户个数（个）	客户用电装接容量（kW）	用电量（kWh）			
				本月	上年同期	本年累计	上年累计
2. 燃气生产和供应业	4500	128	853	7589	6451	91068	77408
3. 水的生产和供应业	4600	430	958	9850	8373	118200	100470
其中：轻工业	46A0	328	689	6842	5816	82104	69788
三、建筑业	E000	238	3268	10853	9225	130236	110701
四、交通运输、仓储、邮政业	F000	375	3226	37314	31717	447768	380603
1. 交通运输业	5A00	62	1614	16156	13733	193872	164791
其中：城市公共交通业	5750	36	856	8567	7282	102804	87383
管道运输业	5730	26	758	7589	6451	91068	77408
电气化铁路	5740	0	0	0	0	0	0
2. 仓储业	5800	78	1026	13569	11534	162828	138404
3. 邮政业	5900	235	586	7589	6451	91068	77408
五、信息传输、计算机服务和软件业	G000	366	1405	17358	14754	208296	177052
1. 电信和其他信息传输服务业	6000	238	867	9850	8373	118200	100470
2. 计算机服务和软件业	6A00	128	538	7508	6382	90096	76582
六、商业、住宿和餐饮业	H000	8038	15141	84260	71621	1011120	859452
1. 批发和零售业	H010	5680	9858	30580	25993	366960	311916
2. 住宿和餐饮业	I000	2358	5283	53680	45628	644160	547536
七、金融、房地产、商务及居民服务业	J000	1410	2446	11154	9481	133848	113771
1. 金融业	J010	128	562	2489	2116	29868	25388
2. 房地产业	7200	426	856	3285	2792	39420	33507
3. 租赁和商务服务、居民服务和其他服务业	L000	856	1028	5380	4573	64560	54876
八、公共事业及管理组织	M000	2559	5785	38965	33120	467580	397443
1. 科学研究、技术服务和地质勘查业	75A0	59	752	6328	5379	75936	64546
其中：地质勘查业	7840	42	495	4286	3643	51432	43717
2. 水利、环境和公共设施管理业	N000	368	1285	6985	5937	83820	71247

续表

项目	指标代码	客户个数（个）	客户用电装接容量（kW）	用电量（kWh）			
				本月	上年同期	本年累计	上年累计
其中：水利管理业	8140	235	687	2684	2281	32208	27377
其中：公共照明	8150	125	486	3285	2792	39420	33507
3. 教育、文化、体育和娱乐业	P000	689	958	10850	9223	130200	110670
其中：教育	8400	528	798	7586	6448	91032	77377
4. 卫生、社会保障和社会福利业	Q000	685	1385	6852	5824	82224	69890
5. 公共管理和社会组织、国际组织	S000	758	1405	7950	6758	95400	81090

【思考与练习】

1. 行业分类用电统计报表统计内容包括哪些？
2. 行业分类用电统计报表有哪些统计要素算法？
3. 行业分类中第三产业主要是指哪些？

模块 6 销售电量、电费汇总报表（Z26G1006Ⅱ）

【模块描述】本模块包含销售电量、电费汇总报表的格式及结构等内容。通过概念描述、术语说明、要点归纳、示例介绍，掌握填报销售电量、电费汇总报表的方法。

【模块内容】

一、销售电量、电费汇总报表的统计方法、结构及要素

1. 编制目的

按单价分类统计用电户数、售电量、售电到户均价、应收电费的构成情况，为分析和预测提供数据。

2. 应用层次

网省公司、地市公司、区县公司、供电所。

3. 生成周期

月。

4. 内容简述

按单价分类统计营业户数、售电量、售电到户均价等本年完成情况及本期应收电费构成的情况。

5. 统计说明

（1）营业户数：按电价分类统计的户数；售电量：是指销售给终端客户的电量，包括销售给本省客户（含趸售客户）和不经过邻省电网而直接销售给邻省终端客户的电量；客户个数：统计期（本月）末的供电总户数。

（2）应收电费：按国家规定的电价向客户收取的全口径电费（含代征费）；代征费：随售电量征收的所有基金，包括国家征收基金和各省（市、区）政府征收的基金；用电量本月（累计）：统计期（本年）内，客户用电量。

（3）售电到户均价：应收电费/售电量。

（4）其他优待：除中小化肥外，执行经国家批准的低于大工业目录电价的电量。

6. 统计期

本月、本年。

7. 统计维度

（1）供电单位、统计年份、统计月份。

（2）用电类别：按客户用电性质进行的统计，分别为：大工业、非、普工业用电，农业生产用电，非居民照明用电，居民生活用电，商业，趸售，其他。

8. 统计要素算法

（1）合计=大工业+非、普工业+农业生产+非居民照明+居民生活+商业+趸售+其他

（2）售电到户均价=应收电费/售电量

（3）应收电费=电度电费+基本电费+功率因数调整电费+代征费

二、销售电量、电费汇总报表

销售电量、电费汇总报表示例见表5–6–1。

表5–6–1　　2016年9月止售电分类情况统计表

填报单位：××供电公司　　单位：万kWh；万元；元/MWh；万kVA；万kW

项目	营业户数		售电量		售电到户均价		应收电费	其中								
								电度电费		功率因数调整电费		基本电费				代征费
	户数	比上年末+，–	本年累计	同比+，–，%	本年累计	同比+，–	本年累计	单价	金额	增加额+	减少额–	变压器容量	金额	最大需量	金额	金额
栏次	1	2	3	4	5	6	7	8	9	10	11	12	13	14	15	16
合计	768159	22012	152518	11.58	553.65	8.12	84442	493.19	75220	734	–67	237	4214	0	0	4341
一、大工业	260	59	62041	28.03	504.68	14.23	31311	405.14	25135	287	–58	37	4214	0	0	1733

续表

项目	营业户数		售电量		售电到户均价		应收电费	其中								
	户数	比上年末+，−	本年累计	同比+，−，%	本年累计	同比+，−	本年累计	电度电费		功率因数调整电费		基本电费				代征费
								单价	金额	增加额+	减少额−	变压器容量	金额	最大需量	金额	金额
1. 中小化肥	260	59	62041	28.03	504.68	14.23	31311	405.14	25135	287	−58	37	4214	0	0	1733
2. 其他优待	0	0	0	0.00	0.00	0	0	0.00	0	0	0	0	0	0	0	0
二、非、普工业用电	19483	915	20766	15.79	721.28	34.27	14978	674.23	14001	427	−8	52	0	0	0	558
中小化肥	19483	915	20766	15.79	721.28	34.27	14978	674.23	14001	427	−8	52	0	0	0	558
三、农业生产用电	20780	2250	17644	−25.68	481.75	−1.98	8500	449.05	7923	1	0	41	0	0	0	576
1. 农业排灌	20114	2104	17026	−27.43	482.26	−0.87	8211	448.49	7636	1	0	40	0	0	0	574
2. 贫困县农业排灌	666	146	618	121.51	467.64	−1.11	289	464.40	287	0	0	1	0	0	0	2
四、非居民照明用电	7182	332	5065	18.09	760.32	13.43	3851	720.83	3651	0	0	6	0	0	0	200
五、居民生活用电	689705	13308	40627	10.15	496.12	1.79	20156	469.22	19063	0	0	87	0	0	0	1093
1. 城乡居民生活用电	689217	13259	40105	10.12	496.95	1.1	19930	470.04	18851	0	0	85	0	0	0	1079
2. 中小学教学用电	488	49	522	12.99	432.95	0.69	226	406.13	212	0	0	2	0	0	0	14
六、商业	30749	5148	6375	18.41	885.65	−1.03	5646	854.43	5447	19	−1	14	0	0	0	181
七、趸售	0	0	0	0	0	0	0	0	0	0	0	0	0	0	0	0
1. 大工业	0	0	0	0	0	0	0	0	0	0	0	0	0	0	0	0

续表

项目	营业户数		售电量		售电到户均价		应收电费	其中								
								电度电费		功率因数调整电费		基本电费				代征费
	户数	比上年末+，-	本年累计	同比+，-，%	本年累计	同比+，-	本年累计	单价	金额	增加额+	减少额-	变压器容量	金额	最大需量	金额	金额
2. 普工、非普工业	0	0	0	0	0	0	0	0	0	0	0	0	0	0	0	0
3. 非居民、商业用电	0	0	0	0	0	0	0	0	0	0	0	0	0	0	0	0
4. 居民生活用电	0	0	0	0	0	0	0	0	0	0	0	0	0	0	0	0
5. 农业生产用电	0	0	0	0	0	0	0	0	0	0	0	0	0	0	0	0
八、其他	0	0	0	0	0	0	0	0	0	0	0	0	0	0	0	0
1. 大客户直购电	0	0	0	0	0	0	0	0	0	0	0	0	0	0	0	0
2. 抽水蓄能	0	0	0	0	0	0	0	0	0	0	0	0	0	0	0	0
3. 售邻省	0	0	0	0	0	0	0	0	0	0	0	0	0	0	0	0
4. 其他	0	0	0	0	0	0	0	0	0	0	0	0	0	0	0	0

【思考与练习】

1. 销售电量、电费汇总报表统计的目的是什么？
2. 销售电量、电费汇总报表统计内容包括哪些？
3. 销售电量、电费汇总报表有哪些统计要素算法？

模块 7 各收费员收费情况统计分析（Z26G1007Ⅱ）

【模块描述】本模块包含收费员收费情况统计分析的作用，各种收费方式收费员收费情况统计分析等内容。通过概念描述、术语说明、流程图解示意、要点归纳、示例介绍，掌握收费员收费情况统计分析的方法。

【模块内容】

一、收费员收费情况统计分析的作用

通过采用坐收、走收、代收、代扣、特约委托、充值卡交费、卡表购电、负控购电等多种收费方式，及时高效地回收用电客户电费。收费员收费情况统计分析能够对收费员的收费完成情况及收费员日常工作管理等提供依据。

二、收费员收费情况统计分析

1. 业务描述

通过对收费员应收、实收、欠费和预收情况的统计，分析收费员的电费回收情况。

2. 业务流程

收费员收费情况统计及分析流程如图 5–7–1 所示。

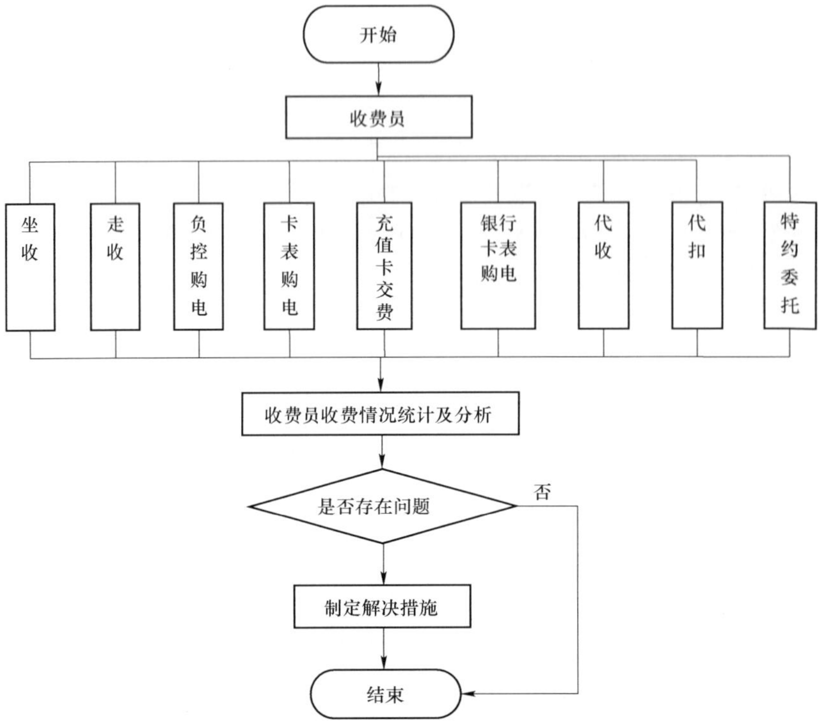

图 5–7–1　收费员收费情况统计及分析流程

3. 统计内容及对应措施

（1）各种收费方式统计内容。

收费员=收取电费的人员

收费方式为坐收、走收、代收、代扣、特约委托、充值卡交费、卡表购电、负控购电、分次划拨管理。

应收总额=当月电费应收+当年往月电费应收+往年电费应收

实收总额=实收当月电费+实收当年往月欠费+实收往年欠费+实收往年已核销的+尾差调整+违约金+预付电费+冲抵电费

欠费总额=当月电费欠费+当年往月电费欠费+往年电费欠费

冲抵电费=预付电费−应收电费

当月电费欠费=当月电费应收−当月电费实收

当年往月电费欠费=当年往月电费应收−当年往月电费实收

往年电费欠费=往年电费应收−往年电费实收−往年电费核销

违约金=客户在供电企业规定的期限内未交清电费时应承担电费滞纳的违约责任费用

预付电费=尚未发行前客户预先交付的电费

尾差调整=调尾前电费−调尾后电费

（2） 对应措施。

1）收费员收费情况分析。要按月对各收费员收费情况进行分析，分析每个收费员的电费回收指标完成情况，收费效果，欠费情况，提出存在的问题，制定改进措施。

2）各种收费方式的对比分析

针对各种收费方式对电费回收情况进行分析，找出各种收费方式的优劣，对回收率低的收费方式要提出改进措施。

4. 注意事项

（1） 要根据收费期按时对每个收费员各种收费方式的电费回收情况进行统计。

（2） 应收和实收统计内容应区分本期、陈欠（本年、往年），并应对应收费用的组成如电费、违约金、预付费分别进行统计。

（3） 对收费员的收费进度及欠费情况进行分析，分析出收费员收费工作的完成效率。

（4） 要防范收费员欠费风险：因用电企业关停、破产、重组、转制，客户经营状况不良，客户流动资金紧缺，社会稳定等原因，引起的电费不能及时回收：因走收安全防范措施不到位、欠费催交不力、收费管理不规范等原因，引起的电费不能及时足额回收、形成呆坏账或呆坏账非法核销、电费损失、人身安全等风险。

5. 收费员收费情况统计表

收费员收费情况统计表示例见表 5−7−1。

表 5–7–1　　　　　　　　收费员收费情况统计表

统计时段：2012 年 12 月　　　　　　　打印时间：2013 年 1 月

收费员	收费方式	应收总额	其中			实收总额	其中				其他			欠费总额	其中			备注
			当月电费	当年往月电费	往年电费		当月电费	当年往月欠费	往年欠费	往年已核销	尾差调整	违约金	预付电费		当月电费	当年往月欠费	往年欠费	冲抵电费
张军	（1）坐收	58285	35862	9865	12558	125007	35862	2358	3584	2356	1260	1142	68365	14125	0	7507	6618	10080
	（2）走收	0	0	0	0	0	0	0	0	0	0	0	0	0	0	0	0	0
	（3）代收	1250	1250	0	0	4702	1250	0	0	0	0	0	2351	0	0	0	0	1101
	（4）代扣	0	0	0	0	0		0	0	0	0	0	0	0	0	0	0	0
	（5）特约委托	0	0	0	0	0	0	0	0	0	0	0	0	0	0	0	0	0
	（6）充值卡交费	2568	2568	0	0	5136	2568	0	0	0	0	0	2568	0	0	0	0	0
	（7）卡表购电	3698	3698	0	0	7396	3698	0	0	0	0	0	3698	0	0	0	0	0
	（8）负控购电	1258	1258	0	0	2516	1258	0	0	0	0	0	1258	0	0	0	0	0
	（9）银行卡表购电	14660	6980	0	7680	33425	6980	0	2485	2568	3650	356	16023	2627	0	0	2627	1363
小计		81719	51616	9865	20238	178182	51616	2358	6069	4924	4910	1498	94263	16752	0	7507	9245	12544
合计		81719	51616	9865	20238	178182	51616	2358	6069	4924	4910	1498	94263	16752	0	7507	9245	12544

【思考与练习】

1. 开展收费员收费情况统计分析的作用是什么？
2. 如何开展收费员收费情况统计？
3. 收费员收费情况分析分几个方面？

模块 8　客户欠费记录台账及原因分析（Z26G1008Ⅱ）

【模块描述】本模块包含客户欠费记录台账的格式和内容、客户欠费的原因分析等内容。通过概念描述、术语说明、要点归纳、示例介绍，掌握制定、填写客户欠费记录台账方法，以及对客户欠费的分析方法。

【模块内容】

以下内容着重介绍单一客户欠费台账的记录，随着营销业务系统深入应用，客户欠费台账可根据统计需要选取条件制定。

一、客户欠费记录台账的内容与要求

1. 台账的内容

客户欠费记录台账包含收费方式、欠费情况、回收情况等内容，记录每次欠费金额和回收金额变化情况。

2. 记账要求

（1）每个欠费客户单独记录一份台账；

（2）台账要求按每次欠费和回收金额发生变化时及时记录，记录时间精确到日；

（3）回收欠费要记录收费方式；

（4）欠费情况应包括总额、本年新欠和陈欠明细；

（5）回收情况也应对应欠费情况明确记录回收电费为本年新欠和陈欠明细；

（6）欠费台账按月小计；

（7）欠费台账应有收费员签字。

二、客户欠费的原因分析

（1）深入客户把握实情，认真分析拖欠电费的原因，具体如下：

1）国家产业政策调整被列为限制、淘汰类企业，导致企业限产、停产；

2）由于经营不善、产品滞销，导致企业流动资金困难；

3）企业三角债严重，不能维持正常生产；

4）企业重组或改制相关政策的变化而导致债权债务关系的变化；

5）面临破产或已破产的生产企业；

6）走、死、逃亡的自然人或法人等。

（2）对于上述欠费的因素还要区分是属于一般欠费，还是恶意欠费。并从以下几个方面进行分析。

1）按欠费时间。根据电费拖欠时间分为本年当月、本年往月、往年陈欠等，分析客户欠费的原因，划分难易程度。

2）按用电类别。供电企业可根据用电类别、用电容量、电压等级的不同，分析客户欠费原因，哪个行业客户欠费比较集中，并有针对性地制定电费回收措施。

3）按用电区域。可按照用电区域如城镇、城边、郊区、农村等对客户欠费情况进行分析，按欠费频率、欠费额度等区分用电区域欠费情况。

4）按收费员。根据收费员收费统计情况，区分每个收费员负责客户的欠费情况，分析是否为收费不及时等原因造成欠费，便于对收费人员的管理。

5）按收费方式。按收费方式区分哪些客户群容易发生欠费，判断该收费方式的流程是否存在弊端或改进的方案，提高收费效率。

6）按催费方式。按不同催费方式分析客户欠费，归纳出每种催费方式所占比重，确定不同催费方式的效率，更有利于减少欠费发生。

三、对欠费客户应采取的措施

采取上述各种方式对客户欠费的原因进行分析后，要根据实际情况有针对性地采取不同的对策，催收过程中不要流于形式，要重视效果。对于老大难欠费户，要直接与决策层对话，沟通情况，宣传有关政策，解决实质问题；对于重点欠费户，针对其拖欠电费的原因，制订出可行的催收方案，采取灵活多样的方式重点解决；对于恶意欠费户，要坚决按电力法规办事，采取封停限措施，必要时引入司法程序。同时，要建立催收档案，为今后纳入法律解决提供充分依据。分析欠费原因是解决欠费问题的必经之路，只有找出欠费问题的症结所在，供电企业才能有的放矢，采取有效的手段，追回所欠电费，并预防、杜绝新欠费发生，使电费回收工作顺利开展。

四、客户欠费记录台账

客户欠费记录台账示例见表 5–8–1。

表 5–8–1　　客户欠费记录台账

单位名称：××供热公司　　单位：元

日期		收费方式	欠费情况			回收情况			备注
			欠电费总额	其中		回收总额	其中		
月	日			本年新欠	陈欠电费		本年新欠	陈欠电费	
5	1		3278.90	2145.68	1133.22				
5	15	现金	1578.90	1245.68	333.22	1700.00	900.00	800.00	
5	25	现金	545.68	545.68		1033.22	700.00	333.22	
小计			545.68	545.68	0	2733.22	1600.00	1133.22	

收费员：王小丽

【思考与练习】

1. 客户欠费记录台账包括哪些内容？
2. 填写客户欠费记录台账有哪些具体的要求？
3. 客户欠费原因分析包括哪些方面？
4. 对欠费客户采取的措施有哪些？

模块9　电费发行表、抄表日志、收费日志的核对关系与统计（Z26G1009Ⅱ）

【模块描述】本模块包含电费发行表、抄表日志、收费日志的核对与统计的目的、内容与方法及应注意的问题等内容。通过概念描述、术语说明、要点归纳、示例介绍，掌握电费发行表、抄表日志、收费日志的平衡关系和统计方法。

【模块内容】

一、电费发行表、抄表日志、收费日志核对与统计的目的

1. 电费发行表、抄表日志、收费日志的概念

电费发行表是核算员每日工作的记录，可总结每人每月工作的总户数和发行的电费总额。

抄表日志为抄表员每天工作的日记账，记录每天抄录电度表的户数，发行（应收）电量数和个人实抄率。每月汇总可以考核个人当月抄表的总户数和应收的总电量。

收费日志是收费员个人每天工作的收费记录，记录每天收取电费额度与笔数。与抄表日志和电费发行表构成营业工作中的“三大表”。

随着营销业务应用系统深入应用，“三大表”已通过营销系统进行整合，营销数据在营销系统中具有唯一性，可根据统计需要制定，这里只作为介绍和了解。

2. 核对与统计的要求

“三大表”每天根据需要分别统计，每月汇总，定期进行核对。各单位应指定负责抄表、发行核算和收费员互相核对有关数字，核对后应加盖名章互相承认，即抄表日志的总户数和总电量，应由发行核算员盖章，而核算汇总的应收电费发行表的总户数和总应收电费额，应由营业会计盖章，而收费日志汇总的户数和应收电费总额与实收电费额，应由营销出纳盖章，单位负责人应同时在三张表上盖章，每月核实，这就避免了平常无人管，用时数不符的问题，“三大表”是营业统计的基础资料，因此必须建立健全，逐月核对，并保证数字的准确。

3. 核对与统计的目的

核对与统计的目的是确保“三大表”关联数据正确性，抄表数据与发行数据一致性。

二、应注意的问题

（1）“三大表”应做到两两相符，即：抄表日志与电费发行表电量、户数相符；电费发行汇总表与收费日志电费总额相符。

（2）应收电费发行表应逐日与抄表日志核对电量，如逐日核对有困难，应分时段进行核对，它可以比较核算发行的进度、电量是否相符，可以防止漏发和错发。

三、电费发行表、抄表日志、收费日志的统计方法、结构及要素

1. 电费发行表

（1）统计说明：

1）户数：按电价分类统计的户数。

2）电量：指销售给终端客户的电量，包括销售给本省客户（含趸售客户）和不经过邻省电网而直接销售给邻省终端客户的电量。

3）电费：按国家规定的电价向客户收取的全口径电费（含代征费）；代征费：随售电量征收的所有基金，包括国家征收基金和各省（市、区）政府征收的基金；用电量本月（累计）：统计期（本年）内，客户用电量。

（2）统计期：日、月。

（3）统计维度：电度电费、基本电费、力率电费、重大水利工程建设基金、农网改造基金、可再生能源附加、水库移民附加、差别电价电费、系统备用费。

（4）统计要素算法：

1）电费合计=度电费+基本电费+力率电费+重大水利工程建设基金+农网改造基金+可再生能源附加+水库移民附加+差别电价电费+系统备用费

2）基本电费小计=容量电费+需量电费

3）力率电费小计=力率电费（+）+力率电费（–）

2. 抄表日志

（1）统计说明：

1）抄表段：抄表册区段；

2）应抄数：应抄表户数；

3）实抄数：实际抄表户数；

4）划零户：抄表期间抄见电量为零户数

5）估抄户：未能实际抄见表计，依据例月用电量估计抄见电量户数

6）实抄率=实抄数/应抄数×100%

7）抄见电量：表计抄见电量合计值。

（2）统计期：日、月。

（3）统计维度：抄表段、应抄数、实抄数、划零户、估抄户。

（4）统计要素算法：实抄率=（实抄数/应抄数）×100%

3. 收费日志

（1）统计说明：

1）张数：应收或实收电费票据张数；

2）款额：应收或实收电费金额；

3）本日（月）应收：统计期内应收电费情况，包括上期结余应收和本期应收；

本日（月）实收：统计期内实收电费情况，包括上期结余实收和本期实收，合计=上期结余实收+本期实收；

4）上期结余应收：上一统计期未能实收电费情况；

5）上期结余实收：统计期内实际收取上期结余应收电费情况；

6）本日（月）结存=本日（月）应收–本日（月）实收。

（2）统计期：日、月。

（3）统计维度：应收、实收、结存。

（4）统计要素算法：

1）本日（月）实收合计=上期结余实收+本期实收

2）本日（月）结存=本日（月）应收–本日（月）实收

四、示例

抄表日志见表 5–9–1。

表 5–9–1　　抄 表 日 志

单位：户、%、kWh

序号	日期		抄表段	户数				实抄率	抄见电量	备注
	月	日		应抄户数	实抄户数	其中				
						划零户	估抄户			
1	6	5	01100–01170	1245	1221	20	4	98.07	1568796	
2	6	6	01171–01240	1254	1249	2	3	99.60	1589646	
3	6	12	01241–01300	1578	1565	8	5	99.18	1689543	
4	6	13	01301–01400	1684	1678	2	4	99.64	1895444	
5	6	15	01401–01450	985	985	0	0	100	698215	
6	6	16	01451–01540	1965	1956	9	0	99.54	1568745	
7	6	27	01541–01670	2468	2367	78	23	95.91	1105684	
8	6	28	01671–01700	66	66	0	0	100	2434296	
合计				11245	11087	119	39	98.59	12550369	

单位负责人：张　军　电费发行人员：李　丽

应收电费发行表见表 5－9－2。

表 5－9－2　　应收电费发行表

2012 年 6 月

单位：户、元、kWh

日期		户数	电量	电费	其中												
						基本电费			力率电费								
月	日			合计	电度电费	小计	需量电费	容量电费	小计	力率电费（＋）	力率电费（－）	重大水利工程建设基金	农网改造基金	可再生能源附加	水库移民	差别电价电费	系统备用费
6	10	2499	1704963	1195263.54	1100467.56	0	0	0	24504.67	24504.67	0	6819.85	32783.84	1639.65	5081.56	5117.70	18848.71
6	20	6212	1527375	733211.32	656101.04	0	0	0	0	0	0	6109.75	30547.50	1057.52	4736.18	9457.52	25201.81
6	30	2534	9318031	4989981.16	3823817.21	887133.4	0	887133.4	17193.84	17193.84	0	37272.14	186360.62	9318.07	28885.90	0	0
合计		11245	12550369	6918456.02	5580385.81	887133.4	0	887133.4	41698.51	41698.51	0	50201.74	249691.96	12015.24	38703.64	0	14575.22

单位负责人：张　军　营销会计：张　娜

收费日志见表5-9-3。

表5-9-3

收 费 日 志

2012年6月30日

序号	日期		本日（月）应收				本日（月）实收						本日（月）结存	
			上期结余应收		本期应收		上期结余实收		本期实收		合计		张数	款额
	月	日	张数	款额	张数	款额	张数	款额	张数	款额	张数	款额		
1	6	1	256	5689.56	0	0	0	0	0	0	0	0	256	5689.56
2	6	2	256	5689.56	0	0	56	456.89	0	0	56	456.89	200	5232.67
3	6	3	200	5232.67	0	0	23	567.21	0	0	23	567.21	177	4665.46
4	6	4	177	4665.46	0	0	57	586.20	0	0	57	586.20	120	4079.26
5	6	5	120	4079.26	0	0	53	895.68	0	0	53	895.68	67	3183.58
6	6	6	67	3183.58	0	0	67	3183.58	0	0	67	3183.58	0	0
7	6	7	0	0	0	0	0	0	0	0	0	0	0	0
8	6	8	0	0	0	0	0	0	0	0	0	0	0	0
9	6	9	0	0	0	0	0	0	0	0	0	0	0	0
10	6	10	0	0	2499	1195263.54	0	0	0	0	0	0	2499	1195263.54
11	6	11	0	0	2499	1195263.54	0	0	101	5754.55	101	5754.55	2398	1189508.99
12	6	12	0	0	2398	1189508.99	0	0	568	45865.22	568	45865.22	1830	1143643.77
13	6	13	0	0	1830	1143643.77	0	0	533	58964.82	533	58964.82	1297	1084678.95
14	6	14	0	0	1297	1084678.95	0	0	55	896583.54	55	896583.54	1242	188095.41
15	6	15	0	0	1242	188095.41	0	0	895	96483.36	895	96483.36	347	91612.05

续表

序号	日期		本日（月）应收				本日（月）实收						本日（月）结存	
			上期结余应收		本期应收		上期结余实收		本期实收		合计		张数	款额
	月	日	张数	款额	张数	款额	张数	款额	张数	款额	张数	款额		
16	6	16	0	0	347	91612.05	0	0	347	91612.05	347	91612.05	0	0
17	6	17	0	0	0	0	0	0	0	0	0	0	0	0
18	6	18	0	0	0	0	0	0	0	0	0	0	0	0
19	6	19	0	0	0	0	0	0	0	0	0	0	0	0
20	6	20	0	0	6212	733211.32	0	0	0	0	0	0	6212	733211.32
21	6	21	0	0	6212	733211.32	0	0	564	55542.45	564	55542.45	5648	677668.87
22	6	22	0	0	5648	677668.87	0	0	876	475475.40	876	475475.40	4772	202193.47
23	6	23	0	0	4772	202193.47	0	0	1524	5478.19	1524	5478.19	3248	196715.28
24	6	24	0	0	3248	196715.28	0	0	1111	98547.12	1111	98547.12	2137	98168.16
25	6	25	0	0	2137	98168.16	0	0	1058	85765.87	1058	85765.87	1079	12402.29
26	6	26	0	0	1079	12402.29	0	0	1079	12402.29	1079	12403.29	0	0
27	6	27	0	0	0	0	0	0	0	0	0	0	0	0
28	6	28	0	0	0	0	0	0	0	0	0	0	0	0
29	6	29	0	0	0	0	0	0	0	0	0	0	0	0
30	6	30	0	0	2534	4989981.16	0	0	0	0	0	0	2534	4989981.16
31														
32	合计		256	5689.56	11245	6918456.02	256	5689.56	8711	1928474.86	8967	1934164.42	2534	4989981.16

单位负责人：张　军　营销出纳：李思思

【思考与练习】

1. 简述电费发行表、抄表日志、收费日志的核对与统计的目的。
2. 电费发行表、抄表日志、收费日志的概念是什么？
3. 阐述电费发行表、抄表日志、收费日志的核对关系。

模块 10 电能销售的量、价、费分析与分析报告（Z26G1010Ⅲ）

【模块描述】本模块包含开展量、价、费分析的意义、常用的分析方法、分析报告的内容及应注意的事项等内容。通过概念描述、术语说明、流程图解示意、要点归纳、示例介绍，掌握常用的分析方法和量、价、费分析报告的编制。

【模块内容】

一、量、价、费分析的意义

营销量、价、费分析是指对电力营销中的各项数据和情况及其相关动态进行科学分类、统计、调查、分析所形成的报告。通过各类用电数据与其相应的国民经济各行各业用电状况，以及城乡居民生活用电状况进行纵向、横向、相连、相关的定量、定性分析，摸清带规律性的社会发展动态，用电量需求动态及发展趋势，找出存在的问题，从而为制订电力计划，分析电力成本，制定（修订）电价和相关的政策法规，以及进行电力预测等提供决策的参考资料，也为国家、地区制订国民经济中、长期计划，进行宏观调控服务，也可促进安全、合理、节约用电，提高电能利用率，具有很重要的实际意义。

二、量、价、费分析与报告

1. 业务描述

电能销售的量、价、费分析就是以科学管理理论为指导，以经济信息等为依据，对企业经济活动过程和经营成果进行科学的分析，以便正确认识企业经济活动，加强经济管理、提高经济效益的一种重要的管理方法。

2. 业务流程

电能销售量价费分析流程如图 5–10–1 所示。

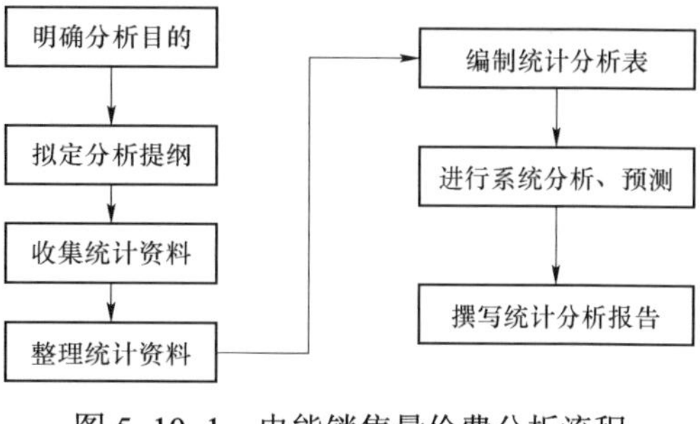

图 5–10–1 电能销售量价费分析流程

3. 分析方法、内容及预测原则

（1） 常用分析方法。

1）对比分析法。对比分析法是营销分析中最常用的方法，即通过生产活动和用电依存关系进行对比。常用的有实际水平与计划对比、指标的动态对比、企业内部对比等。

2）分类分析法。分类分析法是将用电量进行按行业分类、用电分类等进行分类，了解用电的比例关系和自然增长规律。

3）图形分析法。图形分析法即用曲线、直方矩形图等方法绘出各项指标，直观形象地描绘指标变化趋势等。

4）数学模型在分析中的应用。通过使用数学模型，经济指标的影响因素被统一列入一个公式，各有关因素之间的内在联系也在这个公式中集中体现。

（2） 预测原则。所谓预测，就是根据过去和现在的已知信息及现象之间的相互关系，对所研究事物的未来状态做出科学的预计和推测。预测是根据有关的统计理论，利用统计方法，对尚未发生或已经发生而不为人们所知的社会经济现象的特征和表现做出判断和预见。在具体进行预测时还要遵循以下三个原则。

1）连续性原则。任何事物的发展都存在一种惯性，这种惯性在经济领域被称为经济惯性。如物价的上升、经济的兴衰，一旦出现，短期之内便无法遏制。这就是说，现象的发展有一定的连贯性。过去和现在的状况，或多或少地会影响到未来。因此，在进行预测时，就要求按照事物发展的惯性规律，从已知的过去、现在推测未来。

2）类比性原则。事物的产生、发展都有一定的规律性，同时，由于现象间的联系，事物的变化模式也表现出相似性。如区域经济的发展，季节不同各行业用电规律等，都或多或少地表现出共性模式。因此，在进行预测时，要注意到相间的联系，通过类比来预测事物的发展规律。

3）概率性原则。任何事物的产生和发展都有一定的必然性和偶然性，必然性寓于偶然性当中，现象未来的变化结果也是如此。因此，进行统计预测时，在注意事物变化规律的同时，还有注意偶然性因素对事物变化的影响，注意从偶然性中发现必然性，要通过对大量偶然事物的反复研究和观察，判断事物的发展变化趋势，揭示事物内部隐藏的规律性。

（3） 分析报告的内容。

1）指标完成情况。电力营销主要指标如售电量、售电平均单价、售电收入的完成情况，即本期、累计完成值及占目标计划的百分数，计算出同比增长值。

2）售电量分析。按不同资源售电、不同行业用电分类售电、目录电价口径售电、重点客户售电分别分析其本期值、累计值、同期比（±%）、比重。分析出售电量增长、降低的因素和新的增长点，从而研究增长售电量的措施。

3）售电价分析。按目录电价口径从不同用电类别进行统计分析、对比，并分析电价影响因素（调价因素及增收措施因素等）。

4）售电收入分析。按目录电价口径售电收入、不同资源售电收入、不同行业售电收入及功率因数奖惩电费；执行峰谷电价的盈亏情况，分别计算出本期及累计值，本期及同期比（±%），各类收入在本期及同期中所占的比重。

5）售电情况预测。预测售电量要在充分进行用电市场调查的基础上，至少要综合考虑前三年售电量发展变化的规律，结合预测年售电量发展趋势，各行业、主要客户的负荷增减情况，确定售电量比上年增长的比例。然后按电价分类划分各电压等级的售电量，采用营销业务应用系统可筛选出许多数学模型，采取多种预测方法。若尚不能利用计算机预测，可利用人工推导出。

6）找出电能销售过程中存在的问题。影响电能销售收入的主要因素有各类售电价的变化，各类售电量结构的变化，基本电费的变化，功率因数调整电费的变化、峰谷电价的变化等，经过计算分析各类电价变动因素对售电收入的影响后，就可以对营销成果进行评价，透过数字变化看出营销工作的成果和问题。

7）措施和建议。分析电力营销工作中的成果和问题，分析原因，从中找出进一步增加销售收入的途径。

8）对前一期提出问题的整改情况。

4. 注意事项

（1）首先必须明确应当解决哪些问题；

（2）认证拟定分析提纲，确定从何着手分析，以及分析的范围；

（3）收集资料要有明确的目的性，要发现规律，必须进行大量观察；

（4）对材料要进行整理，要取与分析问题相匹配的资料，使之更加系统化、条理化，确保分析资料完整、准确；

（5）对加工整理后的数据，要根据分析研究目的，运用分析方法，编制成分析表；

（6）充分利用统计分析表的数据，结合具体情况，把经营过程中各个部分、各个方面有秩序地加以研究，分析关系，分析发展变化，分析依存和因果关系；

（7）分析报告要紧扣主题，从分析数据入手，进行科学的归纳、综合、推断和论证，做到有材料、有事例、有观点、有建议，对异常的指标要有相应的控制措施；

（8）要防范营销基础数据的安全风险，对分析报告按机密资料进行管理。

三、示例

二〇××年电力营销综合分析

××供电公司

二〇××年××月××日

目 录

一、概况

1. 指标完成情况

售电量

××年××月售电量完成××万kWh，同比增加（减少）××万kWh，增长××%。累计售电量完成××万kWh，同比增加（减少）××万kWh，增长率××%。

售电收入

××年××月售电收入完成××万元，同比增长（减少）××万元，增长率为××%；累计售电收入完成××万元，同比增长（减少）××万元，增长率为××%。（含电建、三峡、市政附加、移民资金、可再生能源附加费）

售电单价

××年××月平均售电单价完成××元/MWh，同比增长××元/MWh；累计售电平均电价完成××元/MWh，同比增长××元/MWh。（扣除电建、三峡、市政附加、移民资金、可再生能源附加费）

2. 市场开发情况

用电分类	新增户数（户）	新增容量（kW）	所占比重（%）
居民	××	××	××
非居民	××	××	××
商业	××	××	××
大工业	××	××	××
非、普通工业	××	××	××
趸售	××	××	××
农业	××	××	××
合计	××	××	××

累计情况：累计营业户数达××万户，累计业扩申请容量××万kVA。

二、全社会及各产业用电状况

三、电能销售分析

1. 分类售电情况及其分析

××年1—××月份，××公司售电量完成××万kWh，同比增加（减少）××万kWh，增长率××%。其中：

（1）大工业用电。大工业用电量完成××万kWh，同比增加（减少）××万kWh，增长率××%，占全部增长电量的××%。

增加（减少）的主要原因是：

（此处描述具体售电量变化原因）

（2）趸售用电。趸售电量完成××万kWh，同比增加（减少）××万kWh，增长率××%，占全部增长电量的××%。

增长（减少）的主要原因是：

（此处描述具体售电量变化原因）。

（3）非居民照明。非居民照明售电量完成××万kWh，同比增加（减少）××万kWh，增长率××%。

（4）商业用电。商业售电量完成××万kWh，同比增加（减少）××万kWh，增长率××%。

（5）居民生活用电。居民生活售电量完成××万kWh，同比增加（减少）××万kWh，增长率××%。

（6）非、普工业用电。非、普工业售电量完成××万kWh，增加（减少）××万kWh，同比增长率××%。

（7）农业生产。售电量完成××万kWh，增加（减少）××万kWh，同比增长率××%。

重点客户用电情况明细表

客户名称	本期（万kWh）	基期（万kWh）	增加量	增比（%）
××××公司	××××	××××	××	××
××××厂	××××	××××	××	××
××××政府	××××	××××	××	××
××××医院	××××	××××	××	××
××××矿	××××	××××	××	××

2. 售电收入及售电单价分析

（1）售电收入分析。1—××月售电收入完成××万元，同比增长（减少）××万元，增长率为××%。（含电建、三峡、市政附加、移民资金、可再生能源附加费）

影响售电收入变化的因素如下：

1—××月售电量同比增加（减少）××万kWh，增加（减少）售电收入××万元；

其他原因影响。

其中：

1）电度电费完成××万元，同比增加（减少）××万元，增长率为××%；

峰谷分时电费效益完成××万元，同比增加（减少）××万元。主要是由于：大工业峰谷效益同比增加（减少）××万元。

2）基本电费完成××万元，同比增加（减少）××万元，增长率为××%，主要因为：……。

3）力率电费完成××万元，同比增加（减少）××万元，增长率为××%，主要因为：……。

4）农网还贷基金完成××万元，同比增加（减少）了××万元，增长率为××%。

5）重大水利工程建设基金完成××万元，同比增加（减少）了××万元，增长率为××%。

6）城市附加完成××万元，同比增加（减少）××万元，降低××%。

7）移民资金完成××万元。

8）可再生能源完成××万元。

（2）电费回收情况分析。1—××月应收电费××万元，实收电费××万元，回收率××%。

写明电费回收工作在1—××月是否实现月清月结，应收电费余额是否控制在预定指标内，电费回收率，新欠电费情况，电费回收任务完成情况及面临的问题：

具体工作中遇到的问题。

（3）售电单价分析。

用电类别	售电单价（元/MWh）				影响全局电价
	本期	基期	增量	增比%	
居民生活	××	××	××	××	××
非居民照明	××	××	××	××	××
商业	××	××	××	××	××
大工业	××	××	××	××	××
非、普工业	××	××	××	××	××
农业生产	××	××	××	××	××
趸售	××	××	××	××	××
合计	××	××	××	××	××

完成平均单价××元/MWh，同比提高（下降）××元/MWh。

详细分析内容如下。

1）大工业。大工业平均售电电价完成××元/MWh，同比提高（下降）××元/MWh，影响全局平均电价提高（下降）××元/MWh。

大工业电价提高（下降）的主要原因：……

2）趸售。趸售平均售电电价完成××元/MWh，同比提高（下降）××元/MWh，影响全局平均电价提高（下降）××元/MWh。

趸售电价下降的主要原因：……

3）非居民照明平均电价完成××元/MWh，同比提高（下降）××元/MWh，影响全局平均电价提高（下降）××元/MWh。

非居民照明电价提高（下降）的主要原因：……

4）非工业平均电价完成××元/MWh，同比提高（下降）××元/MWh，影响全局平均电价提高（下降）××元/MWh。

非工业电价提高（下降）的主要原因：……

5）商业平均电价完成××元/MWh，同比提高（下降）××元/MWh，影响全局平均电价提高（下降）××元/MWh。

商业电价提高（下降）的主要原因：……

6）普通工业平均电价完成××元/MWh，同比提高（下降）××元/MWh，影响全局平均电价提高（下降）××元/MWh。

7）居民生活平均电价完成××元/MWh，同比提高（下降）××元/MWh，影响全局平均电价提高（下降）××元/MWh。

四、电力市场分析及预测

要对××年全年售电情况进行预测，要将××年前××个月售电量、售电单价实际完成作为基数，结合前三年对应月份售电量、售电单价发展变化的规律，考虑今年剩余月份月售电量、售电单价发展趋势，预测出××全年售电量，按售电结构和现执行电价预测售电单价。其中：电度电费按电价分类和各电压等级电价直接算出；峰谷差值要利用执行峰谷电价客户峰谷差值变化情况和峰谷售电结构进行预测；基本电费中分为最大需量和变压器容量，预测时要分开，首先要确定基本电费基数，也就是最大需量和变压器容量分别在各自基数电量范围内所占的电价比重，按电价比重算出全年各自电量范围内基本电费，加上预测期由于容量增减变化的基本电费；力率电费的预测要以执行功率因数调整电费客户为基数，筛选出客户的力率电费所占的电价比重，按电价比重算出全年力率电费。各项电费之和/各项电量之和即为预测出的分类电价和总平均电价。

对下一年度售电量、售电单价预测方法相同，只是取的基数不同。

五、对上年工作开展情况进行简要说明

六、提出存在的问题及拟采取的措施

七、阐明下一步重点工作安排

以上为量、价、费分析的一个示例，撰写分析材料时要结合本地区电力市场营销的实际情况，进行具体分析后，有针对性地提出。

【思考与练习】

1. 开展量、价、费分析的意义是什么？

2. 常用的分析方法有哪些？

3. 简述电能销售的量、价、费分析报告的内容。

模块 11 制定电费回收措施（Z26G1011Ⅲ）

【模块描述】本模块包含制定电费回收措施的作用，保证电费回收的几种措施等内容。通过概念描述、术语说明、流程图解示意、要点归纳，掌握制定电费回收措施的方法。

【模块内容】

一、制定电费回收措施的作用

按期回收电费，是电力企业完成经济技术指标的基础，也是为电力企业扩大再生产，维持正常经营提供资金的渠道。供电企业在对欠费企业进行认真、细致分析的基础上，结合实际，有针对性地制定有效可行的措施，根据市场情况及时调整营销策略，采取行政、经济、技术管理、法律等手段，在确保当期电费结零的前提下，千方百计追回陈欠电费，使供电企业减轻沉重的包袱，生产经营活动得以正常运行。

二、电费回收措施

1. 业务描述

为确保电费的足额、按时回收，强化客户按时交费意识所采取的举措。

2. 业务流程

制定电费回收措施流程如图 5–11–1 所示。

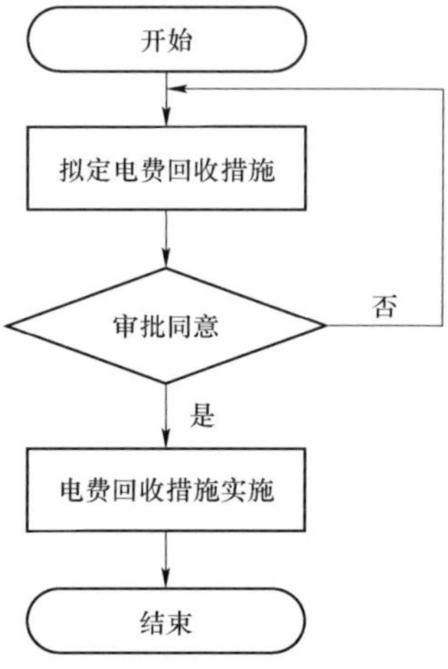

图 5–11–1 制定电费回收措施流程

3. 保证电费回收措施

（1）应采取的措施。

1）确定企业负责人为电费回收的第一责

任人。对欠费大户实行承包责任制，将电费回收任务层层分解落实到领导、基层和具体人员，做到目标明确，任务清楚，责任分明，便于考核。

2）建立约束、激励机制，加大考核奖惩力度。电费回收工作的优劣，不仅同直接工作人员的利益挂钩，而且还同领导者的工作业绩、单位的利益和荣誉等挂钩。

3）开展舆论宣传，坚持依法收费。供电企业不仅重视依靠地方政府，主动向地方政府请示汇报，以取得政府对收费的理解与支持，而且应充分利用各种宣传媒体，广泛、深入地宣传电价政策和电力法规对交纳电费的规定和要求，为电费回收工作创造一个良好的社会氛围。

4）催收电费应综合运用法律、行政、技术、经济等手段。坚决贯彻《中华人民共和国电力法》和电力行政法规中有关电费交纳责任条款及拖欠电费将依法承担法律责任等规定，依法供电，依法管电。对于必须采取停电、限电手段催收电费的，应依法按规定程序办理，做到程序合法，手续完备。

5）充分发挥业扩报装、用电检查、负荷管理等部门的作用，采取联动措施，协同作战，保证电费按期结零，配合不力的要追究责任。

6）认真执行电费违约金制度，对拖欠电费的客户，在清理电费时应先扣交违约金。未经国家授权部门的许可，任何地区、部门或个人不得擅自决定采取电费欠账或豁免电费。有意未按规定收取或私自应允减免违约金者，应对当事人进行经济或行政处罚，直至追究法律责任。

7）对少数亏损企业欠交的电费，在财政部门所拨付的弥补亏损款中，按规定的支付顺序付电费；集体单位也可申请贷款交清电费。国家增加企业流动资金贷款后，企业要将部分资金优先用于归还电费。

电费的顺利回收事关供电企业的生存和发展，因此供电企业必须从多方面采取行之有效的措施，以防止拖欠电费的形成，使企业自身的效益得到进一步的提高。

（2）多种收费方式。

1）多银行实时交费系统是通过与多家银行实时联网，实现客户自主选择储蓄网点交纳电费，并保证电费资金安全和促进实施与银行计算机联网，实现电费回收现代化管理。

2）电费充值卡是对交费不便、银行网点少、走收电费风险大，以及方便偏远农村客户交纳电费的一种有效方式。

3）客户自助交费。由于银行卡电子支付或网上支付的不断发展，顾客持卡消费或网上消费的比例越来越大，供电企业也积极为顾客持卡消费创造便利环境。

4）抹账方式。通过煤电抹账、电材抹账、三方互抹账等方式，回收电费是一种有效途径。但要注意抹账物的价值和抹账方式。

（3）催收方式。在实践中，供电企业对拖欠电费的催收大多采取发“催交电费通知书”，限期交纳电费，或者直接上门做催收工作，对在法定的时间内仍不能交纳电费的，供电企业可以依法予以停电。供电企业可以研究运用多种方式来催收电费，以确保电力企业债权的实现。

1）短信催费。对于计划短信催费，通过 95598 系统平台实现短信催费并记录催费结果。

2）电话催费。对于计划电话催费，通过 95598 系统平台实现电话催费并记录催费结果。

3）人工催费。催费人员到客户处进行催费。

4）运用法律程序催收电费。

（4）交费期限控制。根据《供电营业规则》第八十二条之规定：客户应按供电企业规定的期限和交费方式交清电费，不得拖延或拒交电费。供电企业可根据客户情况，制定交费期限。

（5）电费违约金的收取。规定期限内未交清电费的，将按有关电力法规承担违约责任，并支付电费违约金。

电费违约金收取原则按《供电营业规则》第九十八条规定执行。电费违约金按欠费时间由营销信息系统自动生成，并根据先扣违约金，后扣电费本金的原则进行计算。委托代扣客户应及时查看扣费账户上的资金情况，并保证扣费账户上有足够的余额以备扣交电费，避免因资金不足造成欠费，产生违约金。

（6）欠费的停复电措施。要根据不同的欠费客户，严格按规定的程序采取措施。

4. 注意事项

（1）熟悉客户交费方式与交费期限，熟悉财经制度和有关财务知识，了解客户生产经营状况，掌握资金信息。

（2）要健全电费管理制度和科学的考核制度，严格执行抄核收工作标准和管理规定，抓基础，重质量，从源头上控制电费工作差错。注重加强抄核收人员职业道德教育和业务技能培训，不断提高职业素质和工作质量，坚决杜绝职务犯罪。

（3）及时开展电费风险预警，加强对客户生产经营状况及电费交纳信誉的分析，建立合同履约担保制度，推广预购电措施，防止用电企业关停、破产、重组、拆迁等发生欠交电费或恶意拖欠电费，重点落实事前预防、事后处理的各项措施。

（4）坚持依法催收电费，在供用电合同中要注意约定的电费结算方式、电费交纳方式的严谨性。制定有针对性的电费催收措施，严格执行国家规定的程序实施停电催收电费，做到合理、合法。

【思考与练习】

1. 制定电费回收措施的作用是什么？
2. 制定电费回收措施应注意的事项有哪些？
3. 简述电费回收措施的内容。
4. 收费方式有哪几种？

模块12　线损汇总报表（Z26G1012Ⅱ）

【模块描述】本模块包含综合线损、全网分压线损、10kV有损线损、低压台区线损等各类线损汇总报表的统计方法、结构及要素、编制方法等内容。通过概念描述、术语说明、要点归纳、示例介绍，熟悉线损汇总报表的组成及编制，了解其他有关报表。

【模块内容】

一、综合线损报表的统计方法、结构及要素

1. 编制目的

线损汇总报表的编制与填报是线损率统计、分析的基础，汇总报表编制得越细致，在线损分析过程中越能准确地找到损失点和损失原因，为下一步降损工作提供数据基础。

2. 应用层次

网省公司、地市公司、区县公司、供电所。

3. 生成周期

月。

4. 内容简述

按照当月供电量、有损售电量、无损售电量以及累计完成情况进行统计。

5. 统计说明

（1）公司供电量：年度计划部门所定计量关口电量。

（2）售电量：贸易结算电量。

（3）损失电量：供电量与售电量之差。

（4）线损率：损失电量与供电量的比率。

6. 统计期

本月、截至本月累计。

7. 统计维度

供电单位、统计年份、统计月份。

8. 统计要素描述

（1） 公司供电量：年度计划部门所定计量关口电量。

（2） 售电量：贸易结算电量。

（3） 损失电量：供电量与售电量之差。

（4） 线损率：损失电量与供电量的比率。

9. 统计要素算法

（1） 公司合计供电量=发电厂上网电量+外购电量+电网输入电量−电网输出电量

（2） 公司合计损失电量=一次网损损失电量+∑支公司损失电量

（3） 一次网损供电量=公司合计供电量、一次网损售电量=∑支公司供电量

（4） 有损售电量=公用线路所带售电量

（5） 无损售电量=专用线路所带售电量

（6） 支公司供电量=∑各供电关口电量

（7） 损失电量=供电量−售电量

（8） 线损率=损失电量/供电量

10. 综合报表

综合报表示例见表 5–12–1。

表 5–12–1　　综 合 报 表

单位名称	本月						累计					
	供电量	售电量			损失电量	线损率	供电量	售电量			损失电量	线损率
		有损电量	无损电量	合计				有损电量	无损电量	合计		
一次网损	41475.4	—	—	40882.3	593.1	1.43	579320.3	—	—	573005.7	6314.6	1.09
支公司 1	24033.1	1333.1	22623.1	23956.2	76.9	0.32	379005.9	67217.9	308301.1	375519.0	3486.9	0.92
支公司 2	13693.9	6504.3	6369.3	12873.6	820.3	5.99	148794.2	90884.2	49369.2	140253.4	8540.8	5.74
支公司 3	3155.3	1753.7	1190.1	2943.9	211.4	6.7	45205.6	26216.6	16136.5	42353.1	2852.5	6.31
公司合计	41475.4	9591.1	30182.6	39773.7	1701.7	4.10	579320.3	184318.7	373806.9	558125.6	21194.7	3.66

二、全网分压线损报表的统计方法、结构及要素

1. 编制目的

分压线损报表顾名思义是以电压等级为考核单元统计线损的一种形式。从该报表中可以找到各电压等级的损失量对综合线损率的影响，找到异常点，及时提出降损措施。

2. 应用层次

网省公司、地市公司、区县公司。

3. 生成周期

月。

4. 内容简述

按不同电压等级分类统计当月输入电量、输出电量、销售电量构成及累计构成情况。

5. 统计说明

输入电量：本电压等级计量关口输入电量。

输出电量：以变电站为单位，中低压计量关口电量。

断路器名称：各变电站关口点断路器编号、名称。

6. 统计期

本月、截至本月累计。

7. 统计维度

（1）供电单位、统计年份、统计月份。

（2）电压等级：220kV、110kV、35kV、10kV。

8. 统计要素描述

（1）输入电量：本电压等级计量关口输入电量。

（2）输出电量：以变电站为单位，中低压计量关口电量。

（3）断路器名称：各变电站关口点断路器编号、名称。

9. 统计要素算法

（1）220kV 输入电量=∑220kV 变电站主变高压侧电量+∑220kV 客户供电量

（2）220kV 输出电量=∑220kV 变电站主变中、低压侧电量+∑220kV 客户售电量

（3）110kV 输入电量=∑220kV 变电站主变 110kV 侧电量+∑110kV 电厂上网电量

（4）110kV 输出电量=∑110kV 变电站主变中、低压侧电量+∑110kV 变电站 110kV 客户售电量

（5）35kV 输入电量=∑220kV 变电站主变 35kV 侧电量+∑110kV 变电站主变 35kV 侧电量+∑35kV 电厂上网电量

（6）35kV 输出电量=∑35kV 变电站主变低压侧电量+∑35kV 变电站 35kV 用户售电量

（7）10kV 输入电量=∑220kV 变电站主变 10kV 侧电量+∑110kV 变电站主变 10kV 侧电量+∑35kV 变电站主变 10kV 侧电量+∑10kV 电厂上网电量

（8）10kV 输出电量=∑10kV 及以下售电量

10. 分压线损报表

分压线损报表示例见表 5–12–2。

三、10kV 有损线损报表的统计方法、结构及要素

1. 编制目的

10kV 损失量通常占全网损失量的比重最大，从一个侧面能够反映一个供电区域线损管理工作的好坏程度，是线损管理精细化水平的集中体现，是降损工作的难点和重点，所以将该电压等级线损情况单独列出来，更有利于线损分析的细化和问题的查找。

2. 应用层次

网省公司、地市公司、区县公司。

3. 生成周期

月。

4. 内容简述

按 10kV 及以下专用变压器、公用变压器售电量统计公用线路线损完成情况。

5. 统计说明

供电量：线路关口总表电量。

专变电量：公用线路所带专用变压器客户用电量。

公变电量：公用线路所带公用台区低压客户售电量。

6. 统计期

本月、截至本月累计。

7. 统计维度

（1）供电单位、统计年份、统计月份。

（2）变电站名称。

（3）断路器编号。

8. 统计要素描述

供电量：线路关口总表电量。

专变电量：公用线路所带专用变压器客户用电量。

公变电量：公用线路所带公用台区低压客户售电量。

表 5-12-2　　分压线损报表

220kV				110kV				35kV				10kV 及以下			
断路器名称	输入电量	输出电量	无损电量	断路器名称	输入电量	输出电量	无损电量	断路器名称	输入电量	输出电量	无损电量	断路器名称	输入电量	输出电量	无损电量
220kV ××站 201	21136			220kV ××站 101	17777			220kV ××站 301	3230.3			110kV ××站 501	5536.9		
220kV ××站 202	20339			220kV ××站 102	17130			220kV ××站 302	3093.67			110kV ××站 502	5525.17		
220kV ××站 101		17776.9		110kV ××站 301		8698.5		110kV ××站 301	8698.5			35kV ××站 501	6021.6		
220kV ××站 102		17129.8		110kV ××站 302		8996.4		110kV ××站 302	8996.4			35kV ××站 502	6018.4		
220kV ××站 301		3230.3		110kV ××站 501		5536.9		35kV ××站 501		6021.6		10kV 及以下售电量		12366	
220kV ××站 302		3093.67		110kV ××站 502		5525.17		35kV ××站 502		6018.4		10kV 及以下售电量			9727.58
				110kV ××站 103			5637	35kV ××站 303			11503.29				

续表

编号	220kV				110kV				35kV				10kV 及以下			
	断路器名称	输入电量	输出电量	无损电量	断路器名称	输入电量	输出电量	无损电量	断路器名称	输入电量	输出电量	无损电量	断路器名称	输入电量	输出电量	无损电量
本月合计	输入电量		41475.37		输入电量		34906.7		输入电量		24018.87		输入电量		23102.07	
	输出电量		41230.67		输出电量		34393.57		输出电量		23543.29		输出电量		22093.48	
	损失电量		244.70		损失电量		513.13		损失电量		475.57		损失电量		1008.59	
	综合网损率		0.59		综合网损率		1.47		综合网损率		1.98		综合网损率		4.37	
	有损网损率		0.59		有损网损率		1.75		有损网损率		3.80		有损网损率		7.54	
累计合计	输入电量		579320.3		输入电量		336590.2		输入电量		208640.9		输入电量		198440.5	
	输出电量		576365.77		输出电量		331608.67		输出电量		205482.88		输出电量		188339.88	
	损失电量		2954.53		损失电量		4981.53		损失电量		3158.02		损失电量		10100.62	
	综合网损率		0.51		综合网损率		1.48		综合网损率		1.51		综合网损率		5.09	
	有损网损率		0.51		有损网损率		1.76		有损网损率		2.01		有损网损率		7.94	

9. 统计要素算法

（1） 供电量=∑各电压等级变电站主变压器 10kV 侧电量–∑10kV 无损售电量

（2） 专变电量=∑自备变压器客户售电量

（3） 公变电量=∑供电企业所属变压器所带低压客户售电量

（4） 损失电量=供电量–专用变压器电量–公用变压器电量

10. 10kV 有损线损报表

10kV 有损线损报表示例见表 5–12–3。

四、低压台区线损报表的统计方法、结构及要素

1. 编制目的

公用台区低压线损作为 10kV 有损线损中的一部分，由于其结构复杂、穿插供电等原因，给低压线损统计和管理造成很大难度。该报表是结合线损管理分线、分台区考核，用来给低压线损管理提供最直观的数据信息。

2. 应用层次

地市公司、区县公司。

3. 生成周期

月。

4. 内容简述

按台区供、售电量统计低压线损完成率。

5. 统计说明

供电量：台区考核总表电量。

售电量：台区所带低压客户用电量。

6. 统计期

本月、截至本月累计。

7. 统计维度

（1） 台区名称、统计年份、统计月份。

（2） 供电量、售电量。

8. 统计要素描述

供电量：台区考核总表电量。

售电量：台区所带低压客户用电量。

9. 统计要素算法

（1） 供电量=公用台区考核总表抄见电量

（2） 售电量=∑台区所带低压客户贸易结算电量

表 5-12-3

10kV 有损线损报表

线路编号	本月						累计							
	供电量	专用变压器电量	公用变压器电量	损失电量	线损率	比同期值	供电量	专用变压器电量	公用变压器电量	损失电量	线损率	比同期值	比计划值	比理论值
××	2194	1400.2	648.9	144.8	6.6	−0.21	26426.80	16802.40	7786.83	1837.57	6.95	−0.33	−0.05	1.5
××	2096	1001.3	928.7	165.6	7.9	−0.05	25047.20	12015.60	11144.97	1886.63	7.53	−0.14	0.03	2.34
××站小计	4290	2401.5	1577.7	310.3	7.24	−0.16	51474.00	28818.00	18931.80	3724.20	7.24	−0.18		
××	1768	996.3	646.5	125.6	7.1	0.36	20980.80	11955.60	7758.52	1266.68	6.04	−0.04	−0.96	0.99
××	1866	1405.9	305.5	154.9	8.3	−0.46	21995.60	16870.80	3665.97	1458.83	6.63	−0.09	−0.37	0.89
××站小计	3635	2402.2	952.0	280.5	7.72	−0.12	42976.40	28826.40	11424.49	2725.51	6.34	−0.05		
××	2626	1890.2	557.3	178.6	6.8	−0.66	32013.20	22682.40	6687.90	2642.90	8.26	0.36	0.26	2.36
××	2770	2020.9	535.3	213.3	7.7	−0.13	33234.00	24250.80	6424.18	2559.02	7.70	0.03	0.20	2.4
××站小计	5396	3911.1	1092.7	391.8	7.26	−0.69	65247.20	46933.20	13112.08	5201.92	7.97	0.14		
合计	13320	8714.8	3622.4	982.6	7.38	−0.94	159697.60	104577.60	43468.38	11651.62	7.30	−0.66	−0.7	1.2

10. 10kV 有损线损报表

10kV 有损线损报表见表 5–12–4。

表 5–12–4　　10kV 有损线损报表

台区名称	所在线路	供电量	售电量	损失电量	线损率
1 号	×××	0.96	0.87	0.09	8.88
2 号	×××	1.33	1.17	0.16	11.69
3 号	×××	2.66	2.41	0.25	9.54
4 号	×××	0.78	0.70	0.08	10.36
5 号	×××	2.99	2.74	0.25	8.46
6 号	×××	3.97	3.52	0.45	11.33
合计		12.69	11.41	1.28	10.07

【思考与练习】

1. 请列出至少两种主要的线损分析报表名称。
2. 请列出本地区分压线损报表。
3. 简述低压台区线损报表编制目的。

模块 13　线损率分析与分析报告（Z26G1013Ⅲ）

【模块描述】本模块包含线损率分析、降损措施等内容。通过概念描述、术语说明、要点归纳、示例介绍，掌握各层次线损率的分析方法、降损措施和线损分析报告编制。

【模块内容】

线损分析是指在线损管理中，将线损完成情况与线损指标、理论线损、上月实际完成值、去年同期值、国家一流标准进行比较，查找线损升降的具体原因，根据存在的问题制定降低线损的技术以及管理措施等工作。

一、线损率分析

线损分析前先要进行准确的线损统计工作，线损统计越细致，线损分析的结果越能在实际工作中收到成效。

（一）线损总体完成情况

本段落主要阐述统计线损统计范围内综合线损的整体情况，主要对本月实际完成值和累计完成值进行分析。要求与计划值、同期值、理论值进行比较分析。

（二）线损电量构成

本段落主要说明线损电量的构成情况，包括一次网损电量、各级电压等级损耗电量、公用台区低压损耗电量、无损电量以及由于供售电量抄表不同期电量对综合线损产生的影响等。

（三）网损分析

本段落主要对一次网损进行细致分析，通过全月全网负荷的变化，以及由于负荷变化对各一次供电系统设备损耗产生的影响进行分析，分片、分设备找到损耗点。

对一次网损率分析应分别按输、变电设备进行分压、分线、分主变进行分析，将实际线损值与理论值和去年同期值进行比较，找出线损升高或降低的原因，明确主攻方向。

（四）分压线损分析

本段落主要以电压等级为统计单元，对每个电压等级损耗情况进行阐述。要求统计本月和累计各电压等级损耗完成情况，与计划值和去年同期值相比变化情况，计算与计划值和去年同期值相比多损或少损电量，具体分析本月、累计分压网损率升高或降低的原因，要求各单位按输电线路或变电站进行分析，查找线损率变化的原因。

（五）10kV 及以下有损线损分析

10kV 及以下有损损耗是全网损耗量最大的部分，也是降损潜力最大的电压层次，所以本段落线损分析要更加细致，分析方法具体如下。

（1）统计本月和累计 10kV 有损线损率完成情况，本月和累计线损率与计划值和同期值相比变化情况，计算与计划值、同期值相比多损或少损电量，具体分析本月和累计 10kV 有损线损率升高或降低的原因。

（2）对超指标线路进行分析，分析每条线路线损率超标原因，制定重点考核线路，每月分析，并结合高损原因制定相应的降损措施。

（3）由于低压台区的供、售电量抄表时间基本一致，不存在电量不对应因素，因此，在进行低压台区线损率分析时，应重点对本月低压线损率的完成情况进行分析。要求将本月低压线损率与计划、同期以及理论计算相比并分析线损率升高或降低的原因。

二、降损措施

（一）组织措施

（1）建立线损管理体系，制定线损管理制度。由于线损管理工作是一项较大的系统工程，它涉及面广，牵涉的部门较多。因此，必须建立全局管理体系，制定线损管理制度，明确各部门的分工和职责，制定工作标准，共同搞好线损管理工作。

（2）加强基础管理，建立健全各项基础资料。通过经常性地开展线损调查工作，可进一步掌握和了解线损管理中存在的具体问题，从而制定切实可行的降损措施。

（3）开展线损理论计算工作，通过开展线损理论计算，全面掌握各供电环节的线损状况及存在的问题，为进一步加强线损管理提供准确可靠的理论依据。

（4）制订线损计划，严格线损考核。各单位应建立线损管理与考核体系，定期编制并下达线损、网损、各条输配电线路、低压台区的线损率计划，并认真考核兑现，努力提高线损管理人员的工作积极性。

（5）开展线损下指标活动。根据《国家电力公司网电能损耗管理规定》中规定的线损小指标内容，分解落实到有关部门，并认真考核，做到“人人关注线损，人人参与降损”。

（6）建立各级电网的负荷测录制度。测录的负荷资料可用于理论计算，计量表计的异常处理和电网分析，确保电网安全经济运行。

（7）加强计量管理，提高计量的准确性，降低线损。要求各级计量装置配置齐全，定期进行轮换和校验，减少计量差错，防止由于计量装置不准引起的线损波动。

（8）定期开展变电站母线电量平衡工作，各单位应确定专人定期开展母线电量平衡工作，统计中发现母线电量不平衡率超过规定值时，应认真分析，查找原因，及时通知有关部门进行处理，特别是关口点所在母线和10kV母线，其合格率应达到100%。

（9）合理计量和改进抄表工作，线损率正确计算与合理计量和改进抄表方法有密切关系，因此应做好以下几方面的工作：

1）固定抄表日期。因为抄表日期的提前和推后会严重影响当月售电量的减少或增加，使线损率发生异常波动，不能真实反映线损率的实际水平。因此，对抄表日期应予以固定，不得随意变动，在条件允许时，尽量扩大月末抄表的范围。

2）提高电表实抄率和正确率。做好到位正确抄表，预防错抄、漏抄，倍率错误现象发生。

3）合理计量。对高压供电低压计量的客户，应逐月加收客户专变的铜损和铁损，做到计量合理。

4）建立专责与审核制度。坚持每月的用电分析工作，对客户电量变化较大的，特别是大电力客户，要分析原因，防止表计异常或客户窃电现象发生。

（10）组织用电普查，堵塞营业漏洞。进行用电普查，以营业普查为重点，对“量、价、费、损”以及电能计量装置进行全面检查。

（11）开展电网经济运行工作。根据电网的潮流分布情况，合理调度，及时停用轻载或空载变压器，利用自动化管理系统及时投切无功补偿装置，努力提高电网的运行电压，降低网损。

（二）技术措施

技术降损是指对电网的某些环节、元件经过技术改造或技术改进，推广应用节电新技术和新设备，采用技术手段调整电网布局、优化电网结构、改善电网运行方式等来减少电能损耗的方法。

在降低线损的技术措施上主要包括：

（1）减少输配电层次，提高输电电压等级和输配电设备的健康水平。

（2）合理调整输配电变压器台数、容量，达到经济运行。

（3）准确确定负荷中心，调整线路布局，减少或避免超供电半径的供电现象。

（4）按经济电流密度选择供电线路线径。

（5）提高负荷的功率因数，尽量实现无功就地平衡。

（6）推广选用低损耗的新设备、新材料。

（7）合理调度，及时掌握有功和无功负荷潮流，做到经济运行。

（8）为减少三相负荷不平引起的附加损耗，建议对客户的高供高计计量装置采用三相四线计量方式。

在此简要提供线损分析报告的模板示例，仅作参考。

××供电公司线损率分析报告模板

一、线损率指标完成情况概述

____月份综合线损率完成值____%，较上月份降低（升高）____百分点，同比降低（升高）____百分点；____至____月累计综合线损率完成值____%，同比降低（升高）____百分点，较年计划低（高）____百分点。

二、综合线损率完成情况分析

1. 当月完成情况

地、市公司当月供电量完成____万 kWh，同比增加（减少）____，售电量完成____万 kWh，同比增加（减少）____，其中无损电量完成，无损电量占比同比增加（减少），主要无损电量增长（减少）点为：（户名、同比增量）；当月供售不同期电量万 kWh，同比增加，主要不同期电量性质为：____。当月综合线损率完成____，比同期。

当月综合线损率比同期上升（下降）的主要原因是：

2. 累计完成情况

地、市公司累计供电量完成____万 kWh，同比增加（减少）____，累计售电量完成____万 kWh，同比增加（减少）____，其中无损电量累计完成，无损电量占比同比增加（减少），主要无损电量增长（减少）点为：（户名、同比增量）；累计供售不同期电量万 kWh，同比增加（减少），主要不同期电量性质为____造成不同期电量原因为：

____。累计综合线损率完成____，比同期，比计划。

累计综合线损率比同期上升（降低）的主要原因是：____（重点分析）

累计综合线损率比计划上升（降低）的主要原因是：____（重点分析）

3. 区、县公司综合线损率完成情况分析

影响地、市公司综合线损率当月同比升高（降低）较大的区、县公司有：________________________________，高损原因是：____。

影响地、市公司综合线损率累计同比升高（降低）较大的区、县公司有：________________________________，高损原因是：____。

三、分压线损率分析

1. 220kV 网络

分当月和累计对网损率变化比同期分析，对波动电量值、影响 220kV 网络线损率百分比及原因进行异常分析。

2. 110kV 网络

分当月和累计对网损率变化比同期波动分析，对波动电量值、影响 110kV 网络线损率百分比及原因进行异常分析。

3. 35kV 网络

分当月和累计对网损率变化比同期波动分析，对波动电量值、影响 35kV 网络线损率百分比及原因进行异常分析。

4. 10kV 及以下网络

地、市公司 10kV 及以下电压等级当月线损率同比升高（降低）的主要原因是：

地、市公司 10kV 及以下电压等级累计线损率同比升高（降低）的主要原因是：

四、母线电量平衡情况分析

分电压等级对母线电量不平衡率进行分析。分析应包括母线电量不平衡率量值、占比、最差情况分析，对 220kV 不平衡超标的母线及省地关口所在母线电量平衡超标的应逐条分析，其余电压等级的对平衡率最差的母线进行分析说明。涉及上月母线电量平衡遗留问题的应补充说明。

五、10kV 线路分析

1. 线路线损率构成分析（列表统计）

2. 高损线路分析

截止到×月份，地、市公司线损率大于 20%高损线路共计___条，累计损失电量____万 kWh。（列表统计或附表）

其中农网线路高损原因分类（附表统计），城网线路高损原因分类分析（列表统计）。

六、380V 台区线损率分析

1. 台区综合情况（列表统计）

2. 高损台区分析

截止到×月份，地、市公司线损率大于 20%高损台区共计___个，累计损失电量____万 kWh。（高损台区附表统计）。高损台区原因分析（列表统计分析）。

七、其他

八、下月重点工作及主要降损措施

【思考与练习】

1. 请写出线损电量的构成。

2. 请简要列举降低线损的组织措施。

3. 请简要列举降低线损的技术措施。

模块 14 抄核收工作“三率”的统计与分析（Z26G1014Ⅲ）

【模块描述】本模块包含抄核收工作实抄率、电费差错率、电费回收率的统计与影响“三率”的原因分析等内容。通过概念描述、术语说明、流程图解示意、要点归纳、示例介绍，掌握“三率”的统计方法及原因分析。

【模块内容】

一、抄核收工作“三率”统计分析的作用

抄表核算收费工作是供电企业营业电费管理的中心环节，是电力企业经营成果的最终体现，抄表核算收费工作质量的好坏，直接影响到企业的经营效益和社会效益，做好抄表核算收费工作“三率”（实抄率、电费差错率、电费回收率）的统计分析，可以提高电费管理质量水平，为企业分析决策提供依据。

二、抄核收工作“三率”的统计和分析

（一）业务说明

通过对抄核收工作中实抄率、电费差错率、电费回收率的统计，分析出影响“三率”的原因，为制定“三率”的改进措施，提供统计分析数据。

（二）业务流程

“三率”统计分析流程如图 5–14–1 所示。

（三）工作要求

（1）熟悉掌握统计分析基础管理知识。

（2）每月对抄表、核算、收费环节中的“三率”进行统计。

（3）依据统计结果，分析出影响“三率”的原因。

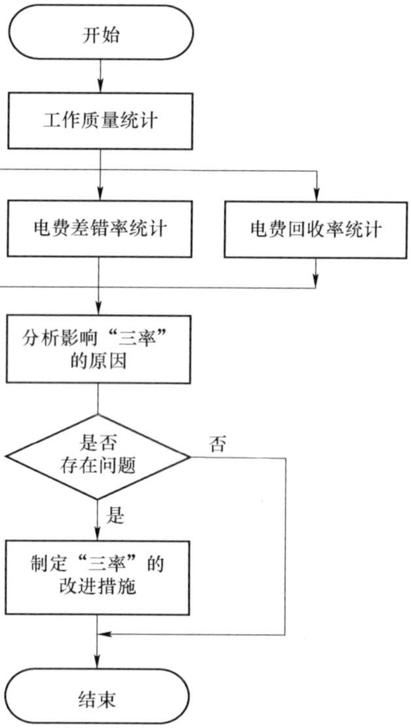

图 5–14–1　“三率”统计分析流程

（四）工作内容

1.“三率”的统计

（1）实抄率的统计。

计算公式：实抄率=当期实抄户数/当期应抄户数×100%

统计要素描述：按月统计时，当期数据取的是每月的数据，此时称为月实抄率；按季、年进行统计时，当期数据取的是对应时间段内的累计数据，称为累计实抄率。

（2）电费差错率的统计。

计算公式：电费差错率=当期差错笔数/当期核算笔数×100%

在实际工作中，也有采用差错电费进行差错率计算的。

（3）电费回收率的统计。

计算公式：电费回收率=当期实收电费金额/当期应收电费金额×100%

统计要素描述：应收电费：是指供电公司应向客户收取的电费。实收电费：是指供电公司实际收到电力客户交纳并已销账的电费。按月统计时，当期数据取的是每月的数据，此时称为月电费回收率；按季、年进行统计时，当期数据取的是对应时间段内的累计数据，称为累计电费回收率。

2. 影响“三率”的原因分析

（1）影响实抄率的原因分析。

1）客户锁门是影响实抄率的主要原因。这种情况一般出现在计费表计安装在客户家中，抄表期内到客户处抄表时，由于客户的特殊原因，抄表员无法正常抄表，只能与客户联系择日上门抄表或暂按上月电量估抄。

2）抄表员抄表不到位也是影响实抄率的原因。抄表不到位是指抄表人员在抄表周期未按要求到客户现场抄表。例如，对于长期零电量的客户，抄表员容易主观把客户认为零用电量，或对连续两个抄表周期出现抄表数据为零电量的客户没有按照规定到现场核实。

3）在自动抄表方式下，由于网络通信等原因，造成系统未将抄表数据传送回数据处理中心也是造成实抄率下降的原因。

（2）影响电费差错率的原因分析。影响电费差错率的因素较多，但归纳起来，有以下几类。

1）抄表员错抄和估抄、核算员输错指示数等；

2）核算员线损或变压器损耗电量的计算差错、追补电量电费的计算差错、对异常电量审核把关不严等；

3）定量定比类别不核实或与现场实际用电负荷不相符；

4）业扩资料审核不严，营销系统客户档案有差错，传票不及时等，造成漏记类别、力调执行标准和计费方式错误等；

5）政策性调整电价和追补电价差价；

6）当发生变更用电业务时，暂停时间的维护和基本电费的计算；

7）分时电表分时段电价和分时电量的扣减；

8）违约用电或窃电时，追补电量电费和违约用电电费的计算。

（3）影响电费回收率的原因分析。要准确地分析出影响电费回收率的因素，必须要了解形成电费欠费的原因。目前，在电力客户中产生欠费的原因主要如下。

1）企业生产经营困难。相当一部分国有企业由于自身经营不善，负债过多或严重亏损，企业资金周转困难，无力交付电费，而这些企业又是用电大户。有些企业靠拖欠电费的手段来维持生产。

2）恶意逃避电费。有的企业法治意识和信用观念薄弱，以各种手法逃避电费。如借公司制改造、兼并重组、产权转让、组建企业集团等名义，将资金资产转移到新的经济实体，由已经成为空壳的原企业来承担巨额欠费，有的干脆停产关闭、申请破产，企图不了了之。

3）地方行政干预。一些地方政府领导以缓解就业压力，维护社会稳定为由，阻止或限制供电企业催收电费。

4）政府部门政策性关停。这种情况主要针对环保不达标企业、煤矿、化工等能源开采和生产企业而言。

5）城市整体规划拆迁所形成的用电后无人交费，找不到户主的欠费。

6）不可抗力所形成的欠费，如地震、海啸、泥石流、台风等一些自然灾害。

7）合户表造成合户客户之间的内部纠纷。

8）居民小区由于物业管理不善，内部亏损，形成欠费。

9）由于供电企业自身原因在计量、抄表、核算过程中的错误造成客户拒付电费，形成欠费。

10）政府部门电费由于受到政府结算中心资金划拨和银行间支票交换等中间流通环节的延期，制约电费资金的及时准确到账，这也是影响电费回收率的一个原因。

11）催费乏力，供电企业营销队伍素质较差，岗位设置不合理，制度考核不严；主观上对电力法律法规宣传不足，依据电力法律法规催收电费的力度不够，办法不多。

【例 1】某供电营业所，抄表总户数为 10000 户，其中单月抄表居民客户 1300 户，双月抄表居民客户 1250 户，6 月份抄表员现场抄表 8650 户，问 6 月份该供电所的实抄率为多少？分析原因并提出整改措施。

解：已知：实抄率=当期实抄户数/当期应抄户数×100%

6 月份为双月，故 6 月份应抄户数=10000−1300=8700（户）

6 月份实抄率=8650/8700=99.43%

答：6 月份该供电营业所的实抄率为 99.43%。

分析：

第一步：针对实抄率下降的数据进行分析，找出影响抄表率的主要原因是，50 户未到位抄表。

第二步：全面分析未抄表的 50 户的具体原因：经过深入调查研究发现，10 户未抄表的主要原因是由于政府拆迁，户已经拆除，但未走销户流程；40 户由于更换抄表员，不熟悉客户抄表位置所致。

第三步：通过分析影响实抄率的原因，制定整改措施。

通过上述分析，不难看出，影响实抄率降低的主要原因是抄表不到位和政府拆迁导致找不到客户，因此对应制定整改措施如下。

（1） 现场核实客户拆迁去向，积极与客户沟通办理销户手续。

（2） 对抄表员进行抄表工作内容培训，并要求抄表员按照抄表路径熟悉自己所辖客户的具体位置。

【例 2】某供电营业站，当月应抄户数 56000 户，实抄表户数 50000 户，电费核算发行电费总额为 16500000 元，在核算检查中发现 10 户少抄电量 50000kWh，10 户多抄电量 20000kWh，另有 10 户电价执行错误，追补差价电费 52360.25 元，不考虑其他代征费，已知电价为 0.45 元/kWh，试问，该供电营业所当月的电费差错率为多少？分析原因并提出整改措施。

解： 电费差错率=当期差错笔数/当期核算笔数×100%

=30/50000×100%=0.06%

答： 该供电营业所当月的电费差错率为 0.06%。

分析：

第一步：分析产生差错的户数，当月差错户数为 30 户。

第二步：分析造成差错户差错的原因。

（1）由于抄表员错抄表原因造成核算差错 20 户。

（2）电价执行差错 10 户。

第三步：通过分析影响电费差错率的原因，制定整改措施。

通过上述分析，我们可以发现造成该营业所核算差错的主要原因是抄表员抄错表、电价执行错误，为此，制定以下整改措施。

（1）加强抄表质量考核，提高抄表数据准确率。

（2）严格核算异常审核流程管理，降低电费差错率。

（3）加强对员工的业务知识的培训，提高电价执行的正确率。

【例 3】某供电公司，5 月份电费发行 30000000 元，截至 6 月底，实际收回电费 29500000 元，预付电费 5000000 元，试计算该供电公司 5 月份的电费回收率是多少？分析原因并提出整改措施。

解： 电费回收率=当期实收电费金额/当期应收电费金额×100%

=29500000/30000000=98.33%

答： 该供电公司 5 月份的电费回收率是 98.33%。

分析：

第一步：分析该公司影响电费回收率的欠费客户，通过查询电力客户分户明细账，发现欠费客户主要有 10 户，3 户是煤矿客户、2 户是事业单位客户、2 户是商业客户，3 户为居民客户。

第二步：根据找出的欠费客户，分析欠费客户形成欠费的原因。

（1）煤矿客户欠费主要原因是受到政府政策性关停影响，不能正常生产，资金链出现问题，无法按时交纳电费。

（2）事业单位欠费主要原因是事业单位的办公费用支出由政府财政结算中心统

一支付，审批环节和手续比较繁杂，资金流转时间较长，一般在规定的收费期内很难确保电费资金及时足额到账，由此产生欠费。

（3）商业客户欠费主要是因为政府拆迁，个别营业站所面临拆迁情况，客户在规定的收费期限内找不到交费网点，造成延误电费回收。

（4）居民户欠费的主要原因是居民长期不在家，抄表人员未到位抄表，估抄了电量，实际客户不用电，客户拒交。

第三步：通过分析影响电费回收率的原因，制定整改措施。

通过对欠费客户形成原因的分析，我们不难看到，影响该供电分公司当月电费回收率的主要原因是政府部门财务报销制度和政策性关停政策，以及抄表差错等。为此，特制定以下整改措施。

（1）加强与政府部门的沟通，在无法改变现有财务报销制度的前提下，积极与客户协商，按规定时间交纳电费。

（2）对于企业资金确实有困难的客户，应主动与客户沟通，努力争取客户的支持与理解，想方设法解决电费问题。

（3）强化抄表员的责任意识和抄表质量，规范电费回收考核工作管理，杜绝因内部差错形成的客户拒付电费情况的出现。

（4）做好购电方式的宣传工作，积极推广应用新的购电模式。

（5）拓展多种收费方式，满足不同客户的交费需求，避免出现客户无法交费情况的出现。

【思考与练习】

1. 统计抄核收工作“三率”的作用是什么？

2. 影响电费差错率的原因有哪些？

3. 某供电营业厅当月总抄表户数为1000户，电费总额为500000元，经上级检查发现一户少抄电量50000kWh，一户多抄2000kWh。假设电价为0.4元/kWh，试求该供电所当月的抄表差错率为多少？

4. 某供电所某年3月累计应收电费账款1250000元，其中应收上年转结电费500000元。至月末日。共实收上年转结电费975000元，其中收回以前年度电费350000元。求其该时期累计电费回收率、本年度电费回收率和以前年度电费回收率。

模块15　抄核收工作“三率”的改进措施（Z26G1015Ⅲ）

【模块描述】本模块包含抄核收工作实抄率、电费差错率、电费回收率改进的作用与措施等内容。通过概念描述、术语说明、要点归纳、示例介绍，掌握“三率”的改进措施。

【模块内容】

一、改进“三率”的作用

1. 改进实抄率的作用

改进实抄率可以真实地反映供电企业的销售状况，确保销售电量数据的准确性，有利于电费回收和供电企业经济效益分析，有效避免与客户产生纠纷，提高优质服务水平。

2. 改进差错率的作用

降低差错率，可以有效地确保电费销售收入数据的准确性，提高电费核算数据的准确率，有利于电费回收，避免与客户发生电费纠纷，提高供电优质服务质量。

3. 改进电费回收率的作用

提高电费回收率可以有效减少电力企业所垫付的流动资金贷款利息，提高电力企业的经营成果；为电力企业扩大再生产提供投资资金，确保企业的正常工作和生产；有效确保电力企业足额、按时上交国家税金和利润，以保证国家利益和供用电双方的合法利益不受侵害。

二、“三率”的改进措施

1. 改进实抄率的措施

（1）加强对抄表员责任心和职业道德的教育，坚决杜绝抄表不到位的情况发生。

（2）加强对抄表到位率的考核，建立行之有效的考核机制，加大稽查力度。

（3）加快自动化抄表方式的推广应用，采用集抄数据，缩短抄表时限，提高抄表数据的准确率。

（4）对居民集中的区域，采用将计费表集中安装在集装箱内，逐步取消计费表安装在客户室内的情况。

（5）加强抄表与核算岗位之间相互监督制约机制。

2. 改进差错率的措施

（1）加强对核算员的职业道德的培训，倡导认真负责的工作作风。

（2）抄表机数据下装准备工作应在抄表前一个工作日或当日出发前完成，并确保数据完整正确。

（3）现场抄表时，应认真核对客户电能表箱位、表位、抄表机（卡）客户户名、地址、表号、用电性质、表计位数等记载与现场是否一致。

（4）当抄表例日无法正确抄录数据时，应在抄表当日进行现场补抄，并立即报相应部门进行消缺处理。

（5）发现电量突变或分时段数据不平衡等异常，应立即进行现场核实，提出异常报告并及时报相应部门处理。

（6） 加强退补电量电管理，退补电量电费时要求有依据和具体的计算过程。

（7） 规范工作流程，加强和岗位之间的监督制约机制，加大考核稽查力度。

3. 改进电费回收率的措施

（1） 规范供电企业内部电费回收管理工作。加强对催费员的职业道德培训，树立正确的职业道德观，秉公办事，不为亲友谋福利，同时要树立百折不挠，千遍万遍的工作精神；要加大对催费员的业务培训，提高理论水平和实际工作能力；大力推广预付费售电，对信誉不好的电力客户建立相应的信誉档案机制，对不同客户采取不同的用电政策，有效防止电费拖欠；确保电费的准确率，避免因供电企业自身的原因造成电费的不能及时回收。

（2） 要增强法律意识，综合运用法律、行政、技术、经济等手段化解电费风险。要加大《中华人民共和国电力法》《电力供应与使用条例》和电力行政法规中有关电费交纳条款的宣传力度，特别要宣传拖欠电费将承担的违约责任。依法严格执行电费滞纳金制度，各地供电企业对电费滞纳金一律不得随意减免。

（3） 要主动向当地政府领导汇报客户欠费情况，积极依靠各级地方政府及有关部门的支持回收电费。加强与当地各区、县政府拆迁办的协调与联系，注重营销内部信息的反馈与收集，及时掌握拆迁信息，主动与拆迁实施单位（拆迁公司或开发商）联系，告之其责任与义务，督促拆迁实施单位负责拆迁范围内客户的销户办理、电表返回、欠费交纳等工作。为供电企业的发展和电费回收创建良好的外部环境。

（4） 加大优质服务的宣传力度。与客户建立良好的合作关系，争取客户在电费回收等问题上的支持和理解；在交费期限前，通过短信、电话或上门送达“电费交纳友情提醒单”等方式，提醒客户交纳电费。对欠费客户要及时发送“催费通知书”，并做好签收工作。

【例 1】提高抄表实抄率的案例分析。某供电公司所辖某供电所，共有供电线路 5 条，综合台区 25 个，在对该供电所进行抄表质量监控过程中，发现该供电所一回线实抄率为 97%，其他线路和台区的实抄率均为 100%，为此，抄表质量监控人员针对此条线路进行了专题分析，制定出整改措施，经过一个多月的整改，该线路实抄率提高到 100%

分析过程：

（1） 分析造成实抄率低的原因。通过营销系统的信息查询和现场客户信息比对的方法，发现造成实抄率低的主要原因是由于抄表任务重，该抄表员一时疏忽，漏抄一回线的 20 户居民户的电量，同时因客户不在家未抄 3 户。

（2） 制定改进措施。找出实抄率低的原因之后，抄表质量监控人员针对性地制定了以下措施：

1）对抄表人员进行思想教育，提高其工作责任心，提高其主观能动性；

2）组织抄表人员学习《供电营业规则》中关于因客户原因造成不能正常抄表的相关内容；

3）完善对抄表工作的考核稽查机制，促使抄表员提高工作质量。

（3）改进实施及效果。通过整改，使抄表员意识到抄表工作的重要性，同时也提高了自身工作态度，在次月的抄表过程中，没有遗漏一户，同时针对客户不在家的情况，主动与客户沟通，坚决杜绝了未抄表的问题，从而使抄表率提高到100%。

【例2】降低差错率的案例分析。某日，某营业厅有一位客户前来投诉。经过客服人员的了解，原因是客户平时每月电费也就五六十元，但在正常用电的情况下，当月电费高达200元。经过核实，是由于核算错误造成的电费发行错误。营销部相关人员对此进行了一场专题分析，制定整改措施，有效地避免相关情况再次出现。

分析过程：

（1）分析造成差错产生的原因。经过对当月客户实际用电情况进行分析，发现该户在该抄表周期内进行过一次电能表轮换。计量人员在录入电能表底字时录入错误，核算人员在进行核算时也没有对突增电量进行重点复合，造成电费最终的发行错误。

（2）制定整改措施。找出电费差错的原因之后，相关负责人针对性地制定了以下措施。

1）对相关责任人员进行思想教育，督促其提高工作责任心及主观能动性。

2）加强核算人员的业务知识培训，规范异常电量的审核工作流程，做到业务明晰，职责明确。

3）对当月电费进行重新计算发行，向客户做好解释，争取客户的谅解。

4）完善对电费复核工作的考核稽查机制以及不同工种人员间的相互监督制约机制，责任到人，对相关责任人员进行业绩考核。

（3）整改实施以及效果。通过对计量人员和抄表核算人员的教育与考核，使他们意识到自己工作的重要性以及他们因为自己的工作疏忽，给顾客以及供电企业的优质服务的形象带来的损失。同时，通过业务培训，提高他们实际工作能力和工作质量，规范对异常电量电费的复核流程。坚决杜绝类似情况的发生，使营业所的差错率降低为零。

【例3】提高电费回收率的案例分析。某供电公司2012年10月份的月度电费回收率为99.76%，当月欠费金额为50万元，未完成省公司下达的电费回收率指标，为此该公司领导组织相关人员召开电费回收分析会，查找电费回收率不达标的原因。经过一段时间的分析整改，2012年11月份的电费回收率高于省公司的考核指标。

分析过程：

（1） 分析电费回收率低的原因。通过分析发现，该公司每月有 65%集中在大中型工业企业，居民用电占到15%左右，市政用电占到20%左右，当月未回收电费部分主要是集中在居民和市政用电部分。

分析出电费的构成之后，就可以重点分析出是什么原因造成的居民以及市政用电欠费的产生，通过大量的走访客户和深入调查，可以发现是因为对居民户而言，主要是城市改造。

（2） 制定整改措施。

1）加强内部电费回收管理，全面落实电费回收责任制。

2）加强对客户的电力相关法律知识的宣贯活动，利用各种渠道宣传电是商品，依法用电依法交费的政策法规，使顾客建立按时足额交纳电费的意识。

3）严格执行电费收交制度。做到准确、全额、按期收交电费，开具电费发票及相应收费凭证。任何单位和个人不得减免应收电费。

4）加强电费回收风险控制和管理，完善信用登记评价体制，最大程度防范电费回收风险。注重使用法律手段催交电费。

5）拓展电费交费方式，积极推广电子托收、预结算、充值卡、分期付款等结算方式，避免电费违约金的产生。

6）加强与政府部门的沟通，积极向政府主管部门和主管领导汇报、解释，争取得到上级部门的理解和支持，防止电费积欠，有效保护企业经营成果。

（3） 整改实施及效果。通过上述工作的大量开展，使各类别客户对供电企业的电费回收工作有了更严肃的认识，积极主动配合电费回收工作，重新签订《供用电合同》，主动预付费，大大降低电费回收风险。自从整改以来，该公司电费回收率逐月上升，到 11 月已经达到了省公司的考核标准。

【思考与练习】

1. 改进电费回收率的作用是什么？
2. 电费回收率的改进措施是什么？
3. 差错率的改进措施是什么？
4. 改进实抄率的作用是什么？

模块 16 经济事故的调查（Z26G1016Ⅲ）

【模块描述】本模块包含了在抄核收工作中发生的经济事故调查程序、取证方法、编写调查报告等内容。通过概念描述、术语说明、要点归纳、示例介绍，熟悉经济事故调查过程。

【模块内容】

营业经济事故泛指在用电营销工作中，由于主观故意或者其他客观原因，导致供电企业或客户利益受到侵害或经济上遭受损失的事件。本模块中营业经济事故主要是指电力营销人员在抄表、核算、收费、账务的过程中出现差错的现象。

一、经济事故的调查

（一）调查程序

1. 了解事故状况

通过询问当事人和相关人员及查阅相关资料的方式，掌握该经济事故的成因和发展经过，了解发生经济事故的类型，初步评估该事故可能造成的损失和由此带来的影响和后果。

2. 调查

调查即在掌握事故发生之前原始状况的基础上，了解事故发生的时间和具体经过。事故发生之前的原始状况是一个重要的关键点，是判别事故从何时发生、持续时间和相关量费损失的基准点。事故发生前原始资料的提取应根据经济事故类型确定，如现场表计示数、断相仪记录、互感器变比参数、抄表示数、核算日期及计算方法、电费电量退补记录、收费存根等信息资料。详细了解事故具体经过是分析事故成因和完善管理制度的前提。了解事故具体经过应坚持客观公正、实事求是的原则，在熟悉相关工作制度、办法的基础上，主要通过查阅相关资料（包括客户档案信息、电费发票、售电分析统计报表）和询问、走访的方式进行具体了解。

3. 取证

调查人员应全面收集发生事故的多种类型证据。对相关书面的纸质材料（如抄表卡、收费单据）需取证的，可采取对相关资料复制件取证的方式；对询问当事人或走访相关人员需取证的，可采取询问笔录的方式取证，询问笔录应由被询问人签字确认；对了解客户现场用电情况（包括表计运行）需取证的，可采取拍照、录音、录像等影视方式保存证据。

4. 分析原因责任

调查完毕后，调查人员分析本次经济事故发生的原因（包括直接原因和间接原因），是否存在人为违规操作或工作失职、渎职问题，是否存在管理制度不健全的问题。按照相关规定，计算本次事故造成的经济损失，评估本次事故会给公司带来的工作影响和社会影响，确定事故发生的主要责任人员和其他责任人员。

5. 撰写调查报告

现场具体调查后，调查人员应整理相应的调查资料，专业调查报告提交主管领导审阅，本次调查结束。书面调查报告应包括调查人员、调查时间、查证资料、询问走访人员、问题成因、主要责任、经济损失、事故影响、管理建议等。

（二）取证方法

1. 原始资料复制件取证

对可作为相关证据的原始资料，如抄表卡、核算卡、营业报表、供用电合同、付费售电协议、收费单据等，可采取对原始资料复制件（复印件加盖责任单位公章）的形式取证。

2. 询问笔录方式取证

调查时询问当事人或走访相关人员的，可采取询问笔录的方式取证，询问笔录应由被询问人签字确认，如询问记录有差错或有遗漏，应当允许被询问人更正或补充，但更正之处应由被询问人压手印以示确认。被询问人拒绝在询问笔录上签字确认的，调查人员应在询问笔录上予以注明，并以录像的方式将现场影像活动进行记录。

3. 影像和视听方式取证

调查时需了解客户现场用电情况（包括表计运行）和需了解客户是否规范用电的，可采取拍照、录音、录像等影视试听方式保存证据。影视视听方式也适用于询问、走访了解和相关书面资料的取证。

（三）编写调查报告

经济事故调查完毕后，调查人员应整理相关调查资料，撰写调查报告。《经济事故调查报告》应当包括下列内容。

（1）事故调查人员和调查时间。

（2）事故发生的时间和地点。

（3）事故的经过。

（4）事故的原因及分析。

（5）事故损失情况和影响。

（6）事故责任人认定。

（7）管理建议。

（8）相关取证资料。

【例 1】某供电公司抄表经济事故案例。2012 年 10 月 25 日某供电公司抄表员张××在对其营业区内的一家化工厂进行自动化抄表时，明知在电量大量突减的情况下，没有到现场实地核查，依旧照常发行电量，导致该公司当月对该客户少计电量 5 万 kWh。次月，经营销稽查人员内部稽查，发现张××未能正确抄录该化工厂电量，在其抄表过程中出现了经济事故，遂对其展开调查。调查报告如下：

（1）调查人员：李××、王××。

调查时间：2012 年 11 月 3 日。

（2）事故发生时间：2012 年 10 月 25 日。

地点：某供电公司客户某化工厂。

（3）事故经过。2012 年 10 月 25 日某供电公司抄表员张某某在对其营业区内的一家化工厂进行自动化抄表时，明知电量突减的情况下，没有到现场实地核查，依旧照常发行电量，导致该公司当月对该客户少计电量 50000kWh。

（4）事故原因分析。

1）张××平时对自身工作要求不严，思想上存在懈怠。

2）该公司内部约束考核力度不够，造成个别人员工作不认真、不负责，工作存在侥幸心理，以应付为主。

3）电费审核把关不严，在本月电量突减的情况下依旧通过审核，导致事故出现。

（5）事故损失情况和影响。

1）损失情况：① 导致该公司该月损失 5 万 kWh 电量电费；② 由于少计售电量导致线损率升高，被上级公司考核绩效扣分 0.5 分，公司整体绩效工资减少 2000 元。

2）影响：公司营销稽查部门在全公司范围内对张××的差错行为进行了事故通报，导致该公司本月经营管理排名下降，整体管理水平以及人员业务素质受到质疑，企业形象受到一定程度的影响。

（6）事故责任人认定。本次事故主要由于抄表员张××工作不认真、不负责，导致经济事故的发生，同时约束考核力度不够、电费审核把关不严也存在一定的责任。

主要责任人：张××。

相关管理责任人：抄表班长、刘××。

相关电费审核责任人：赵××。

（7）管理建议。应严格实施考核，有效增强员工工作责任感，促使其恪尽职守，做好本职岗位工作。

（8）相关资料取证。

1）营销系统中抄表、核算的业务流程。

2）现场电能表示数。

3）客户现场询问影像资料。

【思考与练习】

1. 简述经济事故的调查步骤。
2. 经济事故的调查取证方法有哪几种？
3. 以询问笔录方式取证的时候，应注意哪些事项？
4. 撰写经济事故调查报告时应注意哪些说明项目？

参　考　文　献

［1］国家电网有限公司人力资源部. 国家电网公司生产技能人员职业能力培训专用教材　抄表核算收费［M］. 北京：中国电力出版社，2010.
［2］国家电网有限公司人力资源部. 国家电网公司生产技能人员职业能力培训通用教材　财会相关知识［M］. 北京：中国电力出版社，2010.